태권도 원로 생애사

홍종수 · 올곧은 태권도인의 표상

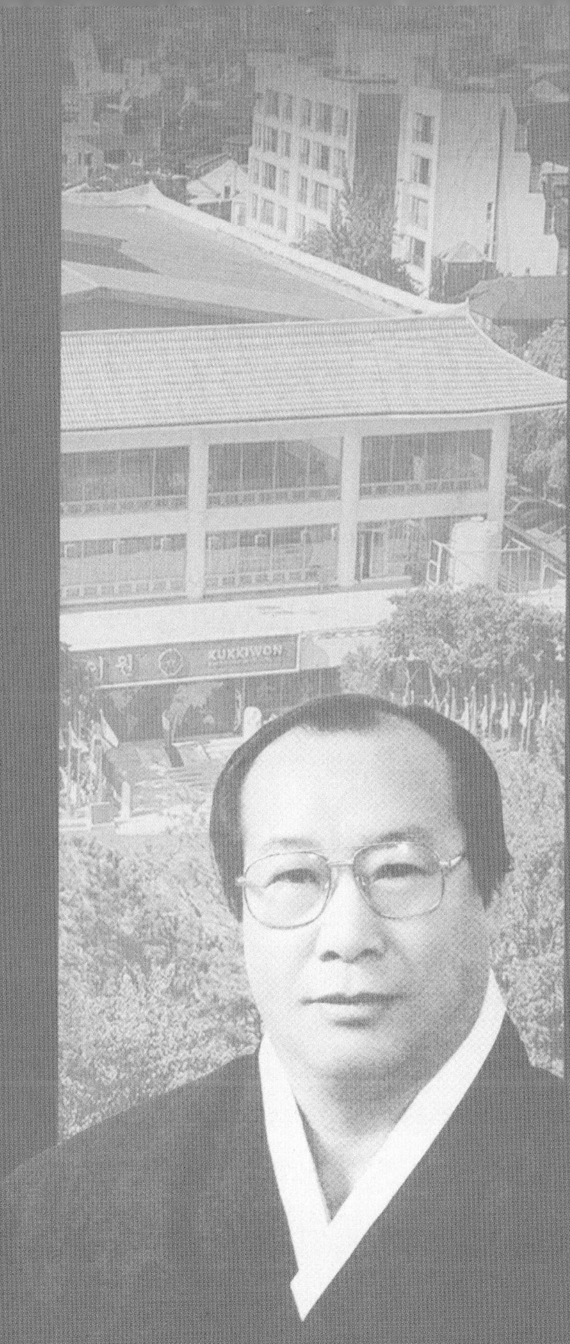

태권도 원로 생애사
홍종수·올곧은 태권도인의 표상

▶기획 총괄 : 국기원
이 도서는 국기원의 '홍종수 원로 생애사' 출판 유통 과업사업으로 출판된 책입니다.
▶집필진 /
책임 집필자 김영선 · 연세대학교 글로벌인재대학 강사 (체육학박사)
공동 집필자 허인욱 · 한남대학교 사학과 교수 (역사학박사)
보조 집필자 김동수 · 전북대학교 체육교육과 강사 (체육학박사)
▶감수 /
한규인 · 전 대한태권도협회 홍보실장
강신철 · 국기원 대사부, 수원 남창체육관 관장

초판발행 / 2024년 12월 20일

발행처 / 국기원
서울특별시 강남구 테헤란로7길 32, 국기원 태권도연구소
TEL : 02-553-5651 FAX : 02-3469-0189
Homepage : http://www.kukiwon.or.kr

편집 인쇄 출판 / 상아기획
대표전화 / 02-2164-2700
출판등록번호 / 제318-1997-000041호
디자인 / 이태진, 권태궁

ISBN / 979-11-86196-37-3   13690
가격 / 20,000원

* 저작권은 국기원에 있습니다.
* 잘못 만들어진 책은 구매하신 서점에서 교환해드립니다.

Printed in KOREA

홍종수 · 올곧은 태권도인의 표상

태권도 원로 생애사

KUKKIWON
WORLD TAEKWONDO HEADQUARTERS

목차 CONTENTS

1장 태권도계의 거목, 우당 홍종수
제1절. 태권도의 바탕을 다지다 ············ 4
제2절. 태권도계를 이끈 중추적 역할 ········· 11

2장 성장과 무예 수련
제1절. 성장 과정 ············· 19
제2절. 운수부 무덕관 ··········· 30
제3절. 관내 실력자로 부상 ········· 46

3장 무예 지도와 활동
제1절. 한국전쟁 와중에 ············ 59
제2절. 대구·경북 무덕관의 창설 ········ 67

4장 태권도 대세에 합류
제1절. 무덕관 중앙본관 부관장 겸 전임사범 취임 · 80
제2절. 수박도 무덕관의 독자적 행보 ········ 92
제3절. 대한태권도협회에 전격 가입 ········ 111

5장 태권도 계파 통합의 실현

제1절. 개인적 성취와 시련 · · · · · · · · · · · · · · · 129
제2절. 협회 단일화의 성취 · · · · · · · · · · · · · · · 150
제3절. 마침내 이룬 관 통합 · · · · · · · · · · · · · · · 166

6장 태권도 번영에 몸 바쳐

제1절. 태권도 조직의 활성화 · · · · · · · · · · · · · 186
제2절. 태권도의 보급과 부흥에 전력 · · · · · · · · 222
제3절. 남다른 애국의식과 사회 활동 · · · · · · · · 261

7장 커다란 발자취를 남기고

제1절. 홍종수 원로가 떠나자 · · · · · · · · · · · · · 279
제2절. '영원한 태권도인'으로 남다 · · · · · · · · · 290
제3절. 에필로그 · 311

부록1: 연보 · 316
부록2: 관련 학술논문 · · · · · · · · · · · · · · · · · · 319

발 간 사

우당(愚堂) 홍종수 원로님이 국기원과 태권도계에 기여한 업적과 유산은 실로 많습니다. 태권도가 잘 알려지지도 않았던 1950년대부터 50년에 달하는 기간 동안 태권도의 저변 확대와 더불어 해외 보급의 활성화까지 막중한 업무를 실행하셨습니다.

홍종수 원로님은 1972년 국기원 개원 직후 국기원 초대 부원장을 비롯해 대한태권도협회 부회장, 세계태권도연맹 실행위원, 대한체육회 대위원, 대한올림픽위원회 위원 등 태권도 발전을 이끄는 행정가로서 지대한 역할을 했습니다. 1994년 태권도가 시드니올림픽 정식종목으로 채택되는 영광과 감격을 누렸던 장본인이기도 했습니다.

홍종수 원로님은 20대 초반, 약관의 나이 때부터 태권도 사범이 되어 서울, 대구, 경북 지역에서 수많은 태권도인을 양성했습니다. 특히 1965년 국내 가장 방대한 무예도장 세력이었던 무덕관을 협회에 가입시킴으로써 '태권도 무덕관'을 출범시킨 주역이었습니다. 그분의 활약에 힘입어 태권도는 국내는 물론 해외까지 번창하는 쾌거를 이루었습니다.

하지만 홍종수 원로님은 이러한 외적인 실적보다는 태권도의 정신적 가치와 지도자의 품격을 높이기 위해 열정을 쏟았습니다. 국기원 태권도지도자연수원에서 이십여 년간 태권도 정신과 예의규범 강사로 활동하며 태권도인의 정신적 역량을 향상시키기 위해 다방면으로 노력했습니다. 태권도계에 남긴 우당 선생님의 유산은 무엇보다도 태권도 정신의 실천과 지도자의 인격 함양에 있기에 우리는 그분의 유지를 귀감으로 삼아야 하겠습니다.

이번 우당 홍종수 원로님의 생애사는 2017년 엄운규 원로님을 시작으로 2018년 김운용 초대 원장님, 2021년 이종우 원로님에 이어 국기원이 편찬한 4번째 서적입니다. 앞으로도 태권도와 국기원 발전에 기여한 원로분들의 일대기 편찬은 지속될 것입니다. 끝으로 홍종수 원로님의 생애사가 발간될 수 있도록 노력해주신 집필자 및 감수위원의 노고에 감사를 표합니다.

2024년 12월

국기원 원장 이동섭

서 문

태권도 현대사에 뚜렷한 궤적을 남겼던
우당 홍종수 선생

오늘날 세계적인 위상을 떨치는 태권도는 우당(愚堂) 홍종수 선생(이하 우당)을 비롯한 여러 인물의 활약으로 이루어졌다고 해도 과언이 아니다. 특히 태권도가 국기(國技)로 지정되고 국기원이 세계태권도본부로 격상된 결정적 전환점은 바로 '태권도 계파들의 대통합'이었다.

우당은 태권도계 통합과 발전에 단연코 이바지한 핵심인사였다. 그는 초기 태권도의 5대 기간도장이자 9개관의 중심 세력이었던 제4관 무덕관(이하 4관으로 칭함)을 대한태권도협회(이하 KTA)로 합류시키는 데 앞장섰다. 당시 9개관 중 관세가 가장 방대했던 4관은 협회 통합에 불참한 상황이었다. 4관 중앙도장의 부관장 직책이었던 우당은 관내 주축 세력을 이끌고 1965년 KTA 가입을 결행했다. 이 과정에서 통합에 강력히 반발한 스승 황기 관장과 결별하는 일대 파란까지 일어났다.

이로써 우당은 명실상부한 KTA가 성립하는 데 큰 힘을 보탰다. 이후 그는 태권도계 부흥에 본격적으로 참여했다. 그는 KTA 전무이사와 상근부회장, 국기원 부원장, 세계태권도연맹(WTF) 실행위원 등 태권도계를 총괄하는 실무 임원이자 요직을 두루 거쳤다. 우당이 봉직한 30년의 기간 동안 태권도를 번창시키고 국기원의 바탕을 다지는데 적지 않은 업적을 쌓았다. 한편으론 사회봉사에도 그는 많은 정열을 쏟았다. 그의 남다른 애국의식과 실천적 노력은 건민복지회, 현정회 등 여러 단체의 활동을 통해 많은 결실을 보았다.

한편 그는 지도자의 길을 택했을 때부터 태권도의 교육적 가치와 중요성을 인식했다. 어쩌면 수련생의 건전한 심신 양성에 태권도 사범의 지대한 역할에 경도되어 지도자의 길을 택했을지도 모른다. 그에게는 교육이 유용한 지식과 참다운 지혜를 스스로 일깨우는 자기(自己) 계발과 제자들이 올바른 길을 걷도록 하는 활동을 의미했다. 따라서 우당은 선현들의 언행을 되새기는 독서와 사색, 글쓰기로 늘 자신을 가다듬었다. 즉 고고한 선비처럼 선현들의 지혜와 위인들의 행적을 등불 삼아 자기 다짐으로 일관했다. 또 그는 가끔 본인이 저지르는 실책을 돌이켜 스스로 추스르는 자기 반성적 태도를 보였다.

그저 체구가 우람하고 우직한 전형적인 무인으로만 느껴졌던 우당 선생은 알고 보니 중용(中庸)의 지혜를 실천하는 군자였다. 또 그는 다사다난(多事多難)했던 당시 태권도계에서 빈발한 상호 갈등 상황을 조정한 대장부이기도 했다. 아울러 그는 남다른 민족사상가이자 고매한 인격과 섬세한 감성을 지닌 시인이자 문학가이기도 했다.

태권도의 개척과 발전에 공헌한 이러한 그의 발자취나 의미 있었던 행적은 오늘날에도 되새겨볼 가치가 넘쳐난다. 태권도계를 풍미한 원로의 일생과 업적을 조명하고 전기물로 펴내는 일은 단순한 개인적인 기록물이 아니다. 이는 태권도의 현재적 위상을 공고히 하고 미래 지향적 혜안을 도출하는데 큰 시사점을 제공한다. 그뿐만 아니라 태권도인의 자기 계발적 동기를 강화하고 건전한 태권도계 풍토 조성에도 일조할 것이다. 따라서 태권도인의 생애사 서적은 태권도의 역사적, 문화적 정체성은 물론 태권도의 긍정적 가치를 증대하는 한 방편에 해당한다.

이에 대해 다소 어려운 학술적인 견해를 살펴보자.

근래에 와서 생애사는 학술적 목적과 접근 방법이 적용되고 있다. 즉 개인을 주체화하는 생애사는 언제나 '사회문화적 및 역사적 맥락'과 관련돼 있다. 생애사 연구는 개인의 경험을 역사적 및 사회적 맥락에 위치시킴으로써 특정한 경험과

사건에 대한 의미를 해석하는 유용한 방법론이다.[1]

삶의 주체인 개인을 연구하는 생애사는 질적 연구의 일종이다. 일반적으로 생애사 연구가 공통적으로 일치되는 점은 첫째, 사회구성원의 행위와 체험이 동일하다고 보는 것이다. 둘째, 동시대를 살아가는 개인들이 자신의 의지에 의해 만들어 가는 사회적인 규칙의 테마, 지평, 미래를 보는 시각을 하나의 열린 삶의 계획으로 본다. 그리고 개인들이 자신의 미래의 계획을 성취하기 위해서 끊임없이 노력하며 발전의 지향성을 갖고 구조적으로 만들어나가는 적극적인 행위자로 보고 있다.

개인의 생애사란 뚜렷하고 획일적인 규칙이 되는 인생 주기의 개념이 엷어지는 한편 개인의 잠재력과 발전 가능성에 따라 각양각색의 형태로 나타나기 때문이다. 즉 생애사란 사회구성원인 개인의 행위와 체험이 사회의 가치지향과 어울려서 시간적인 순서에 따라 연구자의 구상이 반영되며 구조화되어 나가는 것이라고 본다.[2]

따라서 생애사 서술의 방법론적 측면에서 첫째, 생애사 연구 주제는 삶의 전체 여정 묘사, 개인적 변화의 구체적 양상과 원인, 특정 경험의 개인적 의미 형성 등으로 나타났다. 둘째, 필자의 재해석 과정인 글쓰기는 전형적으로 생애 단계에 따라 주제어를 설정하고 필자의 관점에서 요약하고 해석을 제시하는 형태로 표현된다.[3]

이 같은 생애사 연구 방식에 따라 집필진은 우당의 생애에 대해 다음 세 가지 질문을 제기하고 해답 서술에 초점을 두었다.

첫째, 우당은 출생부터 별세할 때까지 어떤 인생을 살았는가?

둘째, 태권도의 발전에 그는 어떤 활약상을 펼쳤는가?

셋째, 오늘날 태권도인들에게 귀감이 되는 그의 사상이나 행적은 어떠한 것인가?

---

1. 이동성(2015). 『생애사 연구』. 아카데미프레스. 17~19.
2. 박성희(2011). 『생애사에 기초한 질적 연구방법』. 원미사. 202.
3. 이인경(2022). 「생애사 연구방법 탐구: 생애사 연구 경험의 성찰」. 한국특수체육학회지. 30(2). 103~118.

이 같은 질문은 현대 태권도 사의 흐름에서 우당이 어떻게 활동했고 어떻게 이바지했는지를 다루는 것이다. 우당의 행적이 태권도 발전에 어떤 관련성을 갖는지 즉 현대 태권도의 성립과 발달 과정에 그는 어떠한 역할을 수행했는지 그 세부 주제가 설정됐다.

그런데 어떤 생애사이든지 그 집필 의도나 방침에 따라 다양한 서술 형식을 갖는다. 이 서적은 학술적 연구물 수준이라고는 할 수는 없지만 엄밀한 구상이 적용됐다. 그 결과 우당이 생각하고 행동했던 치열한 삶의 역정이 다양하게 채워져 있다. 집필 방침은 우당이 겪었던 개인의 경험과 삶을 심도 있게 이해하기 위해 태권도계 사회 문화와 역사성이 반영돼 있다. 즉 우당이 생활한 현실의 파편을 사회적 역사적 맥락으로 재구성한 글이다. 그러다 보니 흥미 본위의 대중성을 띤 글쓰기 방식이 아니라 다소 건조하고 평이한 문체로 표현됐다.

많은 태권도인이 대략은 알고 있는 태권도의 역사적 사실이나 태권도 원로의 생애는 피상적이거나 단편적인 이해 정도에 그치는 경우가 적지 않다. 하지만 그에 대한 보다 상세한 정보와 총체적인 자료를 접하게 되면 이전에 가졌던 선입관이나 고정 관념이 바뀌기도 한다. 특히 현대 태권도의 태동부터 시드니올림픽 채택이 확정된 시기까지 파란만장한 나날을 보냈던 우당의 일생은 더욱 그렇다.

우당 홍종수 선생이 세상을 떠난 지 어언 26년이 흘렀다. 많이 늦은 감이 있지만, 정확히 별세 26주기를 맞추어 그분을 기리게 되어 기쁠 따름이다. 그간 국기원 연구소는 '태권도와 국기원을 바탕을 다지고 태권도 발전에 큰 역할을 한 원로'의 생애사 서적 3권을 발간했다. 엄운규(2017년), 김운용(2018년), 이종우(2021년) 원로님의 생애사에 이어 4번째로 착수한 과제가 이 책자이다.

우당 선생이 종사했던 태권도와 사회봉사 업적과 더불어 그가 경험했던 현대 태권도의 의미 있었던 사건이 이 한 권의 서적에 오롯이 담겼으면 하는 필자의 바람이 있다. 이 서적은 한 원로의 인생사를 통해 현대 태권도의 태동과 발전 과정을 이해할 수 있는 유용한 '태권도 현대사 정보서'로 평가받고 싶다. 더욱이 우당의 인생사와 밀접한 태권도 정신의 알맹이와 실천적 사례가 태권도인의 인격

함양에도 도움되길 바란다.⁴

　이 서적은 많은 분의 열정과 노력으로 빛을 보았다. 먼저 국기원 이동섭 원장님을 비롯해 이충영 연구소장님, 남상석 연구원님에게 깊은 감사를 드린다. 국기원의 수장과 실무자의 전방위적인 노력이 없었으면 이 서적은 출판되지 못했다. 하마터면 국기원의 예산 절감 시책에 따라 단지 pdf 파일로 만들어져 연구소 홈페이지 한쪽 구석에 게시되는 정도에 그쳤을 것이다. 그리고 오랜 세월 동안 수집한 방대한 자료를 제공하고 조언을 아끼지 않았던 한규인 전 KTA 홍보실장님과 강신철 국기원 대사부님에게도 감사를 표한다. 이 두 분은 감수자의 역할까지 맡아 이 서적의 완성도를 높여 주었다. 태권도 전문출판사인 상아기획 문상필 사장님도 서적 편집과 출판에 큰 힘을 보탰다. 문 사장님은 태권도인으로서 남다른 열성으로 태권도의 학술과 문화 진작에 큰 역할을 하고 있다.

　역사를 잊은 집단에게 미래는 암울하다고 한다. 우리는 우당의 과거사를 통해 일제강점기와 광복, 한국전쟁을 거친 격동의 한국 현대사의 토양에서 태권도가 꽃 피우는 과정을 반추함으로써 현재 우리 존재와 삶의 의미를 새삼 깨닫게 된다. 태권도가 한류 문화의 원조이자 국기(國技)로 영광을 얻게 된 것은 우당을 비롯한 원로들이 대동단결하고 활약한 덕분이다. 오늘 이 순간에도 태권도 발전에 열정적인 많은 태권도인에 의해 거대한 수레바퀴가 만들어져야 태권도는 명실상부한 글로벌 문화로 나아갈 수 있다.

　우당 선생은 별세하시기 전에 일기에 이렇게 썼다.
　"뿌리를 모르는 사람은 사생아나 다름없다.
　역사를 모르는 사람은 마치 아비 없는 자식이 아닐까!"⁵

　　　　　2024년 12월　　책임집필자 自運 김영선

---

4. 필자는 우당 선생의 태권도 사상을 다음 논문으로 작성했다. 김영선(2024). 「태권도 정신의 실증적 근거로서 우당 홍종수의 태권도 사상과 실천적 생애」. 국기원 태권도연구. 15(1). 11~22.
5. 홍종수(1997.07.01). 「우당일지」.

집필 방침

1. 우당 홍종수 선생은 현대 태권도의 개척과 발전을 주도한 당사자였으므로 현대 태권도사의 흐름과 맥락에서 그의 생애를 조명했다.

2. 특히 이 서적에는 우당 선생이 기여한 태권도계 통합과 더불어 협회의 단일화, 태권도 정신철학 등 다양한 활동상이 중점적으로 다루어졌다.

3. 집필에 사용된 자료로는 신문, 잡지, 서적 등 각종 서지(書紙) 뿐만 아니라 본인이 25년간 작성한 일기(日記)가 활용됐다.

4. 개인적 기록인 일기는 당사자의 주관적 입장과 판단으로 작성되므로 가능한 객관성에 유의해 그 내용을 본문에 반영했다.

5. 이 서적이 국기원 연구소가 추진한 정기 편찬 사업인만큼 서술된 본문 내용에 대해 상세한 출처를 표기함으로써 학술적, 사료적 가치를 염두에 두었다.

제1장
태권도계의 거목, 우당 홍종수

우당어록

무경일체(武競一體)

태권도는 무경일체로 나아가야 한다. 즉 무도(무예)와 경기가 양립해야 한다. 무(武)는 전통이고 경(競)은 스포츠 목적으로 사회 속에서 국민의 품속에 생활화시키도록 정립돼야겠다.

근래에 태권도의 경기 일변도 추세에서 빚어진 여러 가지 자체 모순 속에 허다한 문제점이 노출되고 있다. 특히 태권도가 지닌 가치나 특성과 그 본질마저 변질되고 있다. 태권도의 총본산인 국기원의 존재의식이나 그 역할은 물론 태권도계의 목적 사업의 추진도 지장을 받고 있다.

올림픽 열기가 그 모든 것을 주도해가는 분위기에 꽉 차 있다. 태권도는 올림픽 종목이라는 매력적인 산물에 이끌려 태권도인들이 오로지 금메달만이 최고의 가치인 양 매달린다. 이기주의, 판정시비, 승리 제일주의 등에 찌들어져 가는 태권도

태권도가 호신(護身)과 정신수양을 추구하는 무(武)의 본질을 함축한 생활체육이면서 올림픽 스포츠로 가야 태권도의 총체적 가치가 높아질 수 있다. 그러기 위해서 인간의 정서적 활동을 충족하는 무도(무예)이자 세계인의 경기 스포츠로서 태권도가 올림픽 정신과 함께 인류 평화에 이바지하는 당면 과제를 모두 소화(消化)시켜 나가야 할 것이다.

1986년 우당(愚堂) 홍종수

제1장
태권도계의 거목, 우당 홍종수

생전에 수원 화성을 방문한 홍종수 원로

제1절. 태권도의 바탕을 다지다

1998년 10월 24일 태권도계 큰 어른이었던 홍종수 원로가 홀연히 우리 곁을 떠났다. 그것도 60대 말 한창 왕성한 연세였음에도 불구하고…. '사람의 일생은 한 조각의 꿈(人生之事 一場春夢)과 같다'지만 안타까운 마음을 금할 수 없었다.

국내 유력 일간신문에 공지된 홍 원로의 부음
(경향신문. 1998.10.26. 조선일보. 1998.10.26.)

홍 원로의 갑작스러운 부음(訃音)에 많은 태권도인은 큰 충격을 받았다. 늘 활기찬 얼굴과 여유로운 몸짓으로 태권도계에 큰 어른으로 추앙받았던 그가 별안간 떠나자 많은 사람이 애석해했다. 태권도계는 그와 마지막 작별을 위해 국기원에서 최초로 대한태권도협회 장례식을 거행했다.

생전에 그가 염원했던 '진정한 국기(國技)로서 태권도의 내실화' 과제가 우리에게 남겨졌다. 우리는 '기교(技巧)보다는 정신'이라고 그가 강조했던 유지를 되새겨야 한다. 태권도의 본질적, 정신적 가치 실현과 더불어 화합과 협력이 더욱 필요한 때이다.

1. 우당 홍종수가 기여한 것은

우당(愚堂) 홍종수 원로는 불모지와 같았던 초창기 태권도를 개척한 선구자였다. 그는 태권도를 반석에 올려놓은 지대한 공로자였다. 그의 선구적 역할은 태권도 보급과 함께 개별 관(館) 조직이 협회 중심으로 대동단결하는 데 크게 이바지한 일이다. 나아가 그는 태권도가 올림픽 경기에 채택되고 세계 굴지의 무예 스포츠로 발돋움하는데 헌신했다.

1987년 세계태권도연맹 홍종수 실행위원(뒷줄 가운데)이 김운용 총재, 태권도 시범단원들과 함께 IOC 본부를 방문해 사마란치 위원장과 자리했다.

홍종수는 '경기화라는 가속기(加速器)'란 제목으로 자신의 일기에 이렇게 적었다. "경기화의 구체적인 추진은 태권도 세계화와 국내 체육계에 동참함으로써 사회적 권위와 입지가 공식화됐다. 대한체육회나 정부 기관과 협력 관계가 원활해짐에 따라 조직적으로 보급 사업이 이루어져서 태권도 확산에 가속도가 붙어서 불과 수년 만에 상위권을 차지했다. 1980년대에는 급속도로 국제경기 체제가 확보되고 올림픽 종목에 진입함으로써 명실상부한 세계 제일의 무도(무예) 스포츠로 군림했다. 다만 유의할 점은 전통을 아울러 지키는 일이다."[1]

홍종수는 올림픽 경기로서 세계적 위세를 떨칠 태권도의 이상향과 함께 태권도인들의 도덕적 실천을 누누이 역설했다. 국제경기로서뿐만 아니라 세계의 사회체육을 선도할 수 있는 한국의 정신문화를 태권도에 깊이 심어야 한다는 것이 그의 지론이었다.[2]

"우리 태권도계는 이미 전 세계의 종주국 위치에서 수천만의 동호인들을 가진 일찍이 전무후무한 방대하고도 엄청난 세계조직으로서 나날이 발전을 거듭하는 현실이다.

1997년 세계태권도선수권대회 한국선수단 환영식에 참석한 홍종수 원로.
그는 KTA 상근부회장 재임 기간 중 한국선수단이 1989년부터 1995년까지 4회에 걸쳐 종합우승함으로써 위상을 떨치는데 기여했다.

이제부터는 양적인 발전보다는 질적인 발전을 추구할 때이다. 무엇보다 도덕적인 조직성이 긴요하다는 사실이다. 조직의 생명은 서열의 확립, 선후(先後)의 한계를 바로 세워야 하는 것이다.

이러한 예의를 갖춘 우리들의 기본 체계가 확고히 마련될 때 비로소 우리 태권도는 국기로서 그 소임을 다할 뿐 아니라 세계의 종주로써 그 사명을 다할 수 있다고 확신한다. 모든 태권도인이 상하(上下)의 도리를 바로 행하면서 원대한 우리의 전통적 철학을 정립하고 실천하는 일에 매진하자."[3]

1. 홍종수(1997). 「우당일지」.
2. 홍종수(1989.06.29.). 「우당일지」.
3. 홍종수(1992.02.24.). 「우당일지」.

"태권도 정신과 도덕성을 바탕으로 태권도의 질적 발전을 도모해야 한다."는 홍 원로의 지론

경오조요 서기만(庚午早耀 瑞氣滿)

백마부익 비등천(白馬付翼 飛登千)

아방대길 흥배달(我邦大吉 興倍達)

> **해설**
> 경오년 이른 아침에 상서로운 기운이 만발하니
> 백마에 날개가 달려 하늘을 날고 우리나라는 대길하고 배달민족은 흥한다.[4]

한편으로 홍종수는 자기반성의 인격 수양의 철학을 실천했다. 더욱이 그는 자기 자신에 엄격하여 '공(公)과 사(私)'를 철저히 가렸다. 홍종수는 뭇사람들로부터 존경을 받았던 태권도계에서 대표적인 큰 사범이자 참다운 리더였다. 그가 별세했을 때 수많은 지인이 진심으로 애석해했던 것에서 그의 존재감과 인격적 면모를 짐작할 수 있다.

---

4. 홍종수(1990.01.02.). 「우당일지」.

2. '무경일체'를 주창하다

태권도의 질적 발전을 주창한 우당 홍종수의 철학은 '무경일체(武競一體)'란 단어에 함축돼 있다. 무도(무예)와 경기 스포츠가 병행하면서 나란히 한 길을 가야 한다는 의미다. 즉 태권도가 올림픽 경기화로 나아가더라도 정신수양을 강조하는 무도의 가치를 상실하지 않도록 태권도의 무도성과 경기성 두 개의 축이 균형을 잘 유지해야 한다는 뜻이다.[5]

태권도가 유수한 국제스포츠로서 그 위상은 높아졌지만 반면에 지도자와 선수들이 참다운 인격 양성은 등한시하는 경향이 있었다. 그러한 사례는 1976년 국기원에서 열린 한 태권도대회에서 찾아볼 수 있다. 대회에 참가한 선수단이 승리에 지나치게 집착해 경기는 과열된 양상을 보였다. 지도진과 선수들은 감정이 격앙돼 경기장 분위기는 내내 고함과 판정 항의가 난무했고 소란스러웠다.

홍종수 원로의 유훈(遺訓, 후세에 남겨진 교훈),
'무경일체(武競一體)'를 도안한 붓글씨 액자

---

5. 홍종수(1984.02.12., 03.07). 「우당일지」.

대회를 참관한 홍종수는 그날 일기에 안타까운 심경을 적었다. "나는 태권도가 도덕(道德)의 불모지가 되어감이 뼈아프게 느껴진다. 지도자나 유단자가 경기장에서 거침없이 저지르는 비윤리적인 행위를 고치는 데 힘써야 한다. 우리는 아무리 긴박한 경기 중에도 말씨나 몸가짐을 흐트러지지 않게 가다듬어야 할 것이다."[6]

그는 역설했다. 문(文)은 인간 생활의 덕성(德性)을 높이고 무(武)는 강건(強健)한 정신(精神)과 신체(身體)를 받쳐주는 것이다. 문무겸념 위인격도(文武兼念 爲人格度) 즉 문무를 함께 생각하여 인격의 도를 높인다.[7]

따라서 무경일체의 글귀는 "자기 수양을 중시하는 무(武)의 정신철학이 견지돼야 바람직하다"란 이상(理想)을 설파한다. 전형적인 무인(武人) 기질을 숭상했던 홍종수는 "모름지기 무인(武人)은 먼저 자기 자신을 수양해 극기(克己)할 줄 알아야 한다(무인선수내극, 武人先修乃克)"라는 글귀를 마음 깊이 새기며 매사에 신중했다.[8]

1972년 대한태권도협회가 주관한 제2회 태권도지도자강습회.
홍종수(빨간색 원) 원로는 20년이 넘도록 예의 규범 과목을 강의했다.
그는 지도자들에게 도덕성을 강조한 무경일체(武競一體)의 의미를 설파했다.

---

6. 홍종수(1976.06.12.). 「우당일지」.
7. 홍종수(1975.10.16.). 「우당일지」.
8. 일요건강(1985.10.20.). 입신-각계 최고단자 탐방. 극기(克己) 바탕 무경일도 실천, 태권도 홍종수 9단. 19쪽.

그가 말하는 극기(克己)는 태권도 정신으로 흔히 거론되는 단어이다. '자기의 나약함이나 게으름. 그리고 탐욕과 같은 부당한 욕구나 감정을 절제하고 극복하는 것이 극기의 의미로 해석된다. '나를 이김'이란 극기의 실천으로 바람직한 삶을 가꾸기 위해 그리고 성공적 목표 달성에 필수적인 정신적 태도이다.[9]

홍종수는 1979년 새해를 맞아 다양한 업무를 용기와 인내로 일관성 있게 대처하자고 다짐했다.[10] 용기와 인내로써 '자기 스스로 이긴다.'라는 극기는 홍익사상과 함께 국기원 태권도 교본에 태권도 정신으로 설정돼 있다.[11] 무경일체(武競一體)에 깃든 극기 사상은 우리 태권도인이 당연히 숙고해야 할 교훈이 아닐까.

1985년 한 일간신문에 게재된 홍종수 원로에 관한 취재 기사.
그는 '극기를 바탕에 둔 무경일도(武競一道)의 실천'을 언급했다.

---

9. 김영선, 송형석, 최중구(2015). 태권도 정신체계에 관한 연구. 국기원 용역과제 보고서. 96.
10. 홍종수(1979.01.01.). '우당일지'.
11. 국기원(2021). 태권도의 정신. 『태권도의 이해 - 태권도 교본 제1권』. 87~95.

제2절. 태권도계를 이끈 중추적 역할

서적 등 여러 자료에는 홍종수가 태권도계에 기여한 업적과 활동상이 기록돼 있다. 그 중 『국기원 50년사(2022)』, 『태권도를 빛낸 사람들(2016)』, 『태권도 반세기, 인물과 역사(2001)』에 나온 내용을 간략히 소개한다. 이 서적의 본문 내용에서 유사한 부분이 있지만, 각각 주안점이나 문장 표현상의 특징이 달리 해설돼 있다.

1. 『국기원 50년사』

『국기원 50년사 - 인물편』에 실린 홍 원로의 업적

국기원 개원 반세기를 기념하는 『국기원 50년사(2022)』 서적에는 홍종수를 비롯한 15명의 원로가 소개됐다. 이들은 태권도와 국기원을 세우고 바탕을 다진 공로자로 선정됐다. 홍 원로의 공적 사항은 다음과 같이 수록됐다.[12]

---

12. 국기원(2022). 『국기원 50년사』. 90.

"홍종수는 통합 협회와 국기원의 설립과 발전에 기여한 공로자이다. 1965년 그는 그간 협회 참여를 거부했던 무덕관을 움직여 가입을 성사시키는 데 주도적 역할을 했다. 이를 계기로 KTA는 명실상부한 통합 협회로 위상을 갖추게 됐다.

1969년 KTA 전무이사와 '태권도 센터(현 국기원)' 간사를 맡아 국기원 건립에 착수했다. 1972년 KTA 이사이자 기술심의회 부의장 직책으로 KTA 교본 제작에도 참여했다. 국기원이 개원하자 제1대 부원장을 역임했다. 1973년부터 1989년까지 2차례 국기원 부원장직을 수행했다. 태권도 무덕관의 명칭을 4관으로 개칭하고 1978년에 관 폐쇄를 단행하는데 실질적 역할을 했다.

홍종수는 그의 나이 32세에 고향인 서울로 이주해 당시 수박도 무덕관의 중앙본관 부관장이자 사범이 됐다. 이후 그는 KTA 섭외이사, KTA 전무이사, 무덕관 중앙본관 제3대 관장으로 왕성히 활동했다. 1972년 국기원이 건립되던 해에 KTA 기술심의회 부위원장이 됐고 1977년 '관 통합 추진위원회' 위원으로 관 통합에 기여했다. 이듬해 WT 실행위원에 임명됐고, 국기원 부원장에 취임해 활동을 이어갔다."

한 태권도신문에 게재된 태권도계 3거두. 왼쪽부터 이종우 원로, 엄운규 원로, 홍종수 원로가 중점 소개됐다 (태권도신문, 1997.)

2. 『태권도를 빛낸 사람들』

『태권도를 빛낸 사람들』에 책자에 게재된 홍 원로

태권도진흥재단이 2016년 발간한 『태권도를 빛낸 사람들』 서적에는 홍 원로가 등재됐다. 24명의 태권도 원로들과 더불어 '지도자 교육자 부문'에 선정됐다. 홍 원로에 대한 다음과 같은 해설이 붙여졌다.

"예의는 태권도인의 핵심이다."가 그의 지도 철학으로 지정됐다. 그리고 그의 일대기는 다음과 같이 수록됐다. 중복된 내용을 생략하고 간단히 그 내용을 살펴본다.

"홍종수(1930년~1998년)는 1940년 중반 무덕관에 입관해 수련을 시작했다. 그는 태권도 정립과 대한태권도협회 구성을 주도했으며 태권도 위상 정립과 세계화에 기여했다. (중략)

홍종수는 1953년 9월 무덕관 경북 본관 관장 겸 경북협회 이사장이 됐고 같은 해 11월부터 육군 제2군 사령부 전임 사범으로 군인들을 지도했다. 1958년 경찰을 그만두고 수련생 지도에 전념, 산하 지부

도장을 460개나 두는 등 태권도 보급에 힘썼다.

1986년 한일국교 정상화 문화교류사절단 단장, 1987년 IOC 본부 및 유럽순회 한국태권도시범단의 단장 등으로 태권도 홍보를 통해 민간 외교관 역할을 수행했다. 1989년 제9회 세계대회 조직위 부위원장직을 맡아 기여했다. 1990년부터 1995년까지 대한체육회 대의원, 1998년 대한올림픽위원회 위원으로 활동하는 등 태권도 발전에 크게 기여했다."[13]

1995년 9월 4일 대한태권도협회 홍종수 상근부회장(맨 왼쪽)이 국기원에서 열린 시드니올림픽 정식종목 채택을 기념한 상징물 제막식에 참석했다.

국기(國技) 태권도   愚堂 홍종수의 시

태권도라는 북을 치며, 세계인 잔치 잘 치루려 진땀을 흘려 보내
정인(正人)의 이상 속에 평화를 지키는
손날의 매서움과 날쌘 발길마다 정의가 솟구친다
자유와 평화의 참 정신, 아시아에 심고자 대한건아 흘리는 땀방울
동방의 등불을 밝히어라 우렁찬 소리, 기백(氣魄)이 띈다
정권(正拳)이 굳세라 높은 발 하늘에 솟는다
자랑스런 국기 태권도, 백의의 기수
그 정신 거룩하다. 배달의 혼이여

---

13. 태권도진흥재단(2016). 『태권도를 빛낸 사람들』. 165~169.

3. 『태권도 반세기 – 과묵한 무도인, 홍종수』

『태권도 반세기』 서적에서 홍 원로는 '과묵한 무도인'으로 칭해졌다.

경향신문사에 근무했던 강기석 기자는 2001년 『태권도 반세기 – 인물과 역사』 서적을 펴냈다. 국민체육진흥공단이 서울올림픽을 기념하여 '이야기 한국체육사' 전집의 한 권에 포함됐다. 그중 제20번째로 태권도 종목이 선정됐다. 강기석은 태권도인 인물 편에서 홍종수를 다음과 같이 평했다.

"자존심 높은 무덕관의 산증인인 홍종수는 1930년 서울 태생으로 어렸을 때부터 철봉 등으로 건장한 체격을 다졌다. 호랑이 같은 겉모습과는 달리 마음이 여린 측면도 있어 어려운 후배, 제자들을 돕는데 늘 앞장섰던 인물이다.

운수부(철도국)에 근무했던 인연으로 홍종수는 일찍부터 무예를 접했다. 그는 일찌감치 무덕관의 적통을 이어받을 인물로 꼽혔다. 그의 직책은 철도국 내 경찰이기도 했다. 지리산에서 빨치산 토벌전이 벌어졌을 때는 경사 계급으로 분대장으로 활약했다.

전쟁이 끝난 후 그는 대구 경찰서에서 강력계 형사로 근무했다. 그때 대구에서 무덕관을 열어 경상북도 지역을 개척했다. 그는 1960년대 초반 스승 황기의 부름을 받고 상경했다. 경찰 생활을 청산하고 수박도회 서울 본관에서 사범으로 부임했다. 그의 지도력을 높이 산 황기는 1964년 불광동에 도장을 열어 그를 관장으로 기용했다.

1965년 무덕관에서 일대 사건이 발생했다. 황기 관장이 무덕관의 대한태권도협회 가입 결정을 취소하면서 심각한 내분에 휩싸였다. 이 사태로 인해 '태권도 무덕관'이 새롭게 출범했다. 동료들이나 후배들로부터 높은 신망을 얻었던 홍종수는 이강익을 거쳐 무덕관 총본관장 자리를 이어받았다. 협회 통합에 합류했던 그는 협회 전무이사, 부회장 등 여러 직책을 수행했다."[14]

1995년 KTA 홍종수 상근부회장이 한 경기 행사장에서 선수들을 격려하는 모습

---

14. 강기석(2001). 『태권도 반세기 - 인물과 역사』. 서울올림픽기념 국민체육진흥공단. 120~121.

제2장
젊은 시절과 무예 수련

2 우당어록

국기(國技) 태권도

우리의 국기 태권도는 한국의 태권도에서 세계인의 스포츠로 발돋움했다. 이제 지도층은 물론 전(全) 태권도인은 전심전력하여 태권도 종주국으로서 세계를 이끄는 역량을 키워 범세계적 차원에 대처할 시기이다.

태권도의 정신 이론을 명확히 세울 뿐만 아니라 고도의 기술개발, 조직력 강화에 더욱 역점을 두어 합리적인 지도와 교육으로 보다 바람직한 태권도인상(跆拳道人像)을 확립해야 할 것이다.

태권도의 당면 과제는 올림픽 종목 채택이다. 협회는 이에 대비하여 제반 규정의 보완과 개선을 서두르는 한편 경기장 철학을 정착시키기 위해 심판의 공정성 확립으로 명랑하고 유쾌한 경기가 진행돼야 한다. 서로 신뢰하는 태권도 경기 문화가 형성돼야 할 일이다.

태권도를 통해 세계적 교류와 화합이 이루어지고 세계가 함께 어우러지길 희망한다. [望世界一圜]

1975년 우당(愚堂) 홍종수

제2장
성장과 무예 수련

제1절. 성장 과정

1. 어린 시절

서울 애오개에서 출생

홍종수는 일제강점기 중기인 1930년 서울 마포구 아현동 354번지에서 태어났다. 당시 애오개라고 불리었던 곳이었다. 애오개는 '아이 고개'를 말하며 지역의 지형과 풍수설 그리고 조선 시대의 생활풍습이 깃든 유서 깊은 곳이었다. 애오개는 한자로 아현(兒峴)이라 적었는데, 이후 '兒'의 표기가 '阿'로 변하면서 현재 서울특별시 마포구 아현동(阿峴洞)의 지명이 됐다.[1]

청년 시절 철도청 직원이면서 무예 수련자였던 홍종수의 건장한 모습

홍종수는 남양홍씨 가문의 아버지 홍계성과 순천 김씨 어머니 김정숙 사이에 2남 2녀 중 막내였다. 아버지 홍계성(洪桂成)은 구두쇠라고 할 정도로 지극히 알뜰하게 살았다. 홍종수가 "근면(勤勉), 내 좌우명 하나가 되었네."라고 할 정도로 아버지로부터 영향을 받았음을 알 수 있다. 홍종수는 어머니 김정숙이 만들어준 '계란 뚝배기'의 맛을 나이가 들어서도 잊지 못했다.

홍종수는 할아버지 홍만섭에게 한학을 배웠다. 그는 할아버지의 회초리를 맞으며 천자문과 족보를 공부했다. 할머니는 홍종수에게 호떡을 주시

---

1. 국립민속박물관. 한국민속대백과사전. 한국민속문학사전 (설화 편). https://folkency.nfm.go.kr/topic/detail/5580?pageType=search&keyword=%EC%95%A0%EC%98%A4%EA%B0%9C

기도 했는데, 그 맛은 무엇에도 비길 수 없었다.

서울은 당시 조선의 왕도(王都) 한양이었고 일제에 의해 경성(京城)으로 불리기도 했다. 인천에서 한양 도심지로 통하는 길목에 애오개 고개 언저리에서 홍종수는 개구쟁이 어린 시절을 보냈다. 그가 어릴 때 어머니 손을 잡고 아현동에 있는 불교

초등학생 시절 형과 함께 찍은
홍종수 원로 (오른쪽)

계열의 화광(和光) 유치원에 들어갔다. 그곳에서 글도 배우고 놀이도 하고 노래도 했다.

1937년 홍종수는 6세가 되어 아현 보통학교에 입학했다. 당시 교장은 일본인 오오쿠보(大久保) 선생이었다. 담임선생은 박씨 성을 가진 조선인이었으나, 마츠모토(松本)라는 일본식 성을 사용했다. 2학년 어느 아침 조회 날이었다. 일본인 교장은 오늘부터 '한글 수업 과목'을 폐지하고 앞으로는 일본어만 써야만 한다고 했다. 그래야만 우리가 황국신민이 될 수 있다고 강요했다. 1938년 일제는 개정교육령을 발표하면서 조선어를 필수 과목이 아닌 수의(隨意), 즉 선택과목으로 편제했다.[2] 이는 조선어를 반드시 배울 필요가 없게 되었음을 의미한다.

1938년 이른 봄에 홍종수의 아버지 홍계성은 별세했다. 부친의 나이 41세였고 홍종수는 고작 8세였다. 아버지는 서대문지역 연희궁 묘지에 안장됐다. 홍종수는 어린 나이에 아버지를 여의게 되자 훌륭한 사람이 되어 어머니를 잘 모시겠다고 마음 깊이 다짐했다.[3]

이후 홍종수는 1년 동안 별 탈 없이 보통학교에 다녔다. 그러던 중 그의 할아버지는 일제의 국권 침탈 만행에 대해 분개했고 홍종수 또한 반일감정이 더욱 증폭됐다. 집안의 가산도 기울기 시작했다. 전 가족이 경제적 어려움에 직면했고 돌파구를 마련해야 했다. 외가 삼촌의 제의에 따라 1939

---

2. 조선일보(1938.03.17.). 「전공과보습과, 현실정에 필요」.
3. 한국민족문화대백과사전. https://encykorea.aks.ac.kr/Article/E0077226

년 봄, 가족 모두가 만주 땅으로 이주를 결정했다. 가족들이 이주한 곳은 길림현 통화현 성 십자로였다.[4]

4년간의 만주 생활

유학자인 할아버지 홍만섭을 따라 만주 길림성(吉林城, 지린성) 통화(通化, 통후아)로 전 가족이 이주했다. 통화는 고구려의 발원지로 길림성 동남부에 위치한 조선족 집거 지역이었다. 한민족에게 고조선, 고구려, 발해의 고토(故土)로 인식되는 역사 도시이자 고구려 문화의 발원지이다. 광개토왕릉비를 비롯하여 고구려 전기의 산성인 환도산성, 고구려의 두 번째 수도였던 국내성, 고구려 시대의 돌무지무덤인 장군총 등이 시내의 집안(集安)에 밀집해 있다.[5]

당시 홍종수를 보살피던 어머니, 외삼촌 김수만, 김기섭, 누나 홍종희, 홍종옥, 형 홍종철을 합친 가족 모두였다. 만주로 이주한 해 가을에 할머니가 별세했다. 아마도 타향살이의 어려움 때문이었을 것이다. 할머니의 별세 후 어머니와 누나 둘, 형이 서울로 다시 돌아갔다. 홍종수는 만주에 남을 것을 자청했다.

만주에서의 그의 삶은 순탄치 않았다. 거주 환경이 생소한 데다 중국 아이들이 조선인 학생들을 보고 '고려 소방자(小棒子)'라고 부르면서 놀려댔다. 고려 소방자는 고려인들은 방망이로 때려야 된다는 모욕적 의미가 있는 비속어였다.

타국살이에서 그가 괄시를 받거나 어려움을 맞을 때마다 나라 잃은 한국인인 자신의 처지를 한탄했다. 그때 어린 홍종수는 어른들로부터 민족이 무엇이고 태극기와 조선인 탄압 이야기를 듣고 일본에 대한 적개심을 불태우기도 했다. 또 독립군 활동상에 관한 이야기들을 들으면서 어린 마음에도 분노와 분개의 눈물을 흘리기도 했다.[6]

---

4. 홍종수(1986). 「우당일지 - 자서전」.
5. 한국민족문화대백과사전.https://encykorea.aks.ac.kr/Article/E0077226
6. 홍종수(1986). 「우당일지 - 자서전」.

만주 해룡국민우급학교 시절 홍종수 원로 (맨 뒷줄 원안)

한편 홍종수는 할아버지로부터 전해 들은 관운장의 영웅담에 흠뻑 빠졌다. 그는 옥황산(玉皇山)을 구경하다가 관왕묘에 모셔져 있는 관우상 또는 삼국지 그림책을 보면서 접한 관운장의 모습에서 영웅심이 솟아 나무칼을 만들어 놀기도 했다.

만주 거주 시절 장날이면 칼과 주먹 등을 이용한 무술 시범이 열렸는데 홍종수는 어찌나 재미있고 신기하던지 시간 가는 줄 몰랐다. 또 그는 돌아다니는 행상들이 보여주는 무술시연들을 자주 보게 되면서 무술의 매력에 빠져들었다. 이러한 것들이 그를 무예 수련의 길로 들어서게 만든 동기의 하나가 되었다.[7]

초등학교 시절 남다른 의협심

큰 외삼촌의 제과업 실패로 인해 외사촌 형제들과 같이 살 수 없게 됐다. 홍종수는 작은 외삼촌을 따라 해룡현(海龍縣)으로 이사해 해룡국민우급학교(海龍國民優給學校) 4학년으로 편입했다. 교장은 쿠니모토[國本]라는 일본식 이름으로 바꾼 조선인이었다.[8]

---

7. 석민(1996.01.23.). 「'53년 대구·경북지역 첫 보급 - 향토체육의 맥 142」. 매일신문. 22.
8. 홍종수(1986). 「우당일지 - 자서전」.

해룡에는 이해룡왕묘(李海龍王墓)가 그의 인상에 깊게 남았다. 묘비에는 조선의 왕자라 씌어 있었던 것이다. 해룡현의 이름이 여기서 비롯됐다고 한다. 이 묘소는 그에게 민족적인 긍지를 갖게 한 계기가 됐다. 당시 홍종수의 친구인 하진호, 김정법 등과 함께 왕자 묘소에서 자주 놀기도 했다.

우급학교(優給學校) 6학년 때는 일본 애들이 횡포를 부려서 조선 아이들이 대항해 패싸움을 벌인 적이 있었다. 일본 애들이 조선 애들에게 밀려 도망쳤다가 일본인 서무선생을 앞장세워 조선 학생들을 격검하는 목검으로 마구 때리는 일이 발생했다.

홍종수는 그 일본인 선생님들이 원망스럽고 애통하고 분한 마음을 풀 길이 없었다. 이에 6학년 학생들 가운데 반장인 하진호 등과 같이 주도하여 동맹 휴학을 하기도 했다. 그들은 해룡 북산의 망루대에 올라서서 함께 입 모아 민족 차별하지 말라고 외치기도 했다. 일본 영사관 직원의 신고로 일본인 순사가 출동해 그들이 잡혀가서 혼나기도 했다.

어린 나이의 홍종수는 동포 여학생이 못된 일을 당할 뻔한 것을 구하기도 했다. 가을이 되어 교외로 학우들과 산책하다가 중국인 불량소년 3명이 우리 동포 여학생 2명을 수수밭에서 겁탈하려는 소리를 들었다. 홍종수는 다른 학우들과 함께 불량소년 3명을 잡아 크게 혼을 내주기도 했다. 수수풀이 무성한 만주 벌판은 그 규모가 너무 광활해 나쁜 짓을 저지르기 쉬운 곳이었다.

홍종수는 한 번은 태극기를 그리고 사명당, 이순신, 서산대사의 모습을 상상하며 그린 적이 있었다. 작은 외삼촌이 놀라 이를 만류하기도 했다. 관왕묘 앞에서 그는 목검을 휘두르면서 검술을 혼자서 연습했다. 그는 간담을 키우는 한 방법으로 이른 새벽에 음산한 묘당 앞으로 가는 길을 택하기도 했다.[9]

---

9. 홍종수(1986). 「우당일지 - 자서전」.

산성진 중고등학교

6학년생 가운데는 졸업도 못 하고 시집가거나 장가드는 학우들이 있었다. 당시 홍종수의 상급학교 진학은 외삼촌의 마음 먹기에 달려 있었기 때문에 그는 어린 마음에 불안했고 나날이 갈등이 커졌다. 홍종수는 매일 밤을 새워가며 소설책 등을 읽었는데, 아마도 사춘기의 문턱에 들어선 때문이었을 것이다.[10]

만주 산성진 중고등학교시절 홍종수 원로 (원 안)

우급학교 졸업 후 홍종수는 길림성에 있는 매하구시의 산성진(山城鎭) 중고등학교에 입학했다. 이 학교 지역에 사는 한인의 자녀가 학생 대부분을 이룰 정도로 많아 입학 과정에서 경쟁이 치열했다. 그는 나름대로 머리도 있고 형편이 좋은 편이어서 무난히 입학했다. 그 시절 기억 가운데 외삼촌 밑에서 일하는 직원들 집에서 태극기를 그리던 일, 영하 35도 혹한에 눈보라를 맞으며 해룡현에서 매하구시까지 철 그릇을 운반하는 심부름을 잘 마쳐 칭찬을 받았던 일도 있었다.[11]

외삼촌의 사업은 번창했다. 그리고 외삼촌에게 두 자녀가 태어났는데 이름이 정연이와 정진이었다. 이들 동생이 성장하고 형편이 나아지면서 홍

---
10. 홍종수(1986). 「우당일지 - 자서전」.
11. 홍종수(1980). 「우당일지」.

종수와 외할머니의 귀국을 생각하게 됐다. 홍종수도 서울 고향이 그립고 해서 귀국하는 데 동의했다.

서울로 귀국

귀국한 홍종수가 터를 잡은 곳은 서울 마포 공덕동의 서편으로 당시는 시골 마을이었다. 그곳은 소금장수가 많이 살았다 하여 염동(鹽洞)이라 불렸다. 할아버지는 여기가 정착지로 적합한 곳이라고 했다. 방이 4개이고 마당도 그 당시에는 넓은 편이었다. 대지가 800평이었다. 마을은 노석산 앞 숭문중학교가 들어서 있는 앞에 있었다.[12] 동묘(東墓)라는 마을 앞에서는 용강(龍江) 초등학교가 있었다. 그 당시 홍종수는 공덕리에 있는 국태공 대원위 대감, 즉 대원군 이하응 묘소에서 역기나 아령 운동을 하며 심신을 단련했다.[13]

홍종수는 염리동에서 때로는 형의 친구들과 어울렸고 후배로는 윤필성, 김상태, 지상섭 등이 그를 무척 따랐다. 태극기를 그리며 반일정신을 주입하는 등 그들과 일련의 결의를 맺어 홍종수가 맏형으로 맹주가 되기도 했다. 귀국 후 동네 아이들에게 이순신 장군과 거북선 이야기, 사명당 이야기로 민족을 자랑하던 일로 순검에게 호되게 매질을 당했다. 하마터면 엄중한 일제 치안유지법 위반이란 법망에 걸릴 뻔했던 일도 있었다.[14]

홍종수와 결의를 맺은 이들은 경기공고를 다니던 윤필성과 양정고를 다니던 김상태가 있었다. 그 뒤 황해도가 아버지 고향이라는 지상섭이 합류했다. 지상섭은 홍종수가 평생을 같이한 아끼는 후배로서 중요한 인물이었다. 홍종수가 5급이 되면서 공덕동에 있는 대원군 산소 등지에서 시간이 될 때마다 밤낮으로 어울려 수련하고 대화하면서 호연지기를 함양했다.[15]

---

12. 홍종수(1986). 「우당일지 - 자서전」.
13. 강신철(2002). 「사진으로 보는 태권도」「回顧」, 자연과 사람. 158.
14. 홍종수(1980). 「우당일지」.
15. 홍종수(1986). 「우당일지 - 자서전」.

1947년 6월 홍종수(앞쪽 오른편)는 그 나이 17세 때 지인 또는 친구들과 함께 찍은 사진. 이 때는 운수부(교통부) 철도청 공작창에 재직 중이었고 무덕관 수련을 시작한 지 여러 달 지난 시점으로 보인다.

2. 생계 활동과 광복의 환희

직장 생활 중에 맞은 광복

만주에서 귀국한 후 홍종수는 일본인이 운영하는 삼정복장(三井服裝)이란 양복공장에 취직했다. 주로 군복을 만드는 회사였다. 형의 친구인 오세영(吳世英)이 주선해 주었다. 본래 말이 없는 것과 침묵하는 것이 홍종수의 성격이었기 때문에 그는 별다른 어려움 없이 일에 전념하여 기존에 일하던 공원(工員)들에게 호감을 받았다.

1945년 8월 15일 광복을 맞았다. 그때 홍종수는 석정철공소에서 일하고 있었다. 광복하던 날 홍종수는 현미로 만든 빵을 배급받기 위해 태평로에 갔다가 해방이 된 것을 알았다. 태극기를 든 인파를 보고 홍종수는 설레는 마음으로 눈물을 흘리며 만세를 외쳤다. 그때 일본군 헌병들이 일본도를 휘두르며 군중을 해산시키는 격앙된 행동을 보였다. 그걸 본 홍종수는

일제의 잔해가 살아 있음을 보고 분루를 삼키기도 했다.[16]

17세가 되어 홍종수는 앞집에 사는 친구 형의 주선으로 서울 용산에 있는 미군정청 운수부에 취직했다. 그는 운수부 산하 공작창에 취직해 기관차 시험실에 배정됐다. 하는 일은 각종 기계를 살피는 조수 역할이었다. 최말단의 기능직 공무원이라 월급은 낮았지만, 그는 나름대로 다행이라 생각했다. 홍종수는 휴식시간이면 책을 보거나 한문을 익혔다. 선배 직원들은 신입 사원인 그를 잘 대해주었다.

젊은 시절 홍종수(빨간색 원)는 철도학교 교육 중에 유니폼을 착용한 친구들과 어울린 것으로 보인다.

6·25 전의 면학

홍종수와 가족들은 부모님이 일찍 돌아가시고 할아버지가 금광 사업 실패를 해서 형세가 기울어져 학교 교육을 제대로 받지 못했다. 그러나 그는 책보기를 매우 좋아하여 많은 책자를 접했다. 주로 역사물 계통의 서적이 다수였고, 체계적인 학습은 아니었지만, 가끔 독서로 밤을 지새우기도 했다. 홍종수는 자신이 어릴 적 탐독했던 서적을 상세히 기록했다. 소설 '마인 마도의 향불', 청춘극장, 삼국지, 수호지, 임꺽정, 어머니 순애보, 사랑, 금삼의 피, 동명성왕, 을지문덕, 이순신, 새벽길 등 수많은 소설과 역사 서적이었다.

아울러 일본 와세다(早稻田)대학 사학과 강의록과 같은 학술 도서도 읽었다. 또 최남선, 삼국사기, 문헌비고, 조선연구초, 조선통사, 조선칠고사감, 조선사연구(朝鮮史研究), 삼일운동사, 조선독립혈사, 동양사, 조선 야

---

16. 홍종수(1975 & 1980). 「우당일지」.

담집, 고려사, 조선무장열전, 한국통사 등 여러 국사서와 세계영웅전, 서양사 등 광범위한 영역을 두루 섭렵했다.

그가 독학으로 얻었던 지식이 일반 상식과 인격 형성에 많은 영향을 미쳤다. 그리고 나름대로 그는 경륜을 쌓을 수 있었다. 특히 그는 삼국지를 통해 문무(文武)의 이치와 전쟁에서 술책인 병법의 초보 경지를 익힌 듯한 기분에 잠기기도 했다.

수많은 군상(群像)이 인간의 법도와 의(義)와 이해관계의 흐름 속에서 분출되는 인생의 도덕률이 그의 흥미를 끌었다. 삼국지에서는 책사의 지모(智謀)와 용맹한 장수가 한계상황에서 흥망성쇠를 거듭하는 영웅호걸들의 부침(浮沈)과 영광이 교차했다. 홍종수는 삼국지를 통해 세상사와 인간사의 이치를 나름대로 이해했다고 생각했다.[17]

김구 선생의 피격

1949년 6월 26일 백범 김구 선생이 안두희가 쏜 총탄에 맞아 숨을 거두었다. 홍종수는 19세 청년이 돼 정치와 사회에 대한 식견을 가졌을 때였다. 그는 백범이 살던 경교장(京橋莊)을 두 번이나 방문해 조문했다. 경교장은 당시 광화문(경복궁)과 서대문 사이에 있던 동양극장 건너편에 있었다.

지금 경교장은 서대문역 인근 종로구 평동 강북삼성병원 부지 내에 있다. 김구 선생의 얼굴은 붕대로 싸여 있었다. 수많은

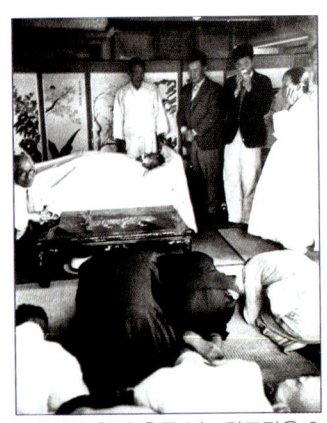

19살의 청년 홍종수는 경교장을 2번이나 방문해 백범 서거를 애통해하고 장례식에도 참가했다.

조문객 중 홍종수는 가장 가까이 다가가서 영면한 선생 얼굴을 직접 보았다. 그는 백범 장례 행렬을 따라 효창공원 장지까지 따라갔다. 홍종수는 암울했던 일제강점기와 환희와 혼돈의 광복 시대를 주름잡았던 백범을 추앙

---

17. 홍종수(1986). 「우당일지 - 자서전」.

했다.[18].

 백범 김구에 대한 홍종수의 존경심은 각별했다. 사실 백범은 한국의 광복에 크게 기여한 독립투사였을 뿐만 아니라 민족의 화합을 갈망했던 참다운 정치인이었다. 또한, 일제강점기 홍익인간 등 한국의 민족 사상을 고취한 사상가이기도 했다. '백범일지'와 '나의 소원'으로 잘 알려진 백범의 민족주의 사상은 젊은 홍종수에게 적지 않은 영향을 미쳤다. 그가 국조(國祖) 단군 사상과 홍익인간 정신에 몰두하게 된 것도 백범의 영향으로 판단된다. 그가 효창동 백범 묘역을 자주 찾은 것도 그러한 사실을 뒷받침한다.

백범 김구 선생이 순절한 경교장은 서울시 사적지로 지정돼 '강북삼성병원'에 보존되고 있다.

---

18. 홍종수(1986). 「우당일지 - 자서전」

제2절. 운수부 무덕관

홍종수는 1947년 그의 나이 17세 때에 운수부(교통부) 철도국에 근무하던 중 무예에 입문했다. 황기 관장이 이끌던 운수부우회(運輸部友會) 당수도부에 입회한 것이다. 운수부 산하의 운수부우회는 클럽이나 동아리와 같은 직장 내 자치활동 단체였다. 운수부우회의 특별활동의 일환으로 황기는 당수도 강습을 개설했다. 이를 계기로 홍종수는 전문 무예인의 길을 걷게 됐다. 이 절에서는 홍종수가 몸담은 5대 기간도장(5대관)의 주요 계파인 무덕관과 그의 스승 황기에 대해 살펴보기로 한다.

1. 5대 기간도장의 태동

우리나라 광복 이후 출범한 '5대 기간도장(이하 5대관)'의 실상을 간략히 이해할 필요가 있다. 무덕관은 5대관의 일부에 속하면서 청도관, 조선연무관 권법부 등 다른 관(館)과 상호 교류와 경쟁을 통해 현대 태권도의 초창기 역사를 장식했기 때문이다.

당수도 청도관
이원국 (39세)
서울 안국동
1946. 1. 15

조선연무관 권법부
전상섭 (25세)
서울 소공동
1946. 3. 2

당수도 무덕관
황기 (33세)
서울 용산철도청
1947년 초

YMCA 권법부
윤병인 (27세)
서울 종로
1947. 9. 1

당수도 송무관
노병직 (28세)
개성 동흥동
1947. 9. 20

현대 태권도의 원류인 5대관 창설자와 개설 장소 및 시기.
그리고 5대관 창설 당시 창설자의 나이가 나와 있다.

5대관이란 광복 직후에 발생한 '다섯 곳의 기간도장(基幹道場)'을 일컫는다. 즉 청도관(靑濤館), 조선연무관(朝鮮研武館) 권법부, 무덕관(武德館), YMCA 권법부, 송무관(松武館) 등 다섯 곳의 무예 도장이다. 이 5개의 관

(館)이 현대 태권도를 태동시키는 중추적 역할을 하였다는 점에서 기간도장(基幹道場)이라고 불린다.[19] '5대관'은 모든 태권도 계열의 원류라는 의미에서 '모체관(母體館)'이라고도 한다.[20]

청도관 창설자 이원국 관장과 우당 홍종수

5대관 창립에 관한 정보

무예 명칭	창설자	창설 시기	창설 장소
당수도 청도관	이원국	1946. 1. 15.	서울 안국동 시천교당
조선연무관 권법부	전상섭	1946. 3. 2.	서울 소공동 조선연무관
당수도 무덕관	황 기	1947년 초	서울 용산 운수부 철도국
YMCA 권법부	윤병인	1947. 9. 1.	서울 종로 YMCA
당수도 송무관	노병직	1947. 9. 20.	개성 동흥동 남부유도관

 이들 '5대관'은 현대 태권도의 원류(源流)로 간주하고 있다. 현대 태권도는 광복 이후에 시작된 이 5대관이 모체(母體)가 되어 변천하고 발달하면서 형성됐기 때문이다. 한국전쟁 이후 5대관이 분화하여 수십 개 관으로 파생됐다가 다시 9개관으로 정비됐다. 1978년 태권도 총본관 이사회의 결의에 따라 9개관이 협회로 흡수 통합됨으로써 관(館)은 역사에서 사라졌다.[21]

---

19. 강원식·이경명(2002). 『우리 태권도의 역사』. 상아기획. 34~35.
20. 허인욱(2008). 『관을 중심으로 살펴본 태권도 형성사』, 한국학술정보.
21. 국기원(2021). 태권도의 역사. 『태권도의 이해 - 태권도 교본 제1권』. 64.

2. 운수부 철도국에서 개설한 무덕관

무덕관은 서울 용산에 위치한 운수부(교통부) 철도국에서 시작했기 때문에 사람들은 '철도국 도장'이라고 칭했다. 당시 수련생은 관번 1번인 김은창을 비롯해 홍종수, 김용덕, 최희석, 유화영, 남삼현, 김인석, 황진태, 정창영, 이강익 등으로 이들은 모두 철도국 직원들이었다. 무덕관은 철도국 조직을 통해 각 지방의 기차역 창고에 도장을 개관했다. 전국 방방곡곡 세력을 넓혔고 '무덕관' 하면 철도역이 연상될 정도였다.[22]

무덕관의 개설 시기

무덕관(武德館)은 해방 직후 서울 용산역 부근의 교통부 청사를 빌려 황기(黃琦)에 의해 '운수부우회(運輸部友會) 당수도부'로 출발했다. 무덕관이 언제 시작됐는지에 대해서 최근 학술적 연구로 1947년 초로 밝혀졌다. 하지만 창설 당사자인 황기는 우리나라가 광복된 지 세 달도 안 된 시점인 1945년 11월 9일로 명기했다.

황기는 그가 발간한 『당수도 교본(1958)』, 『수박도 교본(1970)』, 『무덕관(1993)』, 『무도 철학(2003)』 등 여러 서적에서 무덕관 창립일을 1945년 11월 5일로 일관되게 표기했다. 그러나 이 같은 무덕관 개시 일자에 대해 그간 태권도계에서는 여러 반론이 제기됐다.

무덕관 개시 일자는 홍종수가 당수도에 입문한 시기가 언제인지 그리고 당시 구체적 수련 상황과도 직결되므로 자세히 살펴봐야 한다. 결론을 먼저 말하자면 당수도 무덕관은 1947년 초에 태동했다. 그 근거로는 최근에 공개된 학술적 연구에서 찾을 수 있다.[23] 그 단적인 근거는 황기 본인이 출판한 저서에도 나왔다. 그 내용은 다음과 같다.

---

22. 이호성(1995). 『한국무술, 미 대륙 정복하다』. 스포츠조선.
23. 김영선, 여인성(2020). 「현대 태권도의 원류, 무덕관의 개설 시기에 관한 연구」. 국기원 태권도연구, 제11권, 제2호, 1~14.

한국이 독립을 맞았고 … 당시 본인은 교통부에 화수도(당수도)부를 설치하고 아울러 무덕관을 창설했다. … 처음에는 3명의 수련생인 오원영, 함해성, 이상초 등과 시작했으나 2개월도 못 가서 흐지부지됐다. 그 후 다시 5명의 젊은 수련생을 데리고 또 시작했으나 3개월도 못 가서 중단하게 됐다. 홍성균, 신재영, 윤재철, 김욱, 김동한이었는데 이때의 수련은 중국식 세법과 보법까지 수련하다가 그만두었다.

이렇게 부진한 상태에서 서울 소공동에서 (조선)연무관 권법(당수)부를 창설한 전상섭 씨를 알게 됐다. 또 그 당시 청도관의 관원이며 교통부(운수부) 도서관에 근무하였던 현종명 씨를 알게 됐다. 그리고 그 사람(현종명)의 소개로 청도관 창설자인 이원국 씨를 알게 됐다. … 나는 이 두 사람을 알게 되어 대단히 기뻤다. 그 후 나는 그들에게 존경과 예의와 봉사로써 성심껏 접촉했다. 또한, 그들은 나보다 발전하고 있었다. … 본의는 아니지만, 사람들에게 알려져 있는 '당수도'라고 명칭을 바꾸었는데 <u>이때가 서기 1947년</u>이었다.

명칭을 오키나와식으로 바꾸고 (철도) 도서관에서 오키나와 사람들이 쓴 서적을 많이 보고 연구하며 습득한 것을 토대로 오키나와(일본)식 무술을 수련, 보급하게 된 것이다. 그 후 세 번째 수련생 6명을 모아서 수련을 시작하였다. 그들은 인간성도 좋아서 오랫동안 수련을 계속하여 다른 사람에게 인식을 잘 시키고 보급시켜서 수련생이 점차 늘어났다. 수련생은 무덕관 단번(段番) 1번인 김은창, 2번 김용덕, 3번 유화영, 4번 남삼현이고 그 외 2명은 개인적인 사정으로 도중에 중단해야 했다. 무덕관은 이러한 열성적인 사람들이 있어 많은 발전을 하였다.[24]

    이 인용문을 통해 무덕관 수련에 관한 몇 가지 사실을 알 수 있다. 황기가 위 2번째 인용문에 밑줄 친 1947년에 당수도부를 개설했던 시점과 진행 과정 그리고 수련 상황을 구체적으로 서술했다. 그러나 무덕관의 개시

---
24. 황기(1993). 『무덕관』. 세연출판사. 25~28.

에 대한 그의 견해는 만주권법을 가르쳤던 이전 시기까지 소급시키고 있다. 그것도 2차례 얼마간 지도하다 중단한 만주권법 강습 시기까지 포함된 것이다.

1962년 수박도 무덕관 재직 시절
홍종수 부관장(왼쪽)와 황기 관장 (왼쪽에서 2번째)

이 점에 대해 당사자의 주관적 입장에 따른 인식과 타자(他者)의 객관적 판단이 상충한다. 당사자 본인은 창관사(創館史)를 하루라도 앞당겨서 다른 관(館)보다 먼저 창립됐음을 내세우려는 의도가 작용했다고 볼 수 있다. 즉 무덕관이 다른 4대 관보다 더 이른 시기에 출범했다는 전통성과 우월성이 반영된 사례이다.

하지만 무덕관과 이해관계가 없는 제3자는 1947년에 무덕관이 시작됐다고 판단할 것이다. 이미 다른 관에서 활성화된 오키나와 무예인 당수도를 도입하여 그 명칭을 내 걸고 본격적으로 제자를 양성한 시기가 바로 그

때였기 때문이다. 황기는 1947년 초부터 김은창, 김용덕, 최희석, 남삼현, 홍종수, 김인석 등 초기 수련생을 배출하면서 정상적인 무예 교습과 활동을 전개했다.

무덕관의 무예 수련

1949년 홍종수의 운수부 수련 당시, 황기 관장이 펼친 옆차기 장면이 자신의 저서 『화수도 교본(1949)』에 나와 있다.

무덕관은 1947년 초부터 1950년 6월 한국전쟁 직전까지 심사와 시범 등 많은 활동을 했다. 홍종수는 1947년에 입관해 무덕관의 수련과 심사 등 제반 활동에 동참했다.

철도국 소속 직원들로 구성된 무덕관은 1947년 초 구내 철도병원 옆 경리국 창고에서 둥지를 틀었다. 그러다 1년이 지나 관원들이 늘어나자 철도사업장 내에 지어진 일본인 유치원 건물로 수련장을 옮겼다.

무덕관의 활동은 일상 및 특별 수련, 승단급심사, 연무 시범으로 전개됐다. 홍종수를 비롯한 수련생 모두 철도청 직원이었으므로 통상 일상 수련은 방과 후가 아닌 점심시간(12~13시)에 행해졌다.[25]

일상 수련은 손발 단련, 기본기[기초법]와 품새[型], 발차기 등 이었다. 발차기는 앞차기, 옆차기, 돌려차기 등 다양한 기술이 있었다. 당시 관원들은 무명 광목(廣木)으로 된 도복을 입고 차기를 비롯하여 아래막기, 몸통지르기 등 기본동작을 연습했다. 특히 차기는 무덕관이 중점적으로 강조한 기술이었다. 가끔 한강 모래밭에서 뛰어 앞차기 등 뛰어차기 등 특별 수련도 있었다.[26]

품새(型)로는 삐앙(平安), 밧사이(拔塞), 나이한찌(鐵騎), 짓데, 꿍샹진(公相君, 관공형), 십수(十手) 등 오키나와식에다 소림장권(少林長拳), 태극권

---

25. 강기석(2001). 고뇌하는 무덕관 – 김인석.『태권도 반세기 – 인물과 역사』. 서울올림픽기념국민체육진흥공단. 28.
26. 최희석(2003). 내가 처음 수련한 무술, 이름은 당수도 : 저널이 만난 사람 – GM 최희석. 아시아-태평양 마샬아트 저널. 3-3호.

(太極拳) 등 중국식도 포함됐다. 무덕관 품새 명에는 '삥앙'과 같은 중국 발음도 있었다. 중국 무예를 익혔던 황기의 영향 때문이었다. 겨루기도 일수식(一手式, 한번 겨루기), 삼수식(三手式, 세 번 겨루기) 등의 용어가 사용됐고 심사에서 자유 겨루기도 행해졌다.[27]

이런 시기에 황기는 청도관 이원국 사범과 조선연무관 권법부 전상섭 사범을 만나 당시 유행하는 '당수도'로 명칭을 바꾸고 수련 내용도 오키나와 가라테로 바꾸었다.[28]

1949년 7월 19일(화) 무덕관 화수도(당수도) 시범회를 기념한 사진. 이 시범 행사에서 청도관의 이원국 관장과 송무관의 노병직 관장이 무덕관과 청도관 수련생들과 함께 참석했다. 홍종수는 중앙 왼편에 서 있다.

당시 무덕관의 상황에 대해 조선연무관 권법부 수련생이자 한무관 창설자 이교윤 관장의 기록이 신빙성이 있다. 이교윤은 무덕관에서 지도했던 운수부 직원이자 청도관 관원인 현종명의 증언에 근거해 다음과 같이 기록했다. "8·15광복 이후 서울 용산구에 소재한 교통부 내에 부설형식으로 당수도부가 신설돼 철도국 직원을 대상으로 도장이 운영됐다. 수련생 지도는 철도국에서 함께 재직하던 현종명이 전담하고 황기 관장은 주로

---
27. 강기석(2001). 고뇌하는 무덕관 – 김인석. 『태권도 반세기 – 인물과 역사』.
    서울올림픽기념국민체육진흥공단. 28. 황기(1949). 『화수도 교본』.
    조선문화교육출판사. 황기(1958). 『당수도 교본』. 계량문화사.
28. 서상렬(2004), 『무덕관은 통합되어야 한다』, 미간행 소책자, 1~2쪽 및 Hwang Kee,
    『THE HISTORY OF MOODUKKWAN』, 1995, 24~26.

섭외 활동을 했다."라고 서술한 바 있다.[29]

전통 발기법을 활용한 무덕관

무덕관은 창설자 황기의 의향에 따라 오키나와식과 중국식을 융합한 한국식 무예를 지향했다. 기술 면에서 전통적 차기에 착안한 다양한 발차기와 자유 겨루기를 중시한 것은 한국 무예의 정체성 확립에 크게 이바지했다.

그 내용은 그가 1949년 저술한 『화수도 교본』에 나와 있다. 그 교본은 우리나라 최초의 현대식 무예 교본이다. 서적 본문에는 다음과 같은 15가지 차기

무덕관 교본에 나온 뒤차기와 빗차기.
한국식 발차기의 원류로 볼 수 있다.

기술이 나온다. 앞차기, 옆차기, 돌려차기와 같은 통상의 차기에 전통식 차기 기법이 많이 가미됐다. 두발차기부터 쌍발차기, 옆뻗어차기, 뒤차기, 짓밟기, 무릎치기, 뛰어차기, 거퍼차기(거듭차기), 앞으로 발들기, 옆으로 발올리기, 뒤로 발들기, 발로 막기, 발로 밀기까지 총 16종이 나열됐다.

이어서 교본에는 앞, 옆, 뒤 방향으로 발올려 나가기, 앞, 옆, 뒤 방향과 돌려 차 나가기, 옆 뻗어 나가기, 발로 막아 나가기 등 갖가지 실전용 차기 기술과 수련 방법이 수록돼 있다.[30] 이는 황기가 발을 주로 사용하는 한국 전통식 차기 기법을 『화수도 교본』에 반영한 사례로 볼 수 있다.[31]

---

29. 이교윤(2007), 『글로벌 태권도』, 조은, 39.
30. 황기(1949), 『화수도 교본』, 조선문화교육출판사.
31. 허인욱(2007), 『관을 중심으로 살펴본 태권도 형성사』, 한국학술정보.

무덕관의 제1회 심사

무덕관 최초의 심사는 1947년 5월 11일 서울 내 청도관과 합동으로 진행됐다. 홍종수는 무덕관의 제1회 심사에 불참했다. 그 상세한 이유는 알 수 없지만, 그가 좀 늦은 시기에 입관해 수련 기간이 심사 연한을 충족하지 못했거나 부득이한 사정으로 참석하지 못했을 것으로 추정된다.

다음 사진에서 무덕관의 개설 시기와 활동상이 구체적으로 나타난다. 1947년 5월 11일, 무덕관의 제1회 심사는 서울 안국동 시천교당에 있는 청도관 제3회 심사와 합동으로 거행됐다. 사진의 앞줄 중앙에 앉아 있는 정장 차림의 두 사람은 이원국 관장과 황기 관장으로 확인됐다.[32]

1947년 5월 11일 무덕관 제1회 및 청도관 제3회 합동 승급심사 기념사진. 이 사진은 무덕관 첫 승급심사가 서울 안국동 시천교당 청도관 도장에서 진행된 사실을 잘 알려준다.
(출처: 태권도타임즈)

무덕관 수련생인 김은창, 김용덕, 최희석 등이 왼쪽 아래편에 위치했다. 그리고 청도관 수련생이었던 엄운규, 현종명, 이용우, 남태희, 손덕성, 강서종, 민운식 등이 자리했다.

---

32. 정순천(2010.02.26.). 엄운규 전 국기원장과 태권도사(완결). 태권도타임즈. http://www.timestkd.com/news/articleView.html?idxno=18

이 심사에 직접 참여한 무덕관의 단번(段番) 3번 수련생이었던 최희석(1923~2020)은 당시 심사 상황을 증언했다.[33] 자기를 포함한 5명이 심사를 봤다는 것이다. 최희석은 무덕관 창립 제1기 관원이었을 뿐 아니라 오랫동안 무덕관에서 사범을 역임했다. 최희석은 이때 자기를 포함한 5명의 무덕관 수련생과 함께 엄운규, 남태희, 현종명 등 청도관 관원들도 동참했다고 언급했다.[34]

이 증언과 사진을 통해 다음 세 가지 사실이 명확히 파악됐다. 첫째, 황기 관장은 김은창, 김용덕, 최희석 등 5명의 수련생을 인솔해 심사를 치렀다. 둘째, 무덕관의 첫 회 심사는 1947년 5월 11일, 청도관 제3회 심사와 합동으로 시행됐다. 이러한 사실은 무덕관이 청도관보다 정확히 1년 늦게 제자들을 양성했음을 알려준다. 청도관은 1946년 1월 15일 개관했으므로[35] 무덕관은 1947년 초에 개설된 것으로 합리적인 판단을 내릴 수 있다. 셋째, 당시 무덕관 황기 관장은 청도관 창설자인 이원국 관장과 절친하게 교류했음을 알 수 있다.[36]

이 같은 무덕관과 청도관의 교류에 대해 현대 태권도사를 심도 있게 취재한 이호성 기자의 다음 기록과도 일치한다. "무덕관이 창설된 처음에는 청도관과 함께 심사를 보는 등 매우 가까운 사이였다."[37]

이 같은 사료들을 통해 1947년 초에 개설된 당수도 무덕관은 그해 5월, 5명의 수련생이 청도관 제3회 심사와 합동으로 첫 회 심사를 치렀음을 확인할 수 있다. 이후 무덕관은 홍종수를 비롯한 제자들이 양성돼 본격적인 활동을 전개했다.[38]

---

33. 무예신문(2020.08.03.). 당수도계의 거목(巨木) 최희석 총재 별세. http://m.mooye.net/16883
34. 최희석(2003). 내가 처음 수련한 무술, 이름은 당수도 : 저널이 만난 사람 - GM 최희석. 아시아-태평양 마샬아트 저널. 3-3호. 7.
35. 김영선, 여인성(2019). 현대 태권도의 원류, 청도관의 개관에 관한 연구. 국기원 태권도연구, 제10권, 제2호. 21~41.
36. 김영선(2019). 「현대 태권도의 원류, '오대 관'의 형성과 사적(史的) 의의에 관한 연구」. 미간행 박사학위 논문. 연세대학교 대학원.
37. 이호성(1995). 『한국무술, 미 대륙 정복하다』. 스포츠조선. 67.
38. 김영선(2019). 「현대 태권도의 원류, '오대 관'의 형성과 사적(史的) 의의에 관한 연구」. 미간행 박사학위 논문. 연세대학교 대학원. 81~84.

무덕관 수련과 심사

승단급심사는 단 급수와 수준별 색깔 띠를 수여 받는 중요한 평가 행사이다. 무예 영역에서 심사는 수련생에게 수련 목표 설정과 꾸준한 실력 향상을 가져오게 한다. 무덕관의 첫 심사는 청도관의 3회 심사와 합동으로 시행됐고 한국전쟁 직전까지 총 7회 심사가 행해졌다.[39]

시범 행사 또한 무덕관에서 여러 차례 진행됐다. 시범 행사는 철도국 구내 홍보차 2차례 거행된 것으로 여겨진다. 무덕관 1기 수련생 최희석의 증언에 의하면 자기가 6급일 때 철도공작창 광장에서 시범대회가 열렸다고 한다. 그는 1.5cm 두께의 송판 3장을 손날로 부순 다음 9cm 길이의 못을 박고 또 빨간벽돌 1장도 손날로 깨서 많은 박수를 받았다고 술회했다.[40]

1947년 가을로 추정되는 이 시범회는 홍종수와 밀접한 관련이 있다. 이는 당시 철도공작창에 재직했던 홍종수가 철도국 내 무덕관 지부를 개설하는 계기가 된 홍보시범으로 판단된다. 이에 대해서는 다음 단락에서 다루기로 한다.

1949년 7월에는 철도국 내의 교통학교 강당에서 대대적인 연무 시범을 개최했다. 이때 불렀던 명칭은 당수도가 아닌 '제3회 화수 연무 대회'였다. 이 시범이 열리기 1달 전 황기 관장은 『화수도 교본』을 출판했다.

1949년 7월 19일(화) 교통고등학교 강당에서 거행된 화수도(당수도) 시범대회 포스터

---

39. 김영선(2019). 「현대 태권도의 원류, '오대 관'의 형성과 사적(史的) 의의에 관한 연구」. 미간행 박사학위 논문. 연세대학교 대학원.
40. 최희석(2003). 내가 처음 수련한 무술, 이름은 당수도 : 저널이 만난 사람 - GM 최희석. 아시아-태평양 마샬아트 저널. 3-3호.

3. 무덕관 창설자, 황기

황기의 생애

무덕관을 창설한 황기(1914~2002)는 일제강점기 경기도 장단군에서 태어났다. 경기도의 서북부 연천군과 임진강 인근이지만 한국전쟁 이후 북한 땅으로 편입된 곳이다.[41]

서울에서 경기상업고등학교를 졸업하고 운수부(교통부) 철도국에 입사했다. 1945년 8월 광복 직후 운수부 경리과 심사계 소수화물 주임으로 근무했다. 그는 초창기 몇몇 동료 직원을 모아서 만주권법을 가르치기도 했으나 얼마 지속하지 못했다.[42]

1947년 초 황기는 운수부우회 소속으로 당수도반을 개설해서 본격적으로 무예를 지도했다. 그는 철도국 도서관에서 당수도 서적을 탐독하며 기술을 터득했다고 한다. 황기는 당수도를 한국전통 무예로 개편하겠다는 의지로 화수도(花手道)를 거쳐 수박도로 개칭했다.[43]

1960년 황기 관장은 '대한수박도회(이하 수박도회)'를 조직했다. 수박도회는 문교부로부터 사단법인 인가를 받고 1960년부터 수년간 한·미·중 친선 연무대회, 일본 원정 대회, 한·중·일 친선 연무대회, 아시아연맹 결성, 한일 당수도 연무대회 등 국제 행사를 독자적으로 개최했다.[44]

대한수박도회의 이러한 행보는 관의 연합체인 대한태수도협회로부터 거센 반발을 불러일으켰다. 이내 정부 부서인 문교부는 수박도회에 인가 취소를 통보했다. 협회를 대변하는 문교부와 수박도회는 수년간 법적 분쟁을 벌였고 수박도회는 대법원 확정판결에서 승소했다. 그러나 수박도회는 1965년 무덕관의 분열을 계기로 급격히 쇠퇴했다.[45]

황기는 선비형의 얼굴에 목소리도 높지 않아 부드러운 인상이었지만, 눈이 매우 매서운 사람이었다. 그는 특히 남을 가르치는 데 탁월한 능력이 있

---
41. 한국학중앙연구원. 한국민족문화대백과사전. https://encykorea.aks.ac.kr/Article/E0048358
42. 서상렬(2012). 『무덕관은 통합하여야 한다』. 동양비지니스폼. 12.
43. 강기석(2001). 『태권도 반세기-인물과 역사. 이야기 한국체육사 20』. 서울올림픽기념국민체육진흥공단. 26.
44. 경향신문(1961.04.28.), 제1회 한일당수도대회.
45. 이호성(2007). 『한국무술, 미 대륙 정복하다』. 한국학술정보. 65~68.

없는데, 무술가라기보다 학자 같았다. 사실 그는 문인(文人) 집안에서 태어났고 어릴 적에 우연히 택견을 알게 되어 무예에 대한 관심을 가지게 됐다.[46]

황기는 민족의식이 강해 항일투사로 알려져 있다. 일제강점기 조선총독부의 창씨개명령에 맞서 끝까지 이름을 바꾸지 않았다. 그는 일제의 패망 직전 1945년 3월 악명 높은 용산헌병대에 끌려가 개명의 강요를 거부하자 심한 고문을 당하고 구속 수감되기도 했다. 자신의 소신을 굽히지 않는 그의 성향은 훗날 태권도 통합을 여러 차례 거부하는 사태를 낳기도 했다.[47]

근래에 황기는 한때 제자였던 홍종수와 함께 무주 태권도원에 '태권도를 빛낸 사람'으로 헌액됐다. 홍종수는 '태권도 관(館) 통합'과 태권도 발전에 기여한 공로로 최초의 헌액자 10인에 선정됐다. 황기는 2년이 지난 2016년, 1차 추가된 17인에 포함됐다.[48] 이는 무덕관을 세우고 수많은 태권도인을 양성한 황기의 공로가 태권도계에서 인정된 것이다.

1960년대 수박도 무덕관 재직시절, 황기 관장 (왼쪽)과 홍종수 부관장 (가운데)

---

46. 이호성(2007). 『한국무술, 미 대륙 정복하다』. 한국학술정보. 65.
47. 서상렬(2012). 『무덕관은 통합하여야 한다』. 동양비지니스폼. 11.
48. 무카스(2016.04.07.). 최홍희 '태권도를 빛낸 사람들' 삼수 끝 헌액자로 선정.
    https://mookas.com/news/14887

황기의 무예 경력과 활동

황기(1914~2002)의 무예 경력은 확실하지 않다. 본인과 그의 제자들의 설명에 따르면 그는 일제강점기였던 1935년 남만주(南滿洲) 철도국에 근무하면서 양국진(楊鞠振) 선생으로부터 만주 계열의 중국 권법을 배웠다고 한다.[49]

황기의 무예 경력은 이 정도로 거론된다. 황기는 여러 권의 서적을 직접 저술했음에도 불구하고 자신의 무예 경력에 대해서는 짤막한 내용으로 국한됨으로써 많은 의구심을 불러일으켰다.

이에 대해 강원식과 이경명은 "황기가 만주 재직 시절 주장한 무예 경력에 대해 여러 태권도 원로들은 대체로 부인(否認)한다. 황기 관장의 무력(武歷)을 방증할 만한 사료가 없었기 때문이었다."라는 언급이 있을 정도였다.[50] 그러나 황기의 무력이 명확히 확인되지 않지만, 한국 재래식의 발차기 기술을 포함해 만주권법에다 오키나와테(沖繩手)인 당수(唐手)를 적극 도입해 활용했다고 보인다. 그 근거는 그가 출판한 여러 교본에서 찾아볼 수 있다.

황기 관장의 무예 시범. 자세와 동작이 만주권법 풍이 진하다.
자신의 교본에는 화선형(花仙型)이라 칭했다.

만주권법에 대해서는 황기의 『화수도 교본(1949)』에서 무덕관 관번과 단번 1번인 김은창(金恩昌)의 소개 글에 나온다. "선생은 …… 타향 만주에

---

49. 강원식, 이경명(2002). 『우리 태권도의 역사』. 상아기획.
50. 강원식, 이경명(2002). 『우리 태권도의 역사』. 상아기획. 40.

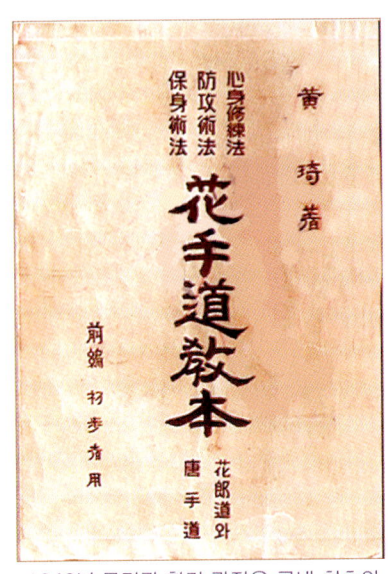

1949년 무덕관 황기 관장은 국내 최초의 현대판 무예서 『화수도교본』을 비롯해 10여권의 저서를 편찬했다.

건너가 체류 중, 중국인에게서 중국무술을 습득하시고…"[51]라고 기재했다. 또 황기의 제자였던 무덕관 제4대 김인석 관장은 당시 무덕관에서는 품새의 명칭을 중국어로 불렀다고 했던 점에서 그 실상을 알 수 있다.[52]

그리고 택견과 같은 한국전통의 발기술을 참조한 것도 특색이 있다. 황기가 무예에 대해 관심을 갖게 된 것은 6세 아이 시절 단옷날 장터에서 택견을 본 후라고 한다.[53]

어린 나이에 황기는 단옷날 씨름 경기를 구경하다 우연히 어느 주막 앞에 이르렀다. 그때 주막에서 장정 8명과 한 젊은 남자 사이에 언쟁이 오가다가 일대 싸움이 벌어졌다. 장정들이 그 젊은이를 공격하기 시작했다. 하지만 그 젊은이는 상대 공격을 날쌔게 피하면서 발기술[足技]을 사용해 장정들을 차서 순식간에 쓰러뜨렸다. 그 광경을 본 황기는 그 사람의 집까지 뒤를 따라가 무예를 가르쳐 달라고 졸랐다. 그러나 너무 어린 나이 때문인지 거절당했다고 한다.[54] 이렇듯 황기는 어린 시절 택견을 접했던 경험은 한국식 발차기 기술을 참조하고 개발하는 데 지대한 영향을 미쳤다.

황기는 광복이 되자 철도국 내에서 동료 직장인들에게 중국무술의 세법(勢法)과 보법(步法)을 가르치면서 무예 교습을 시작했다. 그러나 그의 중국무술 강습이 수련생들에게 별 흥미를 끌지 못해 도중에 중단됐다.[55]

---

51. 황기(1949), 『화수도 교본』, 조선문화교육출판사, 서문.
52. 강기석(2001), 『태권도 반세기 - 인물과 역사. 이야기 한국체육사 20』, 서울올림픽기념국민체육진흥공단, 29.
53. 이호성(1995), 『한국무술 미대륙 정복하다』, 스포츠조선, 68.
54. 황기(1993), 『무덕관』, 대한수박도회, 130~132. 및 Hwang Kee(1995), 『THE HISTORY OF MOODUKKWAN』, 10~15.
55. 서상렬(2012), 『무덕관은 통합하여야 한다』, 동양비지니스폼. 12.

그러다 1947년 초에 당시 활발히 활동하던 청도관의 협조로 당수도를 받아들이면서 무덕관 단번(段番) 1번인 김은창을 비롯하여 김용덕, 유화영, 남삼현, 홍종수, 김인석 등 제자를 길러내기 시작했다.[56]

그런데 황기의 무예는 한국전통 발질인 택견에서 착안한 발차기를 중점적으로 강조했다. 황기 본인이 저술한 『수박도 교본(1970)』에는 자신의 무예가 한국의 택견과 함께 중국과 오키나와 권법이 융합돼 이루어졌다고 나와 있다. 또한 무덕관 수련생들이 황기로부터 주로 발차기를 많이 배웠다는 기록에서 그 근거 찾을 수 있다.[57]

한편 황기에게 생소했던 당수도를 습득했던 방법은 서적을 참조한 독학(獨學) 수련과 더불어 청도관, 조선연무관 권법부와 교류를 통해서였다.[58] 특히 황기와 같은 직장 내 도서관 사서(司書)였던 현종명은 물론 엄운규 등 탁월한 청도관 실력자들의 역할도 간과할 수 없을 것이다. 현종명과 엄운규가 무덕관의 심사 사진에 등장하는 이유가 그러한 역할 때문이었을 것이다. 현종명이 수련생 지도를 전담했고 황기는 섭외 활동에 주력했다는 기록도 남아 있을 정도였다.[59]

이처럼 무덕관 창설자 황기는 어릴 적 한국전통 발질을 접했고 만주계 중국 권법도 익혔다. 광복 이후 당수도 기술을 새롭게 도입했고 수박도라는 한국식 명칭과 독자적인 무예 방식을 모색했다.

수박도 황기 관장의 신문기사 (조선일보, 1995.09.20.)

---

56. 황기(1993). 『무덕관』. 세연출판사. 25~28.
57. 강기석(2001). 『태권도 반세기-인물과 역사. 이야기 한국체육사 20』, 서울올림픽기념국민체육진흥공단. 29.
58. 서상렬(2012). 『무덕관은 통합하여야 한다』. 동양비지니스폼. 11.
59. 이교윤(2007). 『글로벌 태권도』, 조은. 39.

제3절. 관내 실력자로 부상

1. 무덕관 입문

당수도(唐手道)를 시작하다

홍종수가 무예에 발을 들여놓은 때는 18세인 1947년 3월이었다. 그는 우연히 운수부 당수도란 소문을 듣고 즉시 입문했다고 한다. 1947년 초에 교통병원 옆에서 무예를 가르친다는 소문을 듣고 날을 잡아 점심시간에 찾아갔다. 10여 평 남짓한 비좁은 공간에서 여러 사람이 무예를 수련하고 있었다.

젊은 시절 홍종수가 도복과 띠를 매고 있는 모습.
그가 1947년 3월에 입관해 2년 7개월 수련 후 검정띠 유단자가 됐다.

홍종수가 무예 수련에 관심을 가진 것은 어릴 적 향수가 크게 작용한 것 같다고 언급했다. 그는 만주에서 느낀 무술의 매력에다 할아버지 옛날이야기에 등장하던 삼국지의 영웅 '관운장에 대한 흠모의 정'이 복합돼 무예

수련에 열중하게 됐다고 회고했다.⁶⁰

운수부 직원들이 하는 무예가 어릴 적 홍종수가 만주에서 본 적 있는 18기와 비슷하다고 느꼈다. 황기 관장을 비롯한 10여 명이 당수도 수련에 몰두하고 있었다. 한 사람이 구령을 붙이고 그에 따라 움직이는 동작이 매우 절도가 있어서 그런지 홍종수는 그 매력에 이끌렸다.

홍종수는 당수도를 수련하면서 운명의 길로 들어섰다. 운수부(運輸部) 직장 내에서 특활 활동으로 시작한 당수도가 그의 인생사에 큰 획을 긋게 될 줄이야. 그의 입문 당시 황기 관장을 비롯한 약 10여 명의 수련자가 있었고 모두 흰띠였다. 황기 관장은 정식 승단 과정을 거치지 않고 스스로 무예를 터득했기에 검은띠 대신 특별한 흰색 띠를 매고 있었다.

수련은 낮 점심시간을 이용했으므로 홍종수는 늘 시간에 쫓기면서 무예 수련에 참여했다. 그는 직장에서 야릇한 눈초리를 받아가면서 열심히 수련에 임했다.⁶¹

홍종수가 무덕관 수련 중에 배운 품새를 시연하는 장면. 얼굴과 진한 띠 색으로 보아 18~19세 나이 때로 보인다.

혹독한 수련으로 강인성 키워

홍종수는 무덕관에 입관해 처음에는 평상복 차림에 웃통만 벗고 주춤서기 자세로 팔 뻗기부터 시작했다. 머리를 기르지 않은 것은 홍종수 한 명뿐이었다. 당시 신입 수련생 지도를 맡은 사람은 3년 뒤에 발발한 한국전쟁에서 포격에 맞아 작고한 김은창(金恩昌) 선배였다. 그는 관번(館番)과 단번(段番) 1번의 첫 수련생이자 운수부 시설국 전기과 소속의 직원으로 나이도 든 편이었다.⁶²

---

60. 석민(1996.01.30.).「소방서 옥상에서 경북 무덕관 시동 - 향토체육의 맥 143」. 매일신문. 22.
61. 홍종수(1980.03.01.).「우당일지」.
62. 서상렬(2012).『무덕관은 통합하여야 한다』. 동양비지니스폼. 15.

1949년 당수도 시범회로 추정되는 사진.
홍종수는 맨 뒷줄 빨간 원으로 표시되어 있다.

당시 관원 모두 합해봐야 10명 남짓이었다. 홍종수의 관번(館番)은 10번이었다. 홍종수는 자신의 일기에 관번 1번인 김은창(金恩昌) 부터 9번에 이르는 선배들의 이름을 기록했다. 2번 김용덕, 3번 유화영, 4번 최희석, 5번 남삼현, 6번 권수혁, 7번 강흥주, 8번 김중성 9번 문기상에 이어 홍종수 본인이 10번으로 나와 있다.[63] 이후 황진태, 김인석, 원용범, 정창영 등이 뒤이어 입관했다. 점차 관원이 증가하기 시작했다.[64]

관원이 늘어나자 수련 장소는 도서관의 강당을 거쳐 철도병원 뒤 옛 일본인 유치원 건물로 이전했다. 도장으로서 시설이나 환경도 좋아졌고 많은 사람이 수련하기에 적당한 공간이었다. 이 시절 운수부 산하의 여러 직원들이 모여들기 시작했다.[65]

홍종수는 당시 수련 상황에 대해, "황기 선생 밑에서 태권도를 처음 배울 땐 마땅한 연습 장소가 없었지. 주로 점심시간을 이용해 수련했었지. 운수부 건물 중 빈 곳이나 이웃의 유치원과 운동장을 활용했어."라고 회상했다. 그의 수련이 힘든 만큼 무술에 대한 애착도 깊어갔다. 영하 10도가 넘는 강추위 속에서도 얇은 광목 도복 차림에 맨발로 수련이 계속됐다. 석탄난로조차 없는 곳에서 그랬다. 하지만 혹독한 수련 강도와 수련생의 열정에 아무리 추워도 조금만 지나면 온몸이 땀으로 흠뻑 젖었다고 한다. 수년간 운수부 무예 수련은 홍종수에게 막강한 체력과 강인한 정신력을 기르게 했다. 아마 요즘 사람들은 상상하기도 힘들 정도였다고 했다.[66]

---

63. 홍종수(1992). 「우당일지」.
64. 강기석(2001). 『태권도 반세기 - 인물과 역사. 이야기 한국체육사 20』. 서울올림픽기념국민체육진흥공단. 27~29.
65. 서상렬(2012). 『무덕관은 통합하여야 한다』. 동양비지니스폼. 14.
66. 석민(1996.01.30.). 「소방서 옥상에서 경북 무덕관 시동 - 향토체육의 맥 143」. 매일신문. 22.

수련 6개월 만에 승급심사가 있었는데, 1947년 가을에 7급이 됐다. 그 후 6개월 후 5급을 거쳐 다시 반년 후에는 상급자가 됐다. 그의 무예 실력이 나날이 향상되어 급수가 높아지고 띠 색깔도 바뀌었다. 그는 1949년 10월에 그가 염원하던 유단자가 됐다. 홍종수가 느끼는 기쁨은 대단히 컸고, 굉장한 자부심을 느꼈다.[67]

영원한 벗, 김인석

홍종수는 무덕관의 후임 관장이었던 김인석에 대해 1992년 일기에 다음과 같은 기록을 남겼다.

1948년 4월 무덕관 제3회 심사를 기념한 장면. 뒷줄에 서 있는 빨간 원이 홍종수이고 맨 앞줄 왼편에 김인석 그리고 오른편에 정창영이 앉아 있다. 이 사진은 당시 5대 관 교류사에 중요한 사료이다. 무덕관 황기 관장은 심사 집행위원으로 YMCA 권법부 윤병인 관장을 초청했고 엄운규, 현종명, 고재천 3명의 청도관 상급자들이 심사 내빈으로 참석했음을 알 수 있다.

"나의 오랜 친구이자 태권도계의 동반자라 할 가장 친밀하고 마음이 통하는 유일한 동지가 김인석 관장이다. 오래전 무덕관 수련을 시작했던 봄철이었다. 김인석 관장은 운수부 당수도장에 내가 입문한 후 며칠 후에 만나게 된 동기로 인연을 맺었고 6·25와 같은 전화 속에서도 좌우익 싸움의 틈바구니

67. 홍종수(1980). 「우당일지-부록」. (1986). 「우당일지-자서전」.

에서도 살아남았다.

이제 60대 중반에 이르기까지 그 엄청난 사계의 파란만장한 험로를 함께 개척해 온 사이이다. 일일이 열거한다면 무덕관 문제는 헤아릴 수 없이 사단이 많았다. 통합이란 소용돌이 속에서 황기 관장의 퇴진을 전후해 태산 같은 사건이 많았다.

통합선언에 이어 파기 선언에 따른 나의 통합 재추진에서 성공한 후 나는 김인석을 협회 임원으로 추천했다. 그는 서울에서 먼 시흥에 근거하기 때문에 별로 중앙 무대에는 거리가 있는 상황이었기에 나는 대표위원이란 특별한 영향력으로 협회 활동에 기용하여 협회 이사로 천거했다.

영원한 벗인 홍종수 원로 영정에
2005년 분향하는 김인석 원로

이후 나는 협회에서 전무이사가 되어 손쉽게 일이 되어가는 입장이어서 다행이 아닐 수 없다. 나는 태권도 무덕관 제1대 이강익(李康益) 관장에 이어 관장으로 당당히 추대됐다. 무덕관의 관통을 잡아 무덕관 중흥의 기치를 높이고 김인석을 무덕관의 부관장으로 의제(義弟) 지상섭(池相燮)을 사무처장으로 각각 임명했다. 한편 시도 관장 등을 적절한 고위 자로 위촉해 그야말로 강력하고 합리적 체계로 진용을 구축했다. 이는 범(凡) 태권도계 일대 중대 사건으로 협회와 다른 관에 경이의 눈으로 바라보았다."[68]

무덕관 권우(拳友), 정창영

홍종수는 무덕관에서 함께 수련한 동료이자 태권도계에서 함께 활동했던 고(故) 정창영(丁昌永) 사범을 추모했다. 1990년 그는 다음과 같이 일기에 썼다.

"해방 후를 기점으로 하여 그 후 평생을 통해 내게 있어 가장 기억할 인물

---
68. 홍종수(1992). 『우당일지』.

중의 한 사람이다. 무덕관 반백 년 역사에 있어 지우지 못할 이름이 아니신가. 그는 6·25사변 전부터 이미 많은 후진 청년에 진력하였고 1950년대 환도 후에는 본격적인 관 재건 활동을 했다. 그는 작은 키였지만 단단한 체격에 강인한 정신력을 갖춘 발군(拔群)의 인물이었다. 정창영은 다부진 몸매에 민첩한 동작을 구사했다. 맹렬한 그의 연속 손끝 찌르는 기법은 과히 일품이 아니던가. 소박한 인간성으로 동료 또는 후진 제자들에게도 격의 없이 술좌석을 베풀었고 호주가(好酒家)로서 과연 무인의 기상을 과시한 분이다."69

修武同人
-故 丁昌永 兄을 追慕하며

七月炎天 찌는 듯한 더위
땀 범벅 道服 자락
쥐여 짜도 팔뚝에 감겨
큰소리 기합으로
바른 주먹 날려가며
곧은 발길 머리를 넘어간다
가쁜 숨소리에
땀방울 쉴 새없이 떨어지고
유리 창문 사이로 스며드는 실바람은
끓는가슴을 식혀주니
그 작은 행복
그 순간을 함께한 벗들
하지만 이제는
유명을 달리하였구나
다부진 몸매 야무진 주먹
벼락같은 기합 소리
매섭고 바른 눈초리
그모습 장쾌한 武魂
새삼 보고 싶어라
영원한 벗님이여

무덕관 동문 정창영 사범을 추모한 홍종수의 시

1985년 제7회 세계태권도선수권대회에 참가한 무덕관 사범 환영회.
왼쪽부터 정창영, 홍종수, 김인석 원로, 최병호 재미사범.

---

69. 홍종수(1990.04.29.).「우당일지」

2. 건장한 체격과 카리스마

홍종수는 키가 180cm를 상회하는 장신(長身)이었다. 타고난 우월한 신체 조건과 어릴 적부터 남다른 운동 신경에 의해 그의 무예 능력은 일취월장(日就月將)했다. 더욱이 어릴 적부터 서울 애고개 마루에서 뛰고 놀았던 생활이 탄탄한 기초 체력을 양성시키는 밑거름이 됐다.

1947년 그가 당수도를 수련하여진 지 1년도 안 되어 자신이 근무하는 공작창 부서에 무덕관 지관을 개설했다. 홍종수는 나이도 많은 수많은 형들을 수련생으로 삼아 무예를 가르치며 사범의 면모를 길렀다.

주먹을 불끈 쥐고 검은띠로 묶은 도복을 팔에 걸고 있는 홍종수는 젊을 때부터 카리스마가 넘쳐 보인다.

또 홍종수는 운수부 내 철도 공작창 직장에서 날마다 근육을 쓰는 고된 일로 강건한 체력을 다지기도 했다. 그의 탁월한 신체 조건은 혹독한 수련과 승단급 심사에서 강세를 보였고 연무 시범 행사에서도 두드러진 활약을 했다.

3. 운수부 내 지부 활동

공작창 무예 시범과 지부 창설

홍종수는 1947년 말에 운수부 철도국 내 공작창에서 무덕관 지부를 개설했다. 당시 자기가 재직 중이던 부서였다. 수련장이 구비된 정식 도장 수준은 아니었지만, 무덕관의 관세가 확장되는 시발점이 됐다. 그런데 어떻게 홍종수는 수련을 시작한 지 1년도 되지 않아 지부 도장을 맡았을까.

황기는 1947년 초 철도국 무덕관을 개설 후 얼마 지나지 않은 1947년

6~7월에 철도국 내 공작창과 사업장에 연이어 지부를 개설했다고 기록했다.[70] 그러나 이 기록에 나온 날짜가 정확하지는 않다.

철도국 내 공작창 지부는 1947년 가을철에 거행된 당수도 시범을 계기로 개설됐을 가능성이 크기 때문이다. 황기 관장은 수련생들이 어느 정도 실력에 도달하자 관원 모집을 위한 홍보 시범회를 열었다. 무덕관이 개설된 지 채 1년도 안 돼 열린 최초의 시범 행사였다. 시범장이 바로 용산 철도국 내 공작창 광장이었다.

1948년 11월 4일, 무덕관 제4회 심사 사진. 홍종수는 맨 뒷줄에 서 있다. 황기 관장을 비롯한 다른 인물들이 확인됐다.(제임스 리 재미사범의 증언에 근거)

첫 시범장인 공작창(工作廠)은 용산 철도국 내 서부에 있는 대규모 시설과 넓은 광장이 갖춰진 곳이었다. 그곳은 수많은 철도 차량 수리를 위해 40년 전부터 세워진 공장과 창고가 즐비했다. 기관차를 비롯한 객차, 화물차를 직접 제작하고 수리하던 한국 최대의 철도 공장이 바로 공작창이었다. 시설 규모도 컸거니와 근무하는 직원들도 많았다.[71]

---

70. 황기(1970). 『수박도 대감』. 삼광출판사. 677.
71. 조선일보(2020.05.26.). 「뉴스 속의 한국사, 일제가 대륙 침략을 위해 건설…광복 후 첫 국산 기차 만들었죠」.

1949년 안성 당수도 제1회 연무회 기념.
회원들과 함께한 홍종수 (앞줄 왼쪽)

많은 공작창 직원들이 운집해 시범회가 성황리에 열렸다. 황기 관장을 비롯한 홍종수 등 수련생들은 그간 닦은 무예 실력을 선보였다. 시범회는 직원들에게 무예 수련에 관한 관심을 불러일으켰다. 시범 직후 무예 수련을 지망하는 직원들이 쇄도했다.

황기 관장은 공작창 위치가 멀리 떨어져 있고 별도 시간을 내서 지도를 맡기가 어려웠다. 그러자 황기는 자기 대신 수(首) 제자이자 같은 곳에서 근무 중인 홍종수가 적임자라고 판단하여 그에게 지도를 일임했다. 홍종수가 열성적인 수련생이었고 또 홍종수가 무예 수련하는 것을 이미 알고 있던 공작창 시설실 동료 직원들 가운데 수련 희망자가 생겼기 때문이었다.

당시 서울 공작창 당수도부는 무덕관 유일한 지부였다. 홍종수는 공작창에 도장을 낸 것을 "나의 생애를 결정시킨 날이다"고 회고했다.[72]

처음에 최승천과 최형섭이 입관했다. 당시 공작창의 책임자는 정득용이란 고위 직원이었다. 그 사람의 조카뻘 된다는 정재동이라는 직원이 홍종수를 무척 따르고 좋아하는 편이어서 수련장 개설에 큰 도움을 받았다.

매일 점심시간을 이용해 직원들의 건강과 친목을 도모하겠다고 건의해 수련반 개설과 장소를 확보할 수 있었다. 공장 건물 중에 비어있는 2층 강당을 수련장으로 사용하면서 홍종수는 무예 지도를 시작했다.

---

72. 홍종수(1980.03.01.). 『우당일지』.

공작창에서 성공적 지도 활동

홍종수는 1950년 6월 한국전쟁이 발발하기 전까지 철도청 내에서 열정적으로 후진 양성에 매진했다. 철도청 내 공작창 직원을 대상으로 개관 1달 만에 50여 명의 회원이 들어올 정도로 많은 호응이 있었다. 이 가운데는 문순선, 김영석, 이철연, 유득실이 가입했다. 1년 뒤에는 회원 총수가 80여 명으로 늘어났다. 회비는 공용으로 사용하는 공영금(共榮金)으로 하고, 심사비는 황기 관장에게 모두 전달했다. 그리고 3급 심사를 거쳐 2년 7개월 만에 홍종수는 그렇게 바라던 검은띠가 되었다. 그가 더욱 기뻐했던 것은 다른 선배들에 비해 이른 나이에 승단한 점이었다. 이 시기에 대해 홍종수는 "난 파란과 풍운의 무예 지도자 생활이 개막됐다. 이후 나는 성심을 다했고, 혼신의 노력을 기울여 후배 육성과 무예반 운영을 위해서 정진했다. 나는 여기서 지도자로서의 초보적 수업을 이수한 셈이다."라고 기억했다.

10대 말, 군 입대 전 나이로 보이는 준수한 용모의 홍종수

홍종수가 재직했던 철도 공작창 전경. 그는 당수도를 시작한지 1년 만에 공작창에서 동료 직원들을 지도하기 시작했다.

홍종수는 이때부터 어지러운 정쟁(政爭)이나 좌우(左右) 사상 투쟁의 소용돌이 속에 말려들지 않고 견실하게 직업 생활과 무예 수련에 전념했다. 한편 그는 평소 관심 분야였던 민족관과 역사 학습을 통해 애국애족(愛國愛族)하는 마음도 길렀다.

그는 자신의 길이 참되고 실질적인 무실(務實)이었으며 부지런히 힘써 노력했다고[力行] 자평했다. 그는 곧 유단자가 됐고, 곤궁한 가계 형편에 비록 막내였지만 집안 살림을 도와 가운(家運)을 세우는 데도 주력했다.[73]

정확한 시기와 장소를 알 수 없지만 홍종수는 직장 통근을 위해 자전거를 이용했다.

홍종수는 약관의 18세 나이에 자신의 일터인 공작창에서 나이도 많은 다른 직원들에게 당수도를 가르쳤다. 이 시기 그는 정식사범은 아니었지만, 나이는 어려도 무예 선배로서 동료 직원을 대상으로 후진을 양성한 첫 출발점이 됐다.

---

73. 홍종수(1980.03.01.). 『우당일지』.

제3장
무예 지도와 활동

국기원
세계태권도본부

3 우당어록

내가 사는 목적

내가 사는 목적이 무엇이라면 서슴없이 국기 태권도를 위해서다. 어제도 많은 귀빈께서 국기원을 방문했다. 미국 체육지도자 R씨, 일본 IOC 위원, 태국 IOC 위원을 비롯해 무려 10여 명의 국내외의 세계적인 지도자들이 국기원을 찾아 태권도의 현황을 설명 듣고 우리의 자랑스러운 대표시범단의 묘기(妙妓)를 관람했다.

나는 여기서 내가 사는 이유를 알게 된다. 내가 하는 역할과 의미를 다시 확인할 수 있다. 내가 평생 걸어온 인생 도정(道程)이 무미(無味) 무실(無實)하지 않음을 알게 되니 이 아니 기쁘랴. 인간이란 할 일이 있고 목적이 있으면 살아가는 이유가 생기고 그 가치관을 세우게 된다. 수십 년 동안 많은 후진에게 나는 온 힘을 기울여 조력했다.
세계 많은 외국인에게 우리 민족문화를 소개하고 가르쳤다. 국기원 봉직 십수 년간에 내 개인의 업적은 크게 없지만 수많은 외국 귀빈과 지도자들에게 국기 태권도의 정신과 기술, 그 이념을 알리는 역할을 했다.

전 세계 태권도인의 준엄한 법통을 수호하는 고단자의 위치에서 내 삶은 전통과 권위를 지키는 파수꾼으로서 살아가는 명분이자 내력이라 할 것이다.

1980년 우당(愚堂) 홍종수

제3장
무예 지도와 활동

한국전쟁이 발발한 1950년부터 11년간 홍종수의 행적은 실로 파란만장했다. 그의 나이 20세에 한국전쟁이 나면서 철도경찰과 전경대 생활을 했다. 이후 경상북도 대구 경찰국 소속으로 경찰 업무와 더불어 무예 지도자로 1960년까지 활동했다.

제1절. 한국전쟁 와중에

홍종수는 한국전쟁 발발 이후 3년간 철도경찰, 북진부대, 부통령 경호실, 전경대 등에서 근무하며 파란만장한 시기를 보냈다.

심지어 그는 북한군과의 전투에서 목숨도 잃을 뻔했다. 다행히 그는 전란의 참화 속에서도 살아남았고 전후 빨치산 토벌 때 경사 계급으로 분대장을 맡기도 했다.[1]

이후 그는 경찰 직무와 병행해 무예 지도자의 길을 걸을 수 있었다.

6.25 전쟁 중 철도경찰 재직 중 북진부대와 무장공비 토벌에 참여한 홍종수 원로

---

1. 강기석(2001). 고뇌하는 무덕관 - 김인석. 『태권도 반세기 - 인물과 역사』. 서울올림픽기념국민체육진흥공단. 120.

1. 전쟁으로 인한 인생 역정

가족들의 비극

1950년 6월 25일, 비극적인 한국전쟁이 발발했다. 북한군이 아무런 예고도 없이 그것도 일요일 새벽에 기습적으로 남침했다. 단 3일 만에 북한군은 서울을 점령했고 서울 시민은 아비규환에 빠졌다.[2]

서울 시민은 너나 할 것 없이 북한군 침략으로 엄청난 화를 입었다. 홍종수의 집안도 예외는 아니었다. 그의 형 종철은 북한군이 철수하면서 강제로 끌려가다가 도중에 피살됐다. 둘째 누나인 종옥도 전쟁 중 폭격을 당해 부상으로 인해 결국 사망했다.

다행히 홍종수는 재빨리 피신하며 화를 면했다. 사실상 집안은 사분오열됐고, 집안의 재산도 지킬 수 없었다. 홍종수의 어머니는 동막 외가에 의탁해서 지내시기는 했다. 그 와중에 집문서도 쌀 한 가마 몫의 차용금으로 날렸다. 어이없는 일이었다. 악독한 주민들과 얼굴을 잘 아는 이들이 저지른 일이었기 때문에 홍종수의 분노를 금할 수 없었다. 전쟁은 홍종수의 가문과 재산을 풍비박산이 나게 했다.

1940년대 중반 청소년 시절 형과 함께 자리한 홍종수 원로 (오른쪽)

2. 자치대에서 철도경찰로

홍종수는 1950년 한국전쟁이 발발하자 운수부 철도청 동료와 함께 부산으로 피신했다. 그는 6.25 전쟁 중에 철도자치 대원으로 임명돼

---

2. 한국학중앙연구원. 한국전쟁.「한국민족문화대백과사전」.
https://encykorea.aks.ac.kr/Article/E0042143

한국전쟁 중에도 철도경찰로 활동했다. 그 와중에도 무예 수련을 게을리하지 않았다. 전투에 참여하면서 빈 공터를 활용해서 틈틈이 무예를 수련했다.

자치대 가입

홍종수는 1950년 9·28 서울 수복 후 용산 철도국으로 귀환했다. 그의 나이 20세였다. 이때 그는 철도국 내 자치대에 가입하여 치안확보에 나섰다. 그가 맡은 주 임무는 피난민 지도의 중요 행정관서인 동사무소 사무실을 경비하는 것 등이었다. 야간에는 경계 순찰 등으로 경찰 업무의 보조 역할을 맡기도 했다.

북한군 점령 시기 구사일생으로 살아난 서울 시민들과 군경이나 그 가족들이 자기 집으로 돌아왔다. 치안대의 업무는 포격과 전투로 황폐해진 시내를 재정비하는 것이었다. 그중 하나가 전쟁 희생자의 시신 처리였다. 대원군 묘소 부근에 임시매장된 시신들이 많았는데, 이로 인해 악취도 매우 심했다. 홍종수는 이 일을 포함해 주변 환경 정비와 복구 작업을 담당했다. 이 자치대 활동이 계기가 돼, 담당 기관장의 추천으로 그는 치안국 산하 철도경찰학교에 들어가게 됐다.

한국전쟁 중 홍종수는 전투경찰이 되어 교전 중에 죽음의 고비를 수차례 겪기도 했다.

3. 북진부대에 편입되어

철도경찰과 북진부대

철도경찰학교에 입학한 지 얼마 되지 않은 1950년 10월 12일에 홍종수는 졸업함과 동시에 북진부대에 편입됐다. 당시 지급된 무기는 소련제 아시보 소총이었으며, 복장은 얇은 면직으로 된 것이었다. 정말

보잘것없는 장비였다. 아시보 소총은 '아식 보소총(俄式 步小銃)', 즉 '아라사(Russia) 보병의 소총'이라는 명칭의 발음이 변형된 것으로, 벨기에의 나강 형제(H. E. & M. E. Nagant)가 만든 모신-나강(Mosin-Nagant)을 말한다. 노리쇠 단발 소총으로, 6·25 때 북한군이 주력으로 사용한 단발총이다.

홍종수는 훈련도 제대로 받지 못한 부대에 배속됐는데, 부대 인원은 약 600명이었다. 대대장은 장득천 임시 총경이었으며, 중대장은 조경수 임시 경감, 소대장은 박씨 성을 가진 인물이었다. 부대의 편성을 마친 후 바로 청량리역으로 집결해 서울-원산 간 즉, 경원선행 화물열차 편으로 북쪽으로 올라갔다. 이동 중 강원도 철원에서 1박을 했었는데, 당시 1박 하면서 먹은 그때의 밥맛을 홍종수는 잊지 못했다. 후일 그는 "철원의 쌀밥이 어찌나 기름지고 윤기가 잘잘 흐르는 데다 먹음직한 부침개에 감자조림이 아주 별미 중의 별미였다."라고 회고했다.

무장공비 소탕 작전에 투입돼 총을 둘러멘 홍종수 (왼쪽)

평강에서 복계로

다음 날인 13일 강원도 평강(平崗)으로 전진한 뒤 본부와 중대는 평강에 남고 그가 속한 소대는 다시 복계(福溪)로 정찰 임무를 띠고 나갔다. 복계에 있는 철도기지인 기관구(機關區)를 장악하고 경비에 임하게 됐다. 이틀간은 별일 없이 무사했다. 10월 중순이 넘은 시기라 이 지역은 밤이 되면 한기가 들었다.

그러던 갑자기 중대에서 평강으로 철수하라는 전령이 왔고 소대는 바로 저녁을 마친 후에 철수를 시작했다. 부락민으로부터 적대시하는 징조가 탐지되어 그의 부대는 서둘러 철수했다. 북한군이 버리고 간 옥수수, 빵 등 식량이 몇 가마가 있었으나 모두 버리고 퇴각했다. 어둠이 깔리고 주위는 사방이 구릉지 벌판이나 야산을 끼고 반 시간이 미처 안 된 시각인데 앞에서 총성이 났다. 박 소대장이 "피해-"하고 말을 했는데, 그는 이미 총을 맞은 상태였다. 소대원들 모두가 당황해 분산해서 그저 뛰어 도망치는 수밖에 없었다. 부대원들은 그저 철로 길을 따라 평강을 향해 뛰었다.

당시 박 소대장은 27세 정도였다. 그는 작은 키에 얼굴이 예쁘장하고 평안도 말씨를 쓰는 조용한 성품을 지녔다. 소대장을 비롯해 많은 철도경찰 대원들이 희생됐다.

철도경찰 재직 중 동료와 함께한 홍종수 (왼쪽)

평강에서의 전투

평강에 집결한 홍종수는 정규군 유재흥 준장이 이끄는 17연대와 합동작전으로 평강 외곽지역의 경계 임무를 배당받았다. 평강 방어에는 낙동강 전투에서 용맹을 떨친 17연대가 가세했다. 그 부대는 대개 18~19세 정도의 젊은 신병들이 많았다. 대부분이 이등병이었고 분대장이라고 하더라도 일등병이나 상병이 보임됐다. 그만큼 낙동강 전투가 얼마나 치열했는지 알 수 있다.

홍종수는 '잠복 척후' 임무를 3차례나 맡았다. 군인 1인, 경찰 1인이 차출돼 임무가 부여됐다. '잠복 척후'는 방위선 중에서 100m 정도 앞에 배치되는 것으로, 적을 발견하면 적 발견 신호와 더불어 본대로 돌아오는 것이다. 이 임무야말로 말할 수 없을 정도로 위험했다.

출동한 병사들 가운데는 M1 소총이나 BR 기관총을 끼고 잠을 자는 이들도 있었다. 홍종수는 이들에게 졸거나 잠자면 큰일 난다고 하자 "자다 죽으나, 안 자다 죽으나 마찬가집니더."라는 대답이 돌아오기도 했다. 어린 티가 가시지 않은 이등병들이라 홍종수는 마지 못해 이들을 먼저 재우고 자신은 밤새껏 뜬눈으로 지새우기도 했다.

전 전선의 상황이 아군에게 불리한 것 같다는 이야기들이 돌았다. 적의 행동이 차츰 활발해지는 것 같았다. 적의 출몰로 인해 쌍방의 총격전이 다른 지역에서 벌어졌다. 날씨가 추워져서 아침에 서리가 내려 대원들은 모포가 없으면 지탱하기 어려웠다.

그런 어느 날 홍종수가 3번째로 잠복 척후로 출동했다. 이날은 그가 소속된 부대 주둔 지역에 북한군의 야간 공격이 감행된 상황이었다. 인근 지역에서 전선이 무너지면서 그가 막고 있는 경계선이 위태했다. 피아간의 전투가 치열하게 벌어졌다. 그와 부대원들은 진지에서 버티면서 운명을 하늘에 맡기는 수밖에 없었다. 날이 밝을 때쯤 다행히 북한군이 물러갔고 그는 본대로 돌아올 수 있었다. 그 과정에서 북한군의 시체가 여럿 그의 눈에 띄었다.

절체절명의 퇴각 과정

며칠 후 홍종수의 부대를 포함한 군인들과 시민들은 후퇴를 시작했다. 군민 병력은 철원을 거쳐 철로 변 고지를 따라 행군했다. 전초 부대 1개 중대가 선도하고 나머지 대부분의 군경은 별다른 경계태세 없이 능선을 오르내리면서 잡담도 했다. 일반인들은 포탄과 물자를 등에 지고 퇴각했다.

그런데 대광리 신탄 고지에 이르렀을 때 갑자기 적의 기습을 받았다. 능선에서 총성 한 발을 신호로 해서 매복했던 북한군이 일제 사격을 가해 온 것이다. 무방비 상태에서 기습을 당하자 그야말로 아비규환이었다. 홍종수의 바로 앞에서 한 동료가 총탄을 맞았다. 그 모습은 실로 처참했다. 이때 다들 혼비백산했고 홍종수는 죽기 아니면 살기식으로 철도가 있는 산 밑으로 뛰어 내려갔다. 정신없이 뛰다가 칡뿌리에 걸려 철로 변으로 미끄러졌다. 오른편 고지에서 총탄이 날아왔다. 게다가 4~5백m 뒤에서 몇몇 북한군이 총을 쏘면서 "항복하면 살려준다."라고 소리를 지르면서 추격해 왔다.

그는 생사의 갈림길에서 필사적으로 달려서 위험지역을 벗어났다. 그 과정에서 길가에 총을 맞은 군경 두 사람이 쓰러져 신음하고 있었다. 이들을 구하지 못한 것은 홍종수 평생 마음에 상처로 남았다. 죽느냐 사느냐 하는 절박한 상황에서 어쩔 수 없었다고 그는 스스로 위로할 뿐이었다.

나제통문에서 홍종수(왼쪽)

경찰 근무 중에도 무예 수련

1951년부터 2년 가까이 홍종수는 전경대원으로 지리산을 비롯해 부산, 양산 등지를 전전했다. 북한 무장공비들이 지리산에 은거하면서 영남과 호남 등 삼남 지방에서 대대적인 무장공비 소탕 작전이 전개됐다. 그는 전경대 경찰 요원으로 여러 공비 토벌 작전에도 투입됐다.

작전과 근무 중에서도 홍종수는 도복을 배낭에 지니고 다녔다. 짬짬이 무예 수련도 했다. 그가 말단 지휘자로 작전에 임할 때는 민폐를 끼치지 않도록 부하들을 단속하고 스스로도 단정하게 처신해 모범을 보였다. 그 덕분에 마을 사람들의 신망을 얻어 빨치산의 기습 정보를 사전에 파악했고, 부하들의 사상자 없이 무사고로 성공리에 직무를 수행해 상부의 찬사도 받았다.

이후 홍종수는 부산으로 전근해 함태영 부통령 경호 담당 경찰로 근무했다. 직무 중에 경찰관을 하인 취급하는 비서들과 언쟁하다가 양산으로 좌천되는 수모를 겪기도 했다. 권력의 분별없는 남용에 제물이 되었던 어처구니없는 시대였다고 그는 술회했다.

홍종수는 다시 지리산과 태백산에 있는 전경대로 전근했다. 지리산 기슭 함양(咸陽)에서 그가 수년 전에 무예를 가르쳤던 몇 사람의 제자를 만났다. 그들과 틈나는 대로 한 정자(亭子)에서 무예 수련을 했다. 울창한 숲에 지어진 광풍루(光風樓)는 그에게 더없이 정겨운 도장이었다. 자연 속에서 무예 수련은 자신의 심신을 가다듬는 기회가 됐다.

전경대에서 홍종수의 직무는 감사일도 포함했다. 그가 한 감사 사건을 조사하던 중에 큰 고초를 겪었다. 그는 김모(金某) 총경(總警) 측근의 비행을 감찰하다가 무참하게 두들겨 맞아 10여 일 치료받기도 했다. 무법자나 다름없는 그 총경과 그 측근의 교활한 작태에 홍종수는 몸서리를 쳤다. 육순 노파를 능욕한 파렴치한 그 측근의 비리를 파헤치자 적반하장격으로 보복을 가한 것이다. 가증한 자들의 간계로 홍종수는 일방적으로 폭행당했고 그들의 악행은 없었던 일이 돼버렸다.[3]

이는 홍종수가 경찰 임무 중 하나인 수사 과정에서 불법적인 비행을 조사하던 중 당한 사건이었다. 상관의 잘못된 행태에 신상필벌을 원칙을 지키고자 했던 그의 강직한 면모를 엿볼 수 있다. 또 정당하지 못한 상관의 지시에는 따르지 않는 그의 소신은 자신의 인생 전반에 영향을 미쳤다.

경찰국 감찰반 시절 동료와 함께 한 홍종수 (아래 오른쪽)

---

3. 홍종수(1980.03.01.).「우당일지」.

제2절. 대구·경북 무덕관의 창설

1953년 군경 생활을 마친 홍종수는 대구와 경상북도 지역에 처음으로 무덕관 태권도(당수도)를 전파했다. 그는 태권도 원류인 5대 관 유파 중에 대구와 경북지역에 최초로 무예를 보급한 지도자가 됐다. 그는 대구에서 자신의 직업인 경찰 직무와 더불어 태권도 지도 활동을 시작했다.

1. 경북지부의 태동

전쟁이 휴전되면서 뿔뿔이 흩어졌던 태권도인들이 각 지역에서 정착하기 시작했다. 대구 및 경북지역에서 태권도는 홍종수와 그의 무덕관 후배 지상섭에 의해 태동했다. 서울 태생인 홍종수는 한국전쟁 당시 교통부 철도경찰로 근무하다가 휴전이 이뤄지면서 대구에 소재한 경북 경찰국으로 발령됐다. 이때부터 경북 지역인 대구에서 정식 무예 지도자로 그의 활약을 시작했다. 이때 홍종수는 23세의 혈기왕성한 젊은 나이에 무덕관 '당수도 2단'의 유단자였다.[4]

대구 무덕관 지인과 제자들과 함께 선 홍종수 (원 안)

---

4. 석민(1996.01.23.). 「'53년 대구·경북지역 첫 보급 - 향토체육의 맥 142」. 매일신문. 22.

대구 및 경북지역에 최초의 태권도 활동

경상북도 도청소재지 대구는 태권도뿐만 아니라 유도, 합기도, 국술 등 무술 전반적으로 활성화된 지역으로 꼽힌다. 아이러니하게 1950년 한국전쟁은 대구를 무술의 고장으로 자연스럽게 정착시키는 계기가 됐다. 광복 후 많은 재일(在日) 한국인이 귀국해서 터를 잡았고 한국전쟁 때 북한군의 수중에 들어가지 않은 도시가 바로 대구였다.[5]

통상 대구·경북지역의 태권도 시작은 1953년을 전후한 시점으로 파악된다. 한 일간 신문사 기자였던 석민은 '향토체육의 맥(脈)' 제목으로 2차례에 걸쳐 대구 및 경북지역에서 보급된 태권도의 발자취를 심도 있게 취재했다. 그는 1953년 홍종수의 무덕관 개설을 대구·경북 지역 태권도의 출발점으로 보고 있다.[6]

그러나 그 이전에 이루어진 개인적 차원의 태권도 수련과 지도는 이동주, 김도기, 홍종수 등의 경우도 있었을 것으로 추정된다. 하지만 구체적인 기록이나 증언이 없으므로 이 지역의 도장 개설 상황은 1953년 홍종수를 선두로 다른 관에서도 연이어 이루어졌다고 판단된다.

1953년 3월 홍종수의 무덕관과 아울러 같은 해 김도기의 연무관과 이동주의 강무관이 개설된 것이 대구 및 경북지역의 태권도 보급의 시발점으로 봐도 큰 무리가 없을 것 같다.[7]

1957년 승단 자와 함께한 홍종수(원 안)

---

5. 박정진(2010.06.25.). [박정진의 무맥] (31) 무술의 고장 대구. 세계일보. https://www.segye.com/newsView/20100607003135
6. 석민(1996.01.23.). 「'53년 대구·경북지역 첫 보급 - 향토체육의 맥 142」. 매일신문. 22.
7. 윤종욱(2008). 「경북·대구지역 태권도 경기 발전과정」. 미간행 석사학위 논문. 영남대학교 스포츠과학대학원. 25.

그가 대구로 간 까닭은

1952년 가을에 홍종수는 경북 대구로 갔다.[8] 홍종수가 대구로 내려온 것은 그가 가장 신뢰하던 1살 아래 후배인 지상섭이 대구에 먼저 정착해 있었기 때문이다. 철도경찰이었던 홍종수와 소방경찰인 지상섭은 운수부 무덕관 선후배 사이였다. 그러다 지리산 무장공비 토벌을 위해 군경 합동작전 중에 만나게 되어 둘은 더욱 친밀한 사이가 됐다.

대구 정착은 홍종수보다 지상섭이 1년 먼저였다. 1952년 지상섭이 대구소방서로 발령받았고 이듬해 홍 관장은 대구경찰서로 전근됐다. 옛 매일신문 남일동 사옥이었던 대구소방서 옥상이 경북 태권도의 요람이 될 수 있었던 것도 지상섭 덕분이었다.[9]

홍종수는 지상섭과 의기투합해 무덕관을 이곳에 제대로 심어보기로 했다. 그가 경찰에 재직 중이라 바쁜 상황이었지만, 지역 사정을 두루 살피며 무예 강습을 서둘렀다. 그때 홍종수는 이철산을 만났고 그를 통해 홍만길, 장전용을 알게 됐다. 홍종수는 이들과 경북당수도협회를 구성하고 대구소방서 옥상에서 수련생을 지도하기 시작했다.

이때 경북대에 재학 중인 대학생들도 수련에 참여했다. 경북대생 남세종, 기위호, 이경득, 박상인, 차원식, 마원하 등이 주축이 되어 수련과 조직 체계를 확립해 나갔다.[10]

홍종수는 1953년 9월 무덕관 경북 본관장 겸 경북당수도협회 이사장에 취임했다. 11월에 그는 육군 제2군 사령부 전임사범으로 군인들을 지도했다.[11] 당시 최영희 중장과의 면담으로 대구시 대봉동에 소재한 건물에 마루를 깔고 개관을 했다. 2군 사령부에서는 이승우, 조현백, 신용주 등 중견급 장교들이 대거 입관해 더욱 활기를 띠었다.[12]

---

8. 경북일보(1989.06.26.). 「향토 태권도 시조(始祖), 홍종수씨」.
9. 석민(1996.01.23.). 「'53년 대구 · 경북지역 첫 보급 - 향토체육의 맥 142」. 매일신문. 22.
10. 홍종수(1980.03.01.). 「우당일지」.
11. 국기원(2015), 「태권도 9개 관 역사자료집」, 29.
12. 홍종수(1980.03.01.). 「우당일지」.

2. 홍종수의 열정

무덕관이 훗날 지역 태권도 세력의 70% 이상을 차지할 수 있었던 가장 큰 이유는 홍종수의 무도 정신 때문이라고 했다. 수련생에게 무도 정신이 중요한 만큼 유단자가 되기 위해선 품새와 겨루기 등 무술 실력 이외에도 '술 마시는 법[酒道]'을 그에게 먼저 배워야 했다.

홍종수의 지도철학과 교육방식

무예가였던 홍종수는 경찰 신분으로 태권도 지도를 하게 된 것은 어찌 보면 당연했다. 전쟁을 수행하는 군인이나 치안을 담당하는 경찰은 누구보다도 격투 능력이 필요했기 때문이다. 특히 태권도와 같은 맨손 무예는 효과적인 범인 제압술로 꼽힌다.

> 大邱야! 너는 알겠지
>
> 여기가 八公山 아래 達丘벌
> 大邱다
> 내 가슴 저린 땅
> 내 젊음을 태워
> 비지땀으로 적시며
> 渾身의 情熱
> 다바쳐 살든 곳
>
> 武德의 道를 펼친 지
> 十餘星霜
> 무리들을 이끌어
> 白衣의 道服 날리고
> 힘차게 주먹 뻗고
> 발은 바람을 갈랐지만
>
> 잠을 설치며
> 나물 함지박 머리에 이고
> 路邊을 서성이던 가난한 아내
> 精髓의 道理 다해준 님
> 아 아
> 그는 이제 유명을 달리 하였구나
> 나의 義弟 그도 가고
>
> 아 아
> 인생은 無常한 것인가
> 大邱야 大邱야
> 아 아 無情한 곳
> 大邱야 大邱야
> 아 아 외로운 곳
> 大邱야 大邱야
> 八公山아 말하여라
> 나의 心思를
> 너는 알겠지

대구 시절을 읊은 홍종수의 시

그런 이유로 홍종수의 무예 실력이 경찰계 주변에 널리 알려졌다. 그가 경찰 수사관으로 근무하던 중에 대구에서 주먹깨나 날리던 건달들을 제자로 삼아 태권도를 지도했다. 홍종수는 태권도 수련과 무도 정신을 통해 그들을 교화하겠다는 의지로 열성적으로 지도했다.

다른 5대 관 도장과 마찬가지로 무덕관 역시 정신수양을 중요시했다. 스승과 제자 사이의 예절, 선후배 사이의 예절, 무도인으로서의 예절 등 신체 수련에 앞서 최우선 강조사항이었다.[13]

한편 홍종수는 대구소방서 옥상에 경북 무덕관 간판을 달기 전에 여러 젊은이를 모아 손수 지도했다. 마땅한 실내 수련 장소가 없어서 두류산 야외 공원에서 지도했다. 수련 시간은 근무에 나가기 전인 매일 새벽

---

13. 무덕관(1960.09.01.). 「무예시보」.

5시부터 1~2시간씩 태권도를 가르쳤다.

1954년 대구소방서에 경북 무덕관이 설립되자 후배 지상섭이 홍종수의 지도를 도와주는 조교 역할을 하며 실질적으로 수련생을 지도했다. 4년 뒤 지상섭도 홍종수와 함께 직업적으로 태권도 보급을 위해 소방관직을 그만뒀다.[14]

수련생들이 실력이 쌓여 유단자 수준에 이르면 홍 관장은 친교와 교육을 위해 주점을 찾았다. 수련생들은 꿇어앉은 자세로 스승이 주는 술잔을 모두 받아 마셔야 했다. 술에 취해 자세를 흐트러뜨리거나 조금이라도 술주정을 하면 유단자가 될 자격을 상실했다. 홍종수는 무도를 익힌 사람이 쓸데없이 힘을 과시하거나 술을 이기지 못하고 객기를 부린다면 그는 진정한 무도인이라고 할 수 없다며 제자들을 엄히 가르쳤다.[15]

1953년부터 8년간 대구 경찰국에 재직 시절 홍종수는 혈기왕성한 여러 젊은이에게 무예를 가르쳤다. 강습 장소는 두류공원, 대구소방서 옥상 등 야외와 실내 강당이었다. 오른쪽부터 제자 최남도, 홍종수 관장, 그리고 맨 왼쪽 차영수 제자가 함께 포즈를 취했다.

---

14. 석민(1996.01.23.).「'53년 대구·경북지역 첫 보급 - 향토체육의 맥 142」. 매일신문. 22.
15. 석민(1996.01.30.).「소방서 옥상에서 경북 무덕관 시동 - 향토체육의 맥 143」. 매일신문. 22.

3. 무덕관 경북지부의 번성

홍종수와 지상섭의 활약으로 대구 경북지역에서 무덕관 산하 도장이 우후죽순처럼 퍼져나갔다. 전국에 산재한 무덕관 도장 수가 당시 태권도장 전체를 통틀어 7할에 육박할 정도로 방대한 규모였다고 언급된다. 1960년대 말 대구·경북지역에서만 무덕관 산하 도장 수가 줄잡아 480개에 이른다는 기록도 있다.[16]

무덕관의 확장

무덕관의 관세가 확장됨에 따라 홍종수는 1955년에는 서울에서 열린 무덕관 고단자 회의에서 무덕관의 위상을 강화하기 위해 조직을 체계화할 것을 건의했다. 황기 관장을 중앙관장으로 추대하고 시도(市都) 본관제로 전국적 조직 체계를 구성하는 방안이었다.

대구 2군사령부에 무덕관 도장 개관을 기념하는 행사에 참석한 홍종수 관장과 후배 지상섭 관장 (네모 안)

---

16. 도경욱(2008). 근대 태권도의 정착과정에서 나타난 유교적 특성 – 대구지역을 중심으로. 미간행 석사학위 논문. 계명대학교 스포츠산업대학원. 46~47.

홍종수의 건의가 채택돼 무덕관은 중앙심사위원을 구성했다. 중앙심사위원장은 황기 관장, 위원에는 남삼현, 홍종수, 황진태, 정창영으로 모두 5단이었다. 시도 본관장에는 서울특별시는 직할로 하고, 충남 남삼현, 경북 홍종수, 경남 이억중, 전남 김창신, 경기 박용하, 강원 박영진, 충북 조기선, 전북 오용균이었다.

1957년 2군 사령관은 홍종수 사범의 열성적인 지도를 치하하며 감사장을 수여했다.

1956년 홍종수가 이끄는 무덕관은 경북 일원에 관세를 확장하여 무려 40여 개의 도장이 늘어났다. 무덕관은 경기 북부, 충북, 강원 지역 곳곳에도 널리 보급되었다.

1950년대 말에 이르러 무덕관은 남부지관 지상섭, 2군사령부 도장 문순선, 중부지관 최남도, 서부지관 김봉철, 북부지관 차영수 등의 지관을 개설했다. 뒤이어 동부도장 한덕중, 그리고 최규열은 동신도장을 개설하는 등 관세가 급속히 성장해 나갔다.[17]

1960년 9월 기록을 보면, 대구에는 위 지관 말고도 문순선이 운영한 동촌(K2) 도장도 있었다. 이후 차원식, 마원하, 차재원, 최남도, 이상철, 박상인, 차영수, 김봉철, 한덕준, 최규열 등 지관 사범들은 이후 대구·경북 태권도 보급에 큰 역할을 담당했다.[18]

이밖에도 무덕관이 배출한 주요 지도자로는 박두규, 박팔근, 김종식, 한희용, 권두환, 김정태, 김경하, 정태석, 임효수, 정재홍, 김일문, 예조해, 정원복, 강두희, 이희규, 김문규, 도상곤, 주동희, 오광웅, 김의안, 김옥중, 장상한, 김인환, 이완욱 등이 활약했다.[19]

무덕관은 부산을 제외한 경상도 전역을 석권함으로써 타 계열

---

17. 석민(1996.01.23.). 「'53년 대구·경북지역 첫 보급 - 향토체육의 맥 142」. 매일신문. 22.
18. 무덕관(1960.09.01.). 「무예시보」.
19. 윤종욱(2008). 「경북·대구지역 태권도 경기 발전과정」. 미간행 석사학위 논문. 영남대학교 스포츠과학대학원. 25~26.

관보다 양적으로 압도할 수 있었다. 1958년 홍종수는 무예 지도자로서 인생에 전력을 다하기로 결심하고 경찰직을 그만두었다. 1950년대 말, 무덕관에서 수련하려는 사람들이 많아지면서 대구지역의 서부, 남부, 북부, 대신동 등 여러 지부 도장이 생겼다. 이때 후배인 지상섭은 남부도장을 맡아 제자들을 지도했다. 이후 홍종수가 중앙관 부관장으로 임명돼 서울로 올라가면서 제2대 경북 무덕관장에 지상섭이 취임했다.[20]

홍종수 관장이 2군 사령부 군인들의 심사에 앞서 훈시하는 장면

대구 및 경북지역 태권도장 보급 통계

대구 및 경북지역의 무예 도장 수와 지도자를 비교적 체계적으로 조사한 논문이 주목을 끈다. 이 조사 결과는 대구 및 경북지역에 국한된 수치지만 당시 전국적으로 무덕관의 압도적 보급 상황을 나타내는 사례이기도 하다.

---

20. 석민(1996.01.23.). 「'53년 대구·경북지역 첫 보급 - 향토체육의 맥 142」. 매일신문. 22.

관 명	지 관
무덕관	비산도장(김종식), 한일도장(박팔근), 서대구도장(김칠만), 영일도장(이병곤), YMCA(한희웅), 성남도장(정재흥), 영남도장(김문규), 한성도장(도상곤), 대덕도장(김인환), 명덕도장(장상한), 서북도장(김태옥), 성북도장(김태식), 한신도장(주동회), 원일도장(오광웅), 달성도장(김의안), 한남도장(박노창), 대명도장(김창부), 명신도장(예엉달), 성일도장(박운곤), 을지도구(자동), 동도도장(안운용), 용신도장(이충석), 수성도장(박창화), 일심도장(송유식), 파동도장(최창주), 동구도장(이해준), 청룡도장(이돈구), 침산도장(방윤출), 효목도장(김성원), 대한도장(김영호), 비호도장(김창도), 달성2도장(이진생), 달성3도장(박유서), 칠성도장(천성구), 국제도장(이완욱), 백파도장(오광문), 백파2도장(채종두), 백파3도장(심윤보)
창무관	중부지관(김춘만), 서부도장(윤웅일), 성북도장(김성환), 대구본관(김중범), 경북본관(정연덕), 용호도장(이영호), 중부도장(이명주), 동대구도장(권정일), 창덕도장(정연덕), 동양도장(문영채), 창진도장(김창석), 충무종합(최종백), 창성도장(김영시), 창용도장(윤종욱)
연무관	대구본관(임정호), 대구도장(임정한)
지도관	계백도장(정순회), 영남도장(장영재), 권일도장(권일웅), 남대구도장(이말식), 승일도장(정우득), 정무도장(곽일영), 우일도장(안영태), 승일2도장(이동얼), 정일도장(윤삼술), 북부도장(송장수), 명문도장(김의진), 충원도장(정명득), 무궁화도장(이운찬), 맥도장(송창신), 장풍도장(정재석), 수석도장(김희준), 장군도장(김장수), 칠곡도장(김동한), 승리도장(곽무순), 남대구도장(이광수), 필승도장(윤현수), 계성도장(최태해), 대신도장(이철회)
청도관	아세아종합(박중화), 대구도장(최말교), 삼성도장(소정섭), 동대구도장(배만복), 대한도장(김정규), 아세아도장(김희운), 서부도장(박성진), 삼성도장(이현우), 월배도장(이용건), 만평도장(이점용), 한무도장(정현재), 중앙도장(조용명), 제일도장(우엉하), 숭무도장(박칠화), 월배도장(김인호)
오도관	경북본관(정구종), 십자성도장(박동찬), 대구도장(장영수), 금강도장(임규용), 보라매도장(윤점수), 화랑도장(김영곤), 천마도장(한국선), 성무도장(김호열), 포은도장(안독찬), 한풍도장(임규용)
정도관	경북본관(박용탁), 대구도장(서정로), 서북도장(신현택), 남부도장(김영철), K-2도장(정정규), 정도도장(최말복)

한 논문에서 발표된 1950년대 이후 관 계파 소속 도장의 보급 현황

1950년대 초부터 시작된 경상북도 대구지역의 태권도 보급은 무덕관, 연무관, 창무관, 지도관, 청도관을 중심으로 이루어졌다. 각 관은 대구 및 경북 본관을 중심으로 점차 각 지역에 지관을 개설하면서 경상북도 일원으로 그 범위를 확대해 나갔다. 대구지역 지관 확산 현황은 앞의 표와 같다.[21]

앞의 표에 나온 도장 보급 현황은 관 계열별 비율을 잘 나타낸다. 물론 이 조사 결과가 특정한 시기와 장소에 국한됐고 엄밀한 통계 수치로는 미흡한 점이 있다. 하지만 당시 무덕관을 포함한 전 계열 관의 보급 상황을 알려주는 주요한 자료임은 틀림없다.

전체 도장 수는 무덕관 38개소, 창무관 14개소, 연무관 2개소, 지도관

---

21. 윤종욱(2008). 「경북·대구지역 태권도 경기 발전과정」. 미간행 석사학위 논문. 영남대학교 스포츠과학대학원. 34.

23개소, 청도관 15개소, 오도관 10개소, 청도관 6개소 총 108개소이다. 그중 무덕관이 차지하는 비율은 35% 정도다. 이 수치는 다른 관 계열과 비교하면 최고의 수치이지만 절반에는 못 미치는 수치이기도 하다.

그럼에도 불구하고 홍종수와 지상섭 관장은 대구 및 경북 지역의 무예 보급에 막대한 역할을 했음을 알 수 있다.

한 신문사는 홍종수 KTA 부회장이 향토 태권도의 시조(始祖)였다는 제목으로 보도했다.
(경북일보, 1989.06.26.)

2군사령부 심사 행사에 참석한 홍종수 관장 (원 안)

제4장
태권도 대세에 합류

4 우당어록

국기원(國技院)

국기원은 세계의 희망이다. 태권도의 구심체이며 민족의 슬기를 과시하는 신성한 장소이다. 권위의 상징이며 명실상부한 한국전통의 위대한 소산이다. 전 세계에 국기 태권도를 보급하는 대전당이자 총본산이다. 인류의 정신건강은 물론 생활체육으로서 역할을 할 것이다.

국기원은 태권도가 세계적 기틀을 형성됨에 따라 태권도의 상징과도 같다. 이제 각 관(館)의 존재성이 약화하고 관 조직의 구심(求心)이 없기 때문에 국기원이 마땅히 획일적인 통제력을 지닌 중심체가 되었다. 국기원은 이 진리를 받아 진정한 중심체로서 그 역할과 사명을 다해야 한다. 명실상부한 세계 태권도의 총본산으로 기능을 강화해 행정력의 효율성을 살리고 제도적 보완으로 체계를 확립하여 절대적 권위를 정립해야 할 것이다.

많은 해외사범이 국기원의 역할을 기대하고 있음은 매우 장래가 밝은 일이다. 국기원은 업무상 해외정책도 포괄하고 그들의 요람이자 정신적 지주(支柱)이기 때문이다. 국기원 부원장으로서 나는 이 기조(基調)를 실행하기 위해 최선의 노력을 쏟아야 한다. 국기원을 지키는 것이 즉 태권도를 지키는 수문장(守門將)과도 같다. 이 무슨 영광인가. 내 몸과 마음을 다해 국기원을 지켜가리. 참된 봉사의 길이니 그 보람이 태권도계에 미치리라는 생각도 하면서…

1974년 우당(愚堂) 홍종수

제4장
태권도 대세에 합류

1961년 홍종수는 연고지를 서울로 옮기는 인생의 대전환기를 맞았다. 스승 황기의 요청으로 상경(上京)해 중앙본관 전임사범 겸 부관장으로 기용됐다. 이는 차후 그가 무덕관의 중앙 총본관의 실세로 떠오르는 계기가 됐다. 아울러 그는 1965년 무덕관을 협회 소속으로 가입시키는 데 큰 역할을 했다.

1963년 김기황 사범의 도미를 전송하는 장면. 2년 후, 이들 무덕관의 젊은 실세들은 황기를 배제하고 태권도 대세에 합류했다.

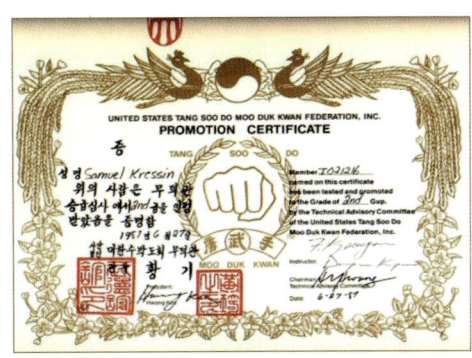

1987년 대한수박도회 명의로 발급된 급증은 그때까지도 황기 관장이 왕성한 활동을 지속했음을 알 수 있다.

제1절. 무덕관 중앙본관 부관장 겸 전임사범 취임

1. 스승의 부름으로 귀경

황기 관장의 요청

1960년 4·19혁명과 1961년 5·16군사정변으로 인해 이승만 정권이 무너지고 급격한 사회 변화가 닥쳤을 때였다. 홍종수는 이 당시 황기 관장을 배척하는 고단자들의 모임이 있다는 소문을 들었다. 황기 관장의 조카인 황진태와 용산 그리고 종로 지역에서 활동하는 사람들이라고 했다.

그래서인지 황기는 대구를 직접 방문해 홍종수의 상경(上京)을 권유했다. 그러면서 관의 서열상 홍종수를 부관장으로 임명하겠다는 제의도 했다. 하지만 홍종수는

1970년대 초, 무덕관 홍종수 총관장과 김인석 부관장

황기 관장에게 고마운 심정을 표하면서도 당장은 어렵다고 했다.

대구에서 경찰직까지 그만두며 전업 도장 지도자로 나름대로 생활을 정착한 그는 서울행이 선뜻 내키지는 않았다. 자신의 집안일도 그렇고 경북지역의 태권도계 실정으로 봐서 아직도 처리해야 할 일이 많은 입장이었다. 황기는 그에게 생계 문제 때문에 그러냐고 물었다. 이에 홍종수는 솔직히 그렇다고 하며 집사람이 장사도 하며 가사를 돌보는 형편이라고 토로했다.

따라서 홍종수 자신이 어디를 가든지 어느 정도 수입이 보장되는 직업을 가져야 한다고 말했다. 또 대구에서 자신이 운영하는 도장(道場)과 협회도 좀 더 체계를 갖춘 확고한 조직으로 굳혀야 하는 상황임을 전달했다.[1]

---

1. 홍종수. 「우당일지-부록. 자서전」.

다시 서울로

홍종수는 결국 자의 반 타의 반으로 스승의 요청에 응할 수밖에 없었다. 자신이 젊은 시절을 보냈던 곳이 서울이 아니던가. 기왕 무예계에 몸을 담았으니 한국의 중심지 서울에서 자신의 포부와 능력을 펼쳐보기로 했다.

홍종수가 대구 생활을 정리하고 상경한 시기는 1961년이었다. 그런데 황기 관장은 왜 그를 자기 곁으로 오게 했을까 하는 의문이 든다. 그 당시 무예계의 정황을 보면 홍종수를 측근에 두려는 황기의 의향을 대충 짐작할 수 있다. 당시 무덕관이 당면한 상황은 상당히 절박했다.

이 시기 전후는 국내 태권도계에 소용돌이가 몰아치던 격동기였다. 4·19혁명과 5·16군사정변으로 인해 무예계의 통합이 급속도로 추진되던 일대 변혁기였다. 따라서 황기는 자기를 뒷받침해줄 유능하고 믿을만한 측근이 필요했다. 무덕관의 내부 결속은 물론 무덕관 도장 운영과 대외적 업무까지도 충직하고 신뢰할만한 제자가 절실히 필요한 시점이었던 것으로 여겨진다.

1961년 고향 서울로 귀환해 무덕관 중앙도장 부관장 겸 전임사범을 맡았다.
수박도 무덕관 서부도장에서 홍종수 관장 (원안)

2. 격동하는 태권도계 (1950~1963)

홍종수가 대구에 거주했던 시기부터 태권도계는 서울뿐만 아니라 전국적으로 긴박한 상황이 전개되고 있었다. 한국전쟁이 발발한 직후부터 각 관이 이합집산하면서 공동 협회가 창설되기도 했다. 한편 5대관에서 갈라져 나온 수많은 파생관과 지관(支館)들이 점차 활개를 치기 시작했다. 바야흐로 태권도계 춘추전국시대(春秋戰國時代)가 도래한 것이다.

한국전쟁으로 인한 5대관의 급변

1950년 6월 발발한 한국전쟁은 5대관에 막대한 타격을 주었다. 청도관, 조선연무관 권법부, YMCA 권법부는 창설자의 치명적 변고로 인해 와해했다. 개성의 송무관은 연고지를 상실하고 서울로 이주했다. 정부 산하 기관인 운수부(교통부) 철도국에 속했던 무덕관만은 간신히 명맥을 유지했다.[2]

무예의 명칭 또한 혼란을 가중시켰다. 이전에 불렸던 당수, 당수도, 권법이 1950년대에는 공수도, 수박도(화수도), 태권도란 명칭으로 변경됐다. 공수도 명칭은 지도관, 송무관, 창무관에 의해 한때 사용됐다. 태권도 명칭은 1955년 육군 장성 최홍희와 남태희에 의해 작명돼 청도관, 오도관, 정도관(正道館)에서 사용됐다.

무덕관은 당수도란 원래 명칭을 버리고 신라 화랑도를 따온 화수도(花手道)를 택했다. 그러다 사정이 여의치 않자 당수도로 복귀했다가 1960년대 수박도(手搏道)로 바뀌었다. 1961년 무덕관을 제외한 공동 협회가 성립하면서 태수도란 명칭도 등장했다. 이렇게 각 관에 따라 부르는 명칭이 다양하다 보니 협회 이름도 각양각색이었다.[3]

한국전쟁을 거치면서 공동 협회가 생겨나고 관이 재건됐으나 곧 분열하고 난립했다. 5대관 출신자들이 개설한 신흥 관(館)들이 전국에

---

2. 김영선(2019). 「현대 태권도의 원류, '오대 관'의 형성과 사적(史的) 의의에 관한 연구」. 미간행 박사학위 논문. 연세대학교 대학원.
3. 서성원(2012). 『태권도면』. 상아기획. 39~53.

걸쳐 우후죽순처럼 생겨났다. 무덕관만 파생관 없이 온전히 보존할 수 있었다.[4]

공동심사를 위한 협회의 필요성

광복 직후 1946년 청도관을 필두로 5대 기간도장이 태동하면서 공동심사 업무를 담당할 협회 구성이 추진됐다. 만일 5대관이 결집해 협회를 구성하면 상호 협력은 물론 원활한 심사 업무를 처리하는 등 여러 가지 이점이 있었다. 그간 각 5대관에서 제각각 시행해 온 승단급심사는 절차상으로도 공신력이 미흡했기 때문이었다. 게다가 각 관이 외부 심사위원을 초청하는 불편한 섭외 업무와 관원들의 급단증을 일일이 수기(手記)로 작성하는 것은 여간 고역이 아닐 수 없었다.[5]

그래서 무덕관의 황기 관장은 초창기 공동 협회 발족을 자기가 나서서 제의했다고 밝히고 있다.[6] 어쨌든 5대관 관장들이 공동심사를 위한 협회 구성을 여러 차례 의논했지만, 결실을 보지는 못했다.[7]

1950년 한국전쟁으로 인한 혼란기를 거치는 동안 모체관을 계승하거나 또는 이탈한 신흥관이 대거 생겨났다. 이 시기에 태권도계는 통합된 명칭으로 협회를 구성할 필요성을 갖게 됐다. 그 주된 이유는 협회는 심사비 수익을 창출하는 사업의 일환으로 공동심사 업무를 총괄할 수 있었기 때문이었다. 또 각 관 출신자들이 협회의 유력한 임원이 되면 주도권을 선점할 수 있다는 절호의 기회이기도 했다.

한국전쟁 후 생긴 유명무실한 협회

한국전쟁이 계속되던 1952년 관 출신자 여러 명이 모여 '대한공수도협회'를 창설했다. 부산으로 피난을 하러 간 황기와 송무관 창설자였던 노병직 그리고 조선연무관 권법부 출신이었던 신진 지도자

---

4. 서상렬(2012). 무덕관은 통합하여야 한다. 동양비지니스폼. 22.
5. 국기원(2022). 『국기원 50년사』. 363.
6. 황기(1958). 『당수도 교본』. 계량문화사.
7. 대한태권도협회(1971). 「태권도(계간) 제1호」. 13~14.

이종우 등이 결집해 생긴 협회였다. 공수도 명칭은 당수도, 권법 등 다른 이름을 제치고 최종 확정됐다. 노병직은 "공수도란 단어가 일본 가라테를 지칭한다는 반론도 있었지만, 협회를 대표할만한 적절한 명칭이 없었다"고 말했다.

하지만 이 신생 협회는 여러 차례 공인심사를 시행하면서 수년간 이어졌으나 곧 해체됐다. 그 사유는 협회 발기에 참여한 황기가 중앙심사위원 직위를 배정받지 못하자 무덕관이 탈퇴했다. 그 후 황기는 1953년

1970년대 무덕관의 승단심사 광경

'대한당수도협회'를 만들어 이사장이 되어 조직을 관리했다. 이어 청도관 관장 손덕성도 집행부와 갈등을 빚자 탈퇴함으로써 대한공수도협회는 와해됐다.[8]

이같이 5대관이 태동했던 초기부터 이후 그 활동상을 살펴볼 때, 승단심사의 공동 시행과 단증(段證) 발급 등 심사 제도의 확립과 공동운영 방안이 절실히 필요했다. 따라서 이는 5대관의 통합이라기보다는 심사를 공동관리하는 단체가 모색된 것으로 이해할 수 있다. 5대관이 추진한 협회 구성이 제대로 정착하지 못했지만 관 통합과 협회 구성의 시초가 됐다는 점에서 의미가 적지 않다.[9]

최홍희와 태권도 명칭의 등장

1950년대 중반, 육군 장성 최홍희(1918~2002)의 등장은 태권도계에 엄청난 파장을 일으켰다. 최홍희는 이승만 정권 시절 군부 실세로 군림하며 현대 태권도 사를 풍미한 핵심 인사였다. 그는 5대 관이 각각 계파별로 존속하던 무예계를, '태권도'란 획기적 명칭과 자신이 창작한

---
8. 서성원(2016). 『태권도 역사와 문화의 이해』. 애니빅.
9. 김영선(2019). 「현대 태권도의 원류, '오대 관'의 형성과 사적(史的) 의의에 관한 연구」. 미간행 박사학위 논문. 연세대학교 대학원.

창헌류 기술체계로 통합시키고자 했다.

최홍희는 청도관 출신이자 부관이었던 남태희와 함께 '태권도'란 명칭을 만들었다. 그는 당수도, 공수도, 수박도 등 여러 이름을 '태권도'란 명칭으로 통합했다. '태권도'는 한국 전통무예인 태껸(택견)의 맥을 잇는 한국식 무예를 뜻했다.10 태권도가 태껸과 같이 발차기에 치중하는 맨손무예임을 반영한 이름이다. 1954년 10월 최홍희 소장이 주관한 당수도 시범을 접한 이승만 대통령은 "저것이 우리나라에 옛날부터 있던 태껸이야!"를 외쳤고 이는 태권도 명칭이 창안되는 역사적 계기가 됐다.11

최홍희가 '태권도(跆拳道)'란 무예 명을 창안하는 계기가 된 '제1군단 4주년 기념식'. 이승만 대통령이 배석해 최홍희의 29사단 군기수여식과 당수도 시범이 함께 거행됐다. (동아일보, 1954.10.18.)

대통령의 택견 발언은 최홍희와 그의 부관 남태희에게 차기 위주의 한국 전통무예 태껸을 잇겠다는 의지를 불어넣었다. 두 사람은 '태껸'의 발음과 비슷한 '태(跆)' 글자와 '권(拳)'자를 찾아 현대식 태껸'을 뜻하는 '태권도'란 새로운 무예명을 만들었다.

1955년 12월, 청도관 고문회(명칭제정위원회)에서 최홍희는 갖가지 무예 명칭을 통합하는 '태권도'를 제안했다. 그는 "'태'자는 발로 뛴다, 또는 밟는다는 뜻으로 '권'자와 합치면 발과 주먹을 구사하는 무예의 성격에 부합할 뿐 아니라 음운상 태껸과도 흡사하니 역사성도 내포한다."고 역설했다.12

---

10. 서완석, 이종관, 김영선(2021). 『이종우, 현대 태권도의 종합 설계자』. 국기원. 61~63
11. 김용옥(2013). 『태권도 철학의 구성원리』. 통나무. 71~77. 동아일보(1954.10.18.). 「제1군단 4주년 기념식 성대」.
12. 이경명(2011). 태권도 이름의 유래. 태권도 용어정보 사전. https://terms.naver.com/entry.naver?docId=633521&cid=42879&categoryId=42879

1955년 12월 11일, 태권도 명칭을 공론화시킨 제1회 청도관 고문회. 최홍희는 이 회동을 '태권도 명칭 제정 위원회'라고 칭했다. 청도관 고문이었던 최홍희는 정치인, 군 실권자, 언론사, 기업인까지 불러들여 자신의 입지를 강화했다. (사진 : 청도관 관보)

참석자들 모두 그 말에 동의했고 내친 김에 공신력 확보를 위해 이승만 대통령 휘호까지 받자는 의견도 있었다. 이후 태권도 명칭이 확산되면서 발차기 기술에 중점을 둔 한국식 무예 문화적 전통을 잇게 됐다. 기존의 당수, 공수, 권법, 수박 등 명칭은 모두 손기술 위주였으나 태권도의 '태(跆)' 글자는 발기술을 의미했기 때문이다.[13]

그러나 자신의 고집만은 관철시키고 실권을 장악하려는 최홍희의 성향은 결국 이종우, 엄운규, 홍종수 등 민간인 지도자들로부터 배척되는 비운을 맞게 된다. '권불십년(權不十年)'이란 말이 있듯이 이승만 구정권(舊政權)의 실세로 군림했던 그의 권력은 영원할 수는 없었다.

한국전쟁 후 생겨난 수많은 파생관

광복 이후 태동한 초창기 5대관은 한국전쟁으로 인해 일대 격변기를 맞았다. 하지만 홍종수가 속한 무덕관은 비교적 순조롭게 재건됐다. 정부 산하였던 철도청 기관이 정상화되면서 무덕관도 서서히 자리를 잡아가게 되었다.

---
13. 국기원(2021). 태권도의 역사. 『태권도 교본』. 49.

청도관에서는 창설자 이원국을 대신하여 손덕성이 새로운 지도자로 등단하여 관(館)을 이끌었다. 1954년 혜성처럼 등장한 군부 장성인 최홍희는 청도관을 기반으로 오도관을 창설했다. 개성에서 활동하던 송무관 노병직 관장은 전쟁 후 서울로 이전하여 관을 부활시켰다. YMCA 권법부는 윤병인 창설자를 상실하자 창무관으로 이름을 바꾸고 이남석 관장과 김순배 부관장에 의해 맥을 이었다. 그리고 창무관에서 이탈한 전 YMCA 권법부 출신자 홍정표와 박철희는 강덕원을 세웠다.

조선연무관 권법부 창설자인 전상섭이 전쟁 중에 행방불명되자 지도관(智道館)이 계승했다. 지도관은 전쟁 직전 사범을 했던 윤희병(윤쾌병)이 관장을 그리고 이종우가 사범을 맡아 서울 을지로에 있던 한국체육관에서 둥지를 틀었다. 한편 조선연무관 권법부 초기 관원이었던 이교윤은 별도의 한무관(韓武館)을 창설했다.

한국전쟁 이후 5대관이 분화하여 수십 개 관으로 파생됐지만 1970년대 관(館) 정비로 인해 최종적으로 9개관으로 확정됐다.[14]

1959년 대한태권도협회의 발족과 와해

1959년 9월 오도관, 청도관, 지도관, 송무관 실세들이 규합해 대한태권도협회가 결성됐다. 대한체육회에 가입하기 위해서는 먼저 전국적인 조직체인 무예 단체 구성이 필요했기 때문이다. 협회 창설은 오도관 창설자이자 당시 육군 소장이던 최홍희가 주도했다.

1959년 9월 최홍희는 황기를 이사장으로 그리고 지도관 윤쾌병을 부회장으로 영입해 대한태권도협회를 결성했다. 그러나 곧 황기와 윤쾌병이 이탈하고 4.19와 5.16 연이은 정변으로 인해 대한체육회 등록이 무산돼 해체되고 말았다.

---

14. 이경명(2010). 『WTF 태권도 용어정보 사전』. 세계태권도연맹.

당시 협회 집행부는 회장 최홍희(오도관), 부회장에 윤쾌병(지도관), 노병직(송무관), 이사장에 황기(무덕관), 상임이사에 이종우(지도관), 현종명(오도관), 고재천(오도관), 이영섭(송무관), 이사에 엄운규(청도관), 배영기(지도관), 정창영(무덕관)이었다. 무덕관 인물로는 황기 총관장과 그의 제자이자 용산에서 무덕관 도장을 운영했던 정창영 관장이 포함됐다.[15]

협회 결성을 위해 무도의 공식 명칭을 놓고 격론이 벌어졌다. 최홍희는 앞서 1955년 '태권도'란 명칭을 작명해놓고 이승만 대통령으로부터 휘호까지 받아놓은 터였다. 최홍희가 제안한 '태권도' 명칭에 대해 노병직 윤쾌병 이남석은 '공수도'를, 황기는 '당수도'를 주장했다.

1961년 황기는 '대한수박도회'를 결성해 일본 공수도팀을 초청한 국제대회를 개최해 큰 사회적 파장을 일으켰다.

명칭 문제는 곧 협회 주도권 다툼의 핵심 사안이었다. '태권도'란 명칭은 이미 오도관, 청도관에서 사용하고 있었다. 당시 현역 육군 소장인 최홍희의 주도하에 협회 구성이 이뤄지는 상황에서 최홍희의 주장대로 협회의 명칭은 일단 '대한태권도협회'가 됐다. 대한체육회 가입 절차를 밟던 1960년 4·19 혁명이 일어나면서 가입은 무산됐다.

이후 대한태권도협회를 탈퇴한 황기가 대한수박도회를 결성해 문교부에 사단법인체로 등록했다. 여기에 지도관 관장 윤쾌병이 대한수박도회에 가세하는 일이 발생했다. 지도관의 분열이 일어난 것이다. 이종우는 이후 윤쾌병을 대신해 지도관 2대 관장에 올랐다. 비록 2세대 관장이지만 지도관이라는 막강한 관세를 업은 이종우가 태권도계의 새로운 리더로 떠오르는 계기가 됐다.

1961년 5·16군사정변이 발생해 무예계는 새로운 국면에 접어들었다. 국가재건최고회의 포고령 제6호에 따라 모든 사회단체가 재편돼

---

15. 동아일보(1959.09.08.). 태권도협 간부선출. 3

문교부는 유사단체의 통합을 추진했다.16

3. 무덕관의 세력 확장

한국전쟁은 무덕관을 제외한 다른 관에 치명적 사건이었다. 관장이나 주요 관원들이 변고가 생겨 조직이 와해될 정도였다.17 그러나 무덕관은 다른 관과는 달리 한국전쟁 기간에도 점진적인 발전을 이루는 기틀을 마련했다.

전후 무덕관의 재건

전쟁은 무덕관에도 큰 피해를 주었지만, 전국 곳곳에 있는 철도국 조직의 여건에 의해 서서히 회복될 수 있었다. 그 이유에 대해 홍종수와 무덕관 동기이자 제4대 총관장을 역임한 김인석은 다음과 같이 진술했다.

1953년 한국전쟁 중, 부산 초량 철도기지에서 무예를 교습했다. 심사 후 황기 사범, 김인석, 현종명 유단자와 수련생이 함께 한 장면.

무덕관이 급속히 발전할 수 있었던 결정적인 이유는 한국전쟁 때 철도국 직원들은 군대에 안 갔어. 후방요원이라 불리면서…. 그래서 다른 관 사람들이 전쟁 중에 입대하는 등 뿔뿔이 흩어졌지만, 무덕관만은 전력을 고스란히 보존하게 됐어. 부산에 피난 가서도 도장을 열어 계속 수련을 할 수 있었던 것도 큰 이유였던 것 같아. 나도 그때 2단으로 수련생들을 지도하고 있었지.18

---

16. 강기석(2001). 『태권도 반세기 - 인물과 역사』. 서울올림픽기념 국민체육진흥공단. 76~89.
17. 서성원(2016). 『태권도 역사와 문화의 이해』. 상아기획.
18. 태권도타임즈(2010.05.06). 태권도에 올인한 삶이 내겐 행복이다.
    (http://www.timestkd.com/news/articleView.html?idxno=1836)

불어난 무덕관의 관세

황기가 당수도 무덕관을 개설한 1947년부터 1965년까지 18년간의 활동상은 많았다. 무덕관은 전국에 파급됐고 전체 태권도계 무예 도장 중 과반수 이상을 차지하는 관세를 떨쳤다.

한국전쟁 이후 무덕관 지관이 전국 각지에서 생겨났다. 홍종수와 지상섭은 대구를 중심으로 한 경북지역에 터를 잡았다. 전쟁 중에 부산에 내려간 김인석은 경남을 거쳐 경기도 안양으로 옮겨 도장을 열었다. 남삼현과 임명순은 대전

1955년 서울역 인근 동자동에 개설한 무덕관 중앙도장. 대한수박도회 간판은 사진이 1960년대 초임을 나타낸다.

및 충청남북도 지역, 오용균은 전북 지역, 박용화는 인천, 김창진은 전남, 박영진은 강원도 등지로 세력을 뻗쳤다.[19]

1953년 황기는 대한당수도협회를 조직했고 1960년 사단법인 대한수박도회로 명칭을 변경한 후 문교부 인가를 받았다. 1962년 사회단체 재등록법에 따라 등록도 완료했다.[20]

1955년 5월 서울역 부근에 당수도 무덕관 중앙본관을 개관했다. 정확한 주소는 '서울시 중구 동자동 43'이었다.[21] 그간 철도국 직장 내에서만 활동했던 무덕관이 비로소 사회에서 일반인을 대상으로 첫출발을 했다.[22]

1952년 국방부를 필두로 마포 및 서대문 형무소, 공군본부, 공군사관학교, 해군사관학교, 헌병사령부, 육군인쇄공장, 제2군사령부, 육군본부, 해병대사령부, 미8군사령부 및 예하 미군 부대까지 지부가 확장됐다. 각 대학교와 중고등학교에도 무덕관 당수도부가 속속 개설됐다. 부산 경찰전문학교, 인하공대, 한양대, 수원 서울농대, 고려대, 홍익대, 연세대에 무덕관이 발을 뻗었다.

---

19. 송일훈, 김종길(2018). 「국기 태권도 원류 무덕관 연구 (1)」. 한국스포츠학회지, 제16권 3호. 133.
20. 서상렬(2012), 『무덕관은 통합하여야 한다』, 동양비지니스폼,
21. 황기(1960). 『당수도 교본』, 계양문화사, 22.
22. 서상렬(2012), 『무덕관은 통합하여야 한다』, 동양비지니스폼, 15.

1955년 대한당수도협회 무덕관 중앙도장의 심사를 기념한 사진은
무덕관의 관세를 잘 나타낸다.

  1955년 전국에 9개의 지관이 신설됐고 같은 해 10월에는 '한중 친선당수도 국술 연무대회'가 개최됐다. 그 후에도 한·미·중 등 국제 친선 연무대회를 여러 차례 거행했다. 영국, 미국, 캐나다 등 외국에도 지부가 생겨났다. 특히 웨스트포인트(미 육군사관학교)의 정규과목으로 무덕관의 수박도가 채택되기도 했다.

  1961년 아세아당수도연맹도 결성돼 전일본공수도연맹 선수팀을 초청해 행사를 벌였다. 1964년 제1회 아세아당수도대회가 일본에서 개최돼 황기가 임원 선수를 인솔해서 참가했다.[23] 이같은 국제적 행사 활동은 초창기 태동 시기라 참가 인원이나 규모 면에서는 미흡했다. 이처럼 무덕관은 짧은 기간 내에 전쟁의 손실을 딛고 활발한 재건과 확장을 이룸으로써 5대관 중 관세가 가장 강성해졌다.[24]

홍종수의 입지 부상

  무덕관의 관세가 확대됨에 따라 초기 관원이자 대구 경북지역 대표 사범이 된 홍종수의 입지도 높아졌다. 1955년 홍종수를 비롯한 무덕관 고단자들이 서울에 모여 조직의 체계를 확립하고 황기

---

23. 황기(2011). 『무도 철학』. 한메소프트. 252~253.
24. 강기석(2001). 『태권도 반세기 - 인물과 역사』. 서울올림픽기념 국민체육진흥공단.

관장을 중앙관장으로 추대했다. 이는 중앙본관과 산하 시도(市都) 지관(支館)의 연결성을 공고히 하고 위계질서를 확립하기 위해서였다.

이를 계기로 승단 심사를 전담하는 무덕관 중앙심사위원이 구성되기도 했다. 황기 관장은 중앙심사위원장으로

1960년대 초, 수박도회 무덕관 사무실 앞에 서 있는 홍종수 부관장

추대됐다. 위원에는 고단자인 홍종수, 남삼현, 황진태, 정창영이 선임됐다. 시도 본관장에는 서울특별시는 직할로 하고, 충남 남삼현, 경북 홍종수, 경남 이억중, 전남 김창신, 경기 박용하, 강원 박영진, 충북 조기선, 전북 오용균이었다.

1956년 홍종수는 대구 경북 일대에 관세를 확장하여 무려 400여 개의 도장과 경기 북부, 충북, 강원 지방에 무덕관을 세우는 데 큰 역할을 했다. 한편 무덕관의 경상북도 지부 도장 수가 무려 4백 60개 이르렀다고 기록됐지만 과장된 수치로 보인다.[25] 그 이유는 1967년 한 신문사에 의해 태권도 계열별 전체 도장 수를 통틀어 506곳이었다는 수치가 나왔기 때문이다.[26] 어쨌든 홍종수가 이끄는 수많은 무덕관 지관이 대구와 경북지역에서 타계열 관을 훨씬 능가했다.

제2절. 수박도 무덕관의 독자적 행보

한국전쟁 이후 다른 관들에 비해 무덕관은 내부적으로는 분란을 겪지 않았다. 창설자인 황기가 여전히 건재했기 때문이다. 하지만 황기가 별도의 대한수박도(당수도)회를 조직하여 통합을 파기하면서 엄청난 파장을 일으켰다.

1960년대 협회 통합 과정은 2차에 걸쳐 진행됐지만 황기는 2차례 모두

---
25. 국기원(2015). 「태권도 9개 관 역사자료집」. 29.
26. 동아일보(1967.12.27.). 사설도장, 전국 771개소.

처음에는 통합에 찬성했다가 탈퇴를 번복했다. 1961년에 이어 1965년 진행된 2차 통합마저 전격 철회하는 일대 사건이 발생했다. 무덕관 소속의 홍종수는 이 과정을 낱낱이 목격했고 당시 적나라한 회의 기록과 자료들을 모아 후세에 남겼다.

1958년 황기의 무덕관과 대한당수도협회 주최로 한, 미, 중 당수도 대회를 개최했다. 이후 관 연합체인 협회 통합을 거부하고 독자적인 심사와 대회 방식을 고집했다.

1. 협회 가입을 거부한 황기

1961년 1차 합의의 결렬

1961년 권력을 장악한 박정희 군사정권은 국가재건최고회의를 구성하고 포고령 제6호 '사회단체 재등록에 관한 포고'를 발령했다. 이에 따라 정부 기관인 문교부는 유사단체 통합을 보다 강력하게 밀어붙였.

당시 유사 무술 단체로 활동하던 황기의 대한수박도회와 오도관을 통괄하던 최홍희의 대한태권도회가 해당됐다. 여기서 대한태권도회는

1959년 창설됐다가 해산된 대한태권도협회와는 관련이 없다. 대한태권도회는 오도관 자체의 사설 조직으로서 최홍희가 회장을 맡아 운영되었고 자체 단증도 발급했다.

협회뿐만 아니라 각 관(館) 조직 또한 통합의 대상이었다. 이남석의 공수도 창무관, 노병직의 공수도 송무관, 박철희·홍정표의 강덕원 무도회, 이교윤의 한무관 중앙도장 등의 대표들도 통합 회의에 소집됐다.[27]

지도관 본관인 한국체육관에서 회의가 열렸다. 송무관의 노병직, 무덕관의 황기, 지도관의 윤쾌병, 청도관의 엄운규, 창무관의 이남석, 한무관의 이교윤, 강덕원의 박철희, 오도관의 고재천과 남태희, 한국체육관의 이종우 등 관 대표들이 모였다.

각 관의 대표들은 이날 이후 수차례 만나 회의를 거듭한 끝에 마침내 통합에 합의했다. 창립위원, 정관 기초위원 선출 등 통합 기구를 위한 기본적인 틀을 잡아갔다. 당시 무도계 전체를 지칭하던 '사도계(斯道界)'의 통합이 오랜 진통 끝에 성사돼 1961년 9월 16일 마침내 '대한태수도협회'가 창립됐다. 그러나 황기의 무덕관과 윤쾌병이 이끄는 지도관 일부 세력은 협회를 탈퇴했다.

통합을 거부한 황기와 윤쾌병

1차 통합이 실패한 원인과 과정은 무덕관 황기와 지도관 윤쾌병 관장의 이해관계에서 기인했다. 물론 협회나 관 통합은 심사 제도의 공적(公的)인 혁신을 의미했고 다른 관의 관장들 모두 해당하는 문제였다. 각 관은 사조직(私組織)이나 다름없었기에 협회에 배속되면 관장의 권한 약화는 예견된 일이었다.

게다가 송무관의 노병직 관장을 제외하고는 청도관의 엄운규 관장, 지도관 사범인 이종우, 창무관 이남석 관장, 강덕원 홍정표·박철희

---

27. 이경명(2011). 태권도 이름의 유래. 『태권도 용어정보 사전』. https://terms.naver.com/entry.naver?docId=633521&cid=42879&categoryId=42879

관장 등 모두 손아래뻘 세대들이 협회 대세를 형성하고 있었다. 이러한 협회 분위기에서는 황기와 윤쾌병 관장은 자신들의 입지를 유지하기가 어려웠을 것으로 여겨진다.

이사회에서 협회 기능의 제반 규정을 토의하던 중 심사위원회 규정을 놓고 황기와 윤쾌병 관장이 반발했다. 처음에는 후진들을 위해 일선에서 물러나겠다던 두 관장은 협회의 주요 사업이었던 공인 단(段) 심사 안건이 대두되자 '종신제(終身制) 최고심사위원'을 요구했던 것이다. 즉 협회 심사권에 대한 지속적인 영향력과 심사 수익에 본인들의 지분을 염두에 둔 것이었다.[28]

이것은 또다시 갈등과 반목의 불씨로 작용해 순항을 예고했던 협회 통합에 찬물을 끼얹었다. 이사회에 참석한 젊은 관장들은 황기와 윤쾌병이 심사권을 독차지하려고 억지를 부린다고 생각했다. 아니면 통합에서 벗어나려는 구실로 삼고자 하는 두

관 연합체인 대한태수도협회와 무덕관이 내세운 대한수박도회의 분규를 보도한 당시 신문기사(경향신문, 1964.02.29.).

관장의 책략일 수도 있었다. 어쨌든 협회의 다른 이사들은 종신심사위원 요구에 동의할 수도 없었다. 그렇다고 해도 그들로서도 다른 대안을 찾을 수도 없었다. 결국, 황기와 윤쾌병은 자신의 요구 사항이 무산되자 결국 협회를 이탈했다.[29]

무덕관은 통합에 불참했고 지도관은 윤쾌병 관장 계열만 탈퇴한 채 대한태수도협회가 창립됐다. 지도관은 통합을 반대하는 윤쾌병 계열과 찬성파 이종우 사범 계열로 분열되는 사태를 맞았다. 훗날 윤쾌병 계열은 세력이 약화돼 해체됐고 이종우는 지도관 관장이 되어 대한태수도협회의 실세가 됐다.[30]

---
28. 서성원(2007).『태권도 현대사와 길동무하다』. 상아기획.
29. 강기석(2001).『태권도 반세기-인물과 역사』. 서울올림픽기념 국민체육진흥공단.
30. 서완석, 이종관, 김영선(2021).『이종우, 현대 태권도의 종합 설계자』. 국기원.

무덕관은 통합을 거부한 이후 정부 산하 문교부와 대한체육회으로부터 거센 압박으로 큰 시련을 겪게 된다.

황기의 독자적 행보

무덕관은 1961년 5 · 16쿠데타 이후에 큰 변화를 맞았다. 군사정권 산하 문교부는 유사단체의 통합을 강력히 추진했다. 각 관(館) 실권자들은 관의 존속을 위해 통합 대열에 합류했다. 한편으로는 협회 결성은 무덕관 발전을 위해서도 기회도 될 수 있었다.

하지만 황기는 통합을 외면했다. 정부 방침에 따라 일원화해야 할 협회 구성을 단호히 기피한 것이다. 이로 인해 본인과 당수도협회는 물론 소속 무덕관 도장조차 많은 고초를 겪게 되었다.

이때만 해도 홍종수는 무덕관 중앙본관에서 황기 관장을 보필하는 부관장이자 본관 사범으로 활동 중이었다. 홍종수는 싫든 좋든 협회 가입을 거부하는 황기 관장의 결정에 따를 수밖에 없었다. 다른 무덕관 지도자들도 황기 관장의 협회 불참에 대해 특별한 의사 표시 없이 방관했다. 그런데 그 이후 정부 관할 문교부와 대한체육회의 압력과 불이익이 전 무덕관에 서서히 파급됐다.

황기의 유력한 제자 중 한 사람인 오세준은 통합 찬성파였다. 오세준은 홍종수의 후배이자 서울 종로 YMCA 지도사범이었다.

1962년 대한태수도협회가 출범할 때 오세준은 협회 이사로 선출됐다.[31] 무덕관

1960년대 초 수박도 무덕관 홍종수 부관장과 황기 관장(네모 안)

---
31. 조선일보(1962.07.05.). 태수도 임원선출.

출신자로는 그가 처음으로 협회 임원이 된 것이다. 오세준은 그때부터 자신의 무예 이름을 수박도에서 태수도로 변경했다. 그리고 이듬해 YMCA 창립 60주년 기념 한국 미국 중국 태수도 특별연무대회를 주최했다.[32]

  황기 관장의 태수도협회 가입 거부로 인해 대한수박도회에 속한 무덕관 계열의 도장들은 따돌림을 받았다. 무덕관 도장은 협회가 주관하는 공인 승단심사에 참여할 수 없었다. 공인 단증이 없기에 무덕관 유단자들은 전국체전 등 경기에 출전할 수도 없었다. 이는 무덕관 계열 도장의 사기(士氣)는 물론 운영까지 많은 지장을 초래했다.[33]

  이러한 차별과 불이익을 해결하는 방안은 무덕관이 협회에 가입하는 길뿐이었다. 따라서 무덕관 지도자들은 지난 4년간의 어려움을 또다시 되풀이할 수 없었기에 대다수가 협회 가입을 원했다. 1965년 무덕관의 협회 통합이 재론되자 무덕관 지도자들은 황기 관장의 의사에 반발해 통합을 결정했다.[34]

2. 2차 통합 합의도 번복 철회

1965년 2차 합의마저 파기

  1960년대 협회 통합 과정은 2차에 걸쳐 진행됐다. 1차 통합은 대한태수도협회가 발족한 1961년이었다. 2차 통합은 1965년 3월 또다시 진행됐다. 대태협은 그간 배제돼 있던 무덕관을 영입하기 위해 재차 통합을 시도했다. 제자들의 간청으로 마지못해 황기는 통합에 서명했다가 바로 뒷날 철회하는 초유의 사태가 또 발생했다.[35]

---

32. 동아일보(1963.11.01.). YMCA 창립기념 태수도 연무대회.
33. 서상렬(2012). 『무덕관은 통합하여야 한다』. 동양비지니스름. 38~39.
34. 강기석(2001). 『태권도 半世紀』. 서울올림픽기념국민체육진흥공단. 119.
35. 허인욱(2008). 『관을 중심으로 살펴본 태권도 형성사』. 한국학술정보. 70.

1965년 3월, 통합서명식이 거행된 날 축하 연회에 참석한 홍종수 부관장, 황기 관장, 최홍희 KTA 회장. 이 사진은 홍종수가 무덕관의 통합을 주도했음을 알 수 있게 한다. 그러나 다음날 황기는 통합 무효와 파기를 선언했다.

시초에는 황기 관장이 자기 제자와 지도자들의 대세에 밀려 협회 가입을 결정했다. 그러나 그는 하루 만에 생각을 바꿔 협회를 탈퇴했다. 최홍희가 협회 회장이 되어 야심 차게 추진한 통합 과제가 또다시 파란을 일으켰다.

1965년 3월 18일 대한태수도협회는 수박도회 무덕관과 통합선언식을 했다. 황기가 비로소 통합에 참여했기 때문이었다. 서울시청 앞 대한체육회 청사 강당에서 신문사 기자와 체육회 관련자를 비롯하여 9개 관 출신 고단자, 대태협 및 수박도회 간부가 참관했다. 서울시청 건너편에 있던 대한체육회 대강당에서 '통합선언식'이 거행됐다. 황기 관장도 협회의 통합취지서, 통합합의서, 통합선언서에 모두 도장을 찍었다. 그런데 다음 날인 3월 19일에 황기 관장이 통합선언식을 '무효'라고 하면서 결정을 번복해 버린 것이다.[36]

---

36. 강원식, 이경명(2000). 『우리 태권도의 역사』.

1965년 3월 9일, 통합 사건이 터지기 전 불과 며칠 전에 무덕관의 주요 행사가 거행됐다.
이날 대한수박도회 무덕관은 유럽 파견 사범을 선발하는 행사를 했다.
가운데 황기 관장의 왼편으로 정창영, 홍종수, 이강익 등이 선발위원으로 참여했다.

홍종수의 번민

통합이 선언된 다음 날 아침 홍종수는 무덕관 중앙도장에 출근했다. 그가 사무실에 들어서자 황기 관장이 대뜸 "어제 통합선언한 거 무효선언해야겠어"라고 나지막하게 말했다. 홍종수가 어이가 없어, "아니 그게 무슨 말입니까. 어제 통합선언을 하고 하루아침에 무효선언을 한다는 건 무도인의 도리가 아닙니다. 무도계의 큰 위치에 계신 분이 명분 없이 통합선언을 반복하는 건 신의를 저버리는 일이잖습니까."라고 간곡히 설득했다.

하지만 잠시 침묵하던 황기 관장은 "아니야. 최홍희에게 전화를 걸어야겠어."라고 하며 홍종수에게 전화하라고 지시했다. 홍종수가 주저하자 황기는 최홍희에게 직접 전화했다. "나 황기인데, 어제 통합선언한 것 오늘 날짜로 무효를 선언합니다."라고 말했다. 최홍희가 "갑자기 왜 이러는 거요"하고 반문했지만, 황기는 자기 말만 하고 일방적으로 전화를 끊어버렸다.[37]

예상치 못한 상황에 홍종수는 당황해서 어찌할 바를 몰랐다. 무덕관의

---

37. 강기석(2001). 『태권도 반세기 - 인물과 역사』. 서울올림픽기념 국민체육진흥공단.

앞날을 예상할 수도 없었다. 이런 식이라면 관장으로서 황기의 권위는 물론 무덕관의 위상도 모두 무너질 판이었다. 홍종수는 다시 황기와 마주앉아 무효선언을 하면 안 된다고 혼신을 다해 설득했다. 하지만 황기 관장은 요지부동이었다. 홍종수는 머릿속으로 '이 양반이 지금 역사적인 오류를 범하고 있구나' 하는 생각이 들었다고 한다.[38]

홍종수는 인제 와서 통합이 파기되면 앞으로 무덕관의 입지는 불 보듯 뻔할 것으로 예상했다. 홍종수는 무덕관의 여러 지도자와 함께 전력을 다해 통합을 이뤘지만 이내 허탈감에 빠졌다.

홍종수는 무덕관 총본관의 사범이자 부관장이었기에 통합 철회 상황에 큰 곤란을 겪었다. 지난 4년 전, 스승 황기의 1차 통합 거부 이후 본인은 물론 국내 전 도장 사범들의 고충은 이루 말할 수 없었다. 무덕관 도장은 협회 공식 승단 심사는 물론 전국체전 등 경기에 참여할 수 없었다. 게다가 당국이나 다른 도장으로부터 무허가 도장으로 취급받는 수모를 당했던 것이다.[39]

대한수박도회 사무실 앞에 선 홍종수 부관장

통합이 결렬된 후 문교부는 1965년 5월 대한수박도회 법인체 허가를 임의로 취소했다. 대한태권도협회는 그해 9월 5일 이사회에서 황기와 윤쾌병이 제출한 탈퇴서를 수리했다.[40] 이해 6월 6일에 협회의 명칭은 '태수도'에서 '태권도'로 바뀌었다.[41] 한편 황기는 문교부의 압력에도 굴하지 않았다. 1965년 황기는 문교부의 처사에 반발해 행정소송을 제기해 이듬해 대법원으로부터 승소 판결을 받았다.[42]

---

38. 국기태권도신문(1996.10.21.). 증언으로 엮는 현대사 시리즈 2. 「'무덕관'은 용산역에서 최초로 개관. 오른팔 담보하며 통합에 앞장서」.
39. 서상렬(2012). 『무덕관은 통합하여야 한다』. 동양비지니스폼. 38~39.
40. 서성원(2012). 『태권도면』. 상아기획. 65.
41. 동아일보(1965.06.07.). 태권도로 개칭. 태수도총회 결정.
42. 황기(2003). 『무도철학』. 세기원색출판사. 252~253.

황기와 최홍희의 악연

황기는 1959년 최홍희가 협회 창립을 추진한 시초부터 그와의 불협화음이 시작됐다. 당시 황기는 대세에 순응하여 이사장 직책으로 협회 구성에 참여했다가 곧 탈퇴했다. 그러자 협회는 추진 동력에 큰 지장을 받았다. 곧 4·19혁명에 이어 5·16군사정변이 일어나면서 대한체육회 등록이 무산됐다. 결국, 최홍희는 황기 때문에 협회 구성에 실패한 셈이 됐다.

최홍희가 권총으로 황기를 협박한 일화가 나온 신문기사 (경향신문, 1987.10.22.)

1961년 대한태수도협회의 출범에는 최홍희가 직접 개입하지 않았다. 최홍희는 군대서 예편하여 말레이지아 대사 발령으로 분주했기 때문이었다. 하지만 대사직을 마치고 귀국한 최홍희는 체육계에 영향력을 발휘하여 1965년 대한태권도협회 제3대 회장이 됐다. 이때 최홍희와 황기는 두 번째 악연을 연출했다.

1965년 추진된 무덕관 협회 통합건 역시 1959년과 동일한 양상이 재연됐다. 최홍희가 대한태권도협회 회장으로 부임하자 그간 제외된 무덕관을 협회로 귀속시키고자 했다. 이 역시 최홍희가 주도했고 황기가 통합 대상자였다.

그러나 황기는 처음에는 동참을 선언했다가 다음 날 전격 탈퇴해버렸다. 황기는 연이어 협회 대표인 최홍희와의 공약을 깨뜨린 것이다. 이렇게 협회 통합 사안에서 황기는 최홍희의 추진 행보에 거듭해서 걸림돌이 됐다.

결과적으로 황기와 최홍희는 앙숙이 될 수밖에 없는 운명이었다. 왜 그랬는지는 여러 이유가 있었겠지만, 최홍희에 대한 불신과 반감이 작용했을 것으로 보인다. 황기는 최홍희를 달가워하지 않았다. 최홍희가 권력을 앞세워 민간인 지도자를 억압하고 자기가 마치 무예의

1963년 대한수박도회 무덕관
황기 관장, 홍종수 등 임원진

대가(大家)인 양 행동하는 것에 대해 이종우, 박철희 등 다른 지도자들에게도 평판이 좋지 않았다.[43]

이에 대해 최홍희와 활동했던 태권도 원로들은 "최홍희 씨는 무예 경력과 출신이 불분명한 데다가 군세력을 업고 기세 당당하게 사도계를 장악하고, 민간 도장과 마찰을 빚어 대다수 사람이 미덥게 여기지 않았다."라고 평했다. 특히 황기는 최홍희와 어울리기조차 꺼릴 정도로 관계가 서먹했다고 한다.[44]

황기는 최홍희가 군부와 권력을 내세워 무예계의 총수로 군림하려는 행태를 못마땅하게 생각했다. 게다가 최홍희는 황기 자신보다 4살 아래였고 무예 수련이나 지도자로서 활동한 경력도 미미했다. 최홍희가 창설했다는 오도관도 청도관 출신 실력자들을 수하로 내세워 협회를 좌지우지하는 것도 불쾌했다.

훗날 황기는 유명 신문사 지면을 통해 다음과 같은 발언으로 사람들을 놀라게 했다. "지금은 김일성의 앞잡이 노릇을 하는 최홍희가 1960년대 초, 권총을 뽑아서 내 이마에 들이대고 무도계에서 떠날 것을 강요했지. 그래서 해외 보급에 주력하게 되었고…"[45]. 최홍희가 권총으로 자신을 협박했다는 황기의 이 충격적 증언이 사실인지 아닌지 확인할 길은 없다. 그러나 황기의 증언에서 만천하에 공개되는 신문 지상에 그렇게 폭로할 정도로 그는 최홍희를 싫어했던 것을 알 수 있다.

한 시대 무예계를 풍미했던 최홍희와 황기. 그 두 사람은 얽히고설킨 불협화음으로 점철된 태권도 역사로 남았다.

---

43. 서완석, 이종관, 김영선(2021). 『이종우, 현대 태권도의 종합 설계자』. 국기원.
44. 서성원(2007). 『태권도 현대사와 길동무하다』. 상아기획. 47~48.
45. 경향신문(1987.10.22.). 고유무술 '수박' 7순 달인.

3. 표류하는 무덕관

무덕관의 분열

황기 관장의 무효선언이 전해지자, 군 장교 출신으로 김봉환과 함께 무덕관을 대표해 협회 참여를 적극적으로 도모한 김영택 변호사가 무덕관 중앙도장으로 전화했다. 그는 극도로 흥분한 상태였다. 김영택은 홍종수가 전화를 받자, "아니 홍 선배가 시켜서 통합을 적극적으로 추진했는데, 이제 와서 이럴 수가 있습니까. 여태껏 밤잠도 못 자며 고생한 끝에 통합을 이끌어낸 우리는 뭡니까."라고 불만을 표했다.

1965년 3월 속칭 '무덕관 마포회의'에서 협회 통합을 철회한 황기 관장이 제자들에 의해 제명되는 대사건이 발생했다. 원안은 홍종수 당시 무덕관 부관장.

김영택은 치밀어오르는 성미를 참지 못하고 황기 관장을 비난하며 전화를 연결해 달라고 홍종수에게 요구했다. 홍종수는 그래도 스승인데 욕까지 하는 것은 제자의 도리가 아니라며 김영택을 자제시키고 다시 황기를 설득했다.

홍종수는 황기 관장에게 "김 변호사가 완곡하게 무효선언을 취소하라고 요구합니다. 무효 결정을 취소하는 것이 대의를 위해서, 그리고 관장님을 위해서도 좋을 듯합니다. 관장님을 믿고 통합을 추진한 사람들의 위신도

1965년, 무덕관 중앙도장에서 제35회 유단자 심사 장면.
중앙에 황기 관장이 앉아 있고 왼편에 홍종수 부관장이 자리했다.

생각해 주셔야죠."라며 설득했다. 하지만 황기 관장은 완고했다. 절대로 그렇게 할 수 없다며 뜻을 굽히지 않았다.[46]

김영택이 다시 전화했다. 무덕관 고단자들이 황기 관장의 무효선언에 대처하기 위해 '긴급 고단자 회의'를 자신의 변호사 사무실에서 갖기로 했다는 내용이었다. 이때가 3월 18일 정오 무렵이었다. 홍종수도 황기 관장이 도무지 번복할 조짐이 없자, 김영택의 사무실로 갔다.

그곳에는 고단자 15명 정도 집결했다. 이들은 황기 관장의 무효선언에 배신감을 느꼈다. 앞으로 어떻게 대처할 것인지에 대해 난상토론이 벌어졌다. 고단자들의 의견은 아무리 황기가 무덕관의 관장이라 하더라고 무덕관 전체의 뜻은 아니라는 것이었다.

이들의 공통적인 의견은 황기 관장이 개인적인 견해를 무덕관의 중의(衆意)로 바꿔 일방적으로 통보한 것이니, 이에 대해 배신감을 느꼈던 것이다. 참석자들은 만장일치로 통합 약속을 이행하자고 결론을 내렸다. 시도지부 관장들은 토론 끝에 황기 관장을 출관(出館)시키자는 결론을 냈다. 다만 홍종수의 견해는 달랐다. 조직의 법통상 아랫사람들이 웃어른 행세가 못마땅하다고 해서 일방적으로 내쫓을 수는 없다는 생각이었다.

---

46. 서성원(2016). 『태권도 역사와 문화의 이해』. 애니빅. 114~115.

다음 날 낮 무덕관의 고단자들이 다시 모였다. 김영택을 비롯한 대다수 고단자는 황기 관장의 출관(出館)을 강력히 주장했다. 그러나 홍종수는 무덕관을 창설해 20여 년 가까이 오신 분을 내친다는 것은 제자들의 도리에 어긋난다고 설명했다. 마지막으로 우리 몇 사람이 황기 관장을 찾아가 현재 상황을 그대로 설명하고 무효선언을 다시 철회하도록 간청하자고 설득했다. 그러나 모두가 가지 않겠다고 했다. 결국, 홍종수는 김영택, 김봉완, 김해동, 김춘도 4인을 대동하고 무덕관 중앙도장으로 이동했다.47

1960년대 교통부 심사 행사에 간 홍종수

다섯 사람은 황기를 만나 문제의 심각성을 설명하고 관내 파문을 줄이기 위해 통합으로 다시 돌아서길 권유했다. 하지만 황기 관장은 그들의 요청을 단호히 거절했다. 황기는 "젊은 사람들은 좋을지 모르지만 난 싫어"라고 말했다. 그리고 "내가 설 자리가 없어도 무효선언을 번복할 수 없다."라며 자기 뜻을 굽히지 않았던 것이다.48

이렇게 되자, 4명의 제자는 "고약한 늙은이."라고 하며 자리를 박차고 일어났다. 일부는 크게 흥분하여 욕설을 내뱉거나 침을 뱉고 나가기도 했다.49 자리에 남아 있던 홍종수는 황기에게 재차 종용했다. 부자지간, 무사도 정신, 지휘관 부하 간의 관계 등을 들어가며 황기에게 강력히 번복을 권했지만 허사였다.

그때 홍종수는 황기 관장이 왜 그런 고집을 피우는지 생각했다. 그의 판단으로는 황기 관장이 협회 임원이나 제자들로부터 소외감이 마음 깊이 치명적 상처로 남았던 것으로 이해했다.50

---

47. 서성원(2012).『태권도면』. 상아기획. 64.
48. 태권도신문(1997.09.20.). 65년 3월 20일은 무덕관 최대 비운의 날. 黃琦, 제자들에게 제적 …홍종수 수석 대표위원 추대. 태권도의 어제와 오늘. 15. 협회 구성의 움직임 ⑨.
49. 홍종수(1992).『우당일지-잡기』.
50. 서성원(2007).『태권도 현대사와 길동무하다』. 상아기획. 50.

황기가 협회 합류를 거부한 이유

협회 통합에 얽혀 무덕관이 극심한 분열양상을 보인 것은 무덕관 황기 관장의 고집과 독선(?) 때문으로 보는 시각이 지배적이다. 한 태권도 원로는 황기 관장에 대해 "학문을 좋아하고 성품이 곧았지만, 마음 씀씀이가 좁고 고집이 세서 주위 사람들을 폭넓게 껴안은 인물이 아니었다"라며 "제자들에게 협회 통합 주도권을 빼앗기자 오로지 수박도회 무덕관을 지키겠다는 집착으로 독자노선을 택했다"라고 술회했다.[51]

1970년 협회와 수박도회의 대립이 한 일간지에 공개됐다.(경향신문, 1970.10.16.)

무덕관 분열이 최고조로 표면화된 것은 1965년 3월 중순이었다. 홍종수는 훗날 이에 대해 "무덕관 최대의 비극적인 현장이었다."라고 술회했다. 이를 끝으로 홍종수는 황기 관장과 결별했다.[52] 이렇듯 황기 관장의 입장이나 판단이 4·19와 5·16을 경험한 무덕관 고단자들의 시각과는 달랐던 것이다.

재미 언론인 이호성은 협회 구성에 반대했던 황기에 대해 "1960년에 혼자 사단법인 '수박도회'를 만들어 문교부에 등록까지 했다. 그러나 당시로선 대세가 태수도로 기울고 있었다. 1961년 군사정권이 등장한 이후 모든 관이 대한태수도협회로 통합되는 상황이었다. 하지만 황기는 일단 통합에 찬성했다가 다시 취소함으로써 그의 대한수박도회가 해체될 위기를 자초했다. 황기는 문교부의 조치가 부당하다며 법정에 제소, 문교부와 법정 싸움을 벌여 무덕관을 피폐의 길로 몰았다."라고 기록했다.[53]

---

51. 태권도신문(1997.09.09.). '무덕관' 내부분열 극심. 협회통합 무효선언, 분열양상 극대화. 태권도의 어제와 오늘. 12. 협회 창립 움직임 ⑥
52. 강기석(2001). 『태권도 반세기 인물과 역사』, 서울올림픽기념국민체육진흥공단, 113~119.
53. 이호성(1995). 『한국무술 미대륙 정복하다』, 스포츠조선, 68.

홍종수의 통합 결단

황기 관장을 설득하고 있는 자리에서 협회에 소속된 청도관 관장인 엄운규가 홍종수에게 전화했다. 자기가 최홍희 회장에게 전화를 받았는데, 황기 관장의 통합 무효 결정이 사실인지 물었다. 이때 홍종수는 그것이 황기 관장의 개인적인 생각이지, 무덕관 전체의 생각이 아니라고 대답했다.

그는 황기 관장이 옆에 있음에도 불구하고 분명하게 의사를 밝혔다. 당시 홍종수는 통합 철회 사안이 무덕관을 살리느냐 죽이느냐 하는 중대한 기로였다고 판단했다. 즉 무덕관 부관장으로서 관장이 거부하더라고 어떻게든 자신이 감당해야 할 문제로 받아들였다. 엄운규는 대한태수도협회가 이번 무덕관 사안을 중요하게 다루는 만큼 보다 확실하게 무덕관의 견해를 들어야만 한다고 전했다.[54]

홍종수를 포함한 4명의 최고위원은 즉각 '전국 시도 본관장 회의'를 개최했다. 무덕관의 관원들은 대개 철도국 출신으로서 지방에 관원들이 많았다. 최고의결기구인 '시도 본관장 회의'가 열리자 지방에서 각 지역을 대표하는 고단자들이 상경했다. 무덕관의 존립을 결정짓는 중대 회의에서 그들은 난상토론을 거쳐 황기 관장을 제적시키기로 결의했다. 무덕관을 존속시키려면 협회에 가입해야 하고 그에 반대하는 사람이 설령 총관장인 황기일지라도 물러나게 해야 한다는 중론이었다.

그야말로 일대 반란이 일어난 것이었다. 관장을 제적하고 출관시킨다는 것은 하극상이었다. 그만큼 일선 지도자들은 자신과 무덕관의 진로에 대해 절박한 상황에 놓여 있었다. 이는 그들과 황기 관장의 수박도회 무덕관 세력이 둘로 갈라지는 대분열이었다.

그날 무덕관 중진들은 황기를 제적시키고 홍종수를 총관장으로 추대했다. 하지만 홍종수는 이 같은 결정을 선뜻 받아들일 수 없었다.[55] 총관장 황기가 우여곡절로 물러난 상황이어서 홍종수는 총관장이

---

54. 홍종수(1992). 「우당일지-잡기(雜記)」.
55. 서성원(2016). 『태권도 역사와 문화의 이해』. 애니빅. 116.

1961년 무덕관 해병대 심사를 주관한 홍종수

아닌 무덕관 대표위원장직을 수락했다.

엄청난 혼란 속에서 통합 결정을 내린 홍종수는 자신의 일기에 다음과 같이 썼다. "나의 용단은 최대의 보람이다."[56]

"통합선언을 살려 통합을 성사시킨 나의 비장한 행동은 무덕관을 존속시키게 했다. 한편으로는 한편으로는 나의 결단이 파란만장의 역정을 불러일으킴으로써 생애 고난의 길을 택한 숙명이었다."[57] 등 글귀를 통해 당시 그의 복잡하고 상반된 심경을 엿볼 수 있다.

홍종수는 통합을 성사시킨 후 20년이 지난 3월에 이르러 무덕관 협회 가입의 의미를 다음과 같이 되새겼다. "무덕관 태권도 통합 20주년을 맞아 오늘 나는 감개무량하고 참으로 만감이 교차했다. 당시 난 참으로 용감했고, 현명한 통찰력으로 대국적 판단을 했다는 점이 자랑스럽다. 1961년 5·16 직후 '유사단체 통합'이란 정책과 우리 사계(斯界)의 숙명적인 소명은 분열이 아닌 단결이고 이원(二元)이 아닌 단일체제로서의 무도 체육발전일 것이다. 1965년 3월 18일 나는 40년 태권도 종사 이래 가장 획기적인 전환점이라 해도 무방하다. 비로소 한국 태권도계에 그 역사적인 운명과 창조가 발아되는 날이었기 때문이다."[58]

---

56. 홍종수(1992). 「우당일지-부록」.
57. 홍종수(1992). 「우당일지-잡기(雜記)」.
58. 홍종수(1985.03). 「우당일지」.

1967년 협회 통합 2년 후 태권도 무덕관의 심사회 기념식.
이강익 총관장과 상임고문이자 심사위원인 홍종수와 정창영이 양쪽에 앉았다.

통합 후에 가진 협회 모임

무덕관 시도 본관장 회의에서 통합 방침이 정해지자 차기 무덕관 총관장 선출 문제가 대두됐다. 법통으로는 부관장인 홍종수가 마땅히 승계해야 하는 상황이었다. 본관장인 황기가 축출된 후 대표위원에 홍종수와 정창영이 그리고 심사위원장으로는 이강익이 맡게 됐다.[59] 그러나 '태권도 무덕관'의 관장직은 홍종수와 초창기 수련 동기생이었지만 연령이 많은 이강익(8단)이 추대됐다. 홍종수(8단)는 정창영(8단)과 함께 상임고문으로 선출됐다.[60]

황기 관장을 축출한 무덕관 중진들은 중단된 협회 통합을 위한 절차를 추진했다. 홍종수 세력은 시도본관장 회의록 등 여러 문건을 제출함으로써 대세를 장악한 무덕관의 통합이 이뤄졌다.

무덕관 시도본관장 회의가 있고 나서 며칠 후, 통합을 위해 한남동에 있는 최홍희 회장 집에서 협회 측과 회의를 했다. 당시 한남동 회의에는

---

59. 서성원(2007). 『태권도 현대사와 길동무하다』. 상아기획. 50.
60. 서상렬(2012). 『무덕관은 통합하여야 한다』. 동양비지니스폼. 41.

1960년대 중반 미군 부대 장교와
대담 중인 홍종수 원로

무덕관 대표로 홍종수를 비롯해 이강익, 정창영, 김영택, 김봉한, 김춘식, 김해동이 참석했다. 태수도협회 대표로는 최홍희, 이종우, 엄운규, 이남석, 이병로, 김순배, 정진승이 참석했다.[61]

그런데 회의가 시작되기 전에 협회 측 누군가가 "이 회의에 앞서 통합을 위해 많은 노력하는 과정에서 무덕관의 탈퇴로 인해 협회 측 인사들의 고충이 컸다."라는 것이다. 그러면서 "무덕관 대표로 홍종수 씨가 나왔는데, 지난 일을 정리하고 갈 필요가 있다."라는 말이었다. 홍종수는 이 말이 자신을 무덕관의 대표성을 가진 인물로 볼 수 있느냐는 의미가 내포되어 있다고 느꼈다.

이에 홍종수는 "무덕관이나 황기 관장으로 인해 통합관계가 지연되고 여러 가지 지장을 초래한 것은 잘못된 일로 생각한다."라고 사과했다. 이어 그는 문제는 앞으로 어떻게 협회 임원들이 무덕관을 신뢰하도록 하는 것이 중요하다고 운을 뗐다. 현재 부관장인 자신이 대표가 되는 것이 별문제가 되지 않고 신의를 중시하는 무도인의 한 사람으로 홍종수의 명예를 걸고 약속한다고 했다. 앞으로 무덕관이 신의를 지키지 않고 만일 또다시 합의 사항을 파기한다면 이 오른팔을 잘라도 좋다고 그는 호기롭게 응대했다.

그러자 최홍희 회장이 "홍종수 씨에 대해 내가 잘 안다."라면서, "이분은 무도 사범으로 전형적인 사람이니, 아무 말 없이 믿어줘야 합니다."라고 해서 무난히 넘어갈 수 있었다.[62]

---

61. 홍종수(1992). 「우당일지 - 잡기」.
62. 국기태권도신문(1996.10.21.). 증언으로 엮는 현대사 시리즈 2. 「'무덕관'은 용산역에서 최초로 개관. 오른팔 담보하며 통합에 앞장서」.

제3절. 대한태권도협회에 전격 가입

1965년 3월 16일, 무덕관의 신간파(新幹派) 주축 세력은 통합을 거부한 황기 관장을 배제하고 대한태권도협회에 전격 가입했다. 이로써 태권도계 숙원 과제 중 하나였던 무덕관의 협회 가입이 극적으로 성사됐다.

1. '태권도 무덕관'의 탄생

방대한 무덕관의 주축 세력이 협회에 등록함에 따라 '태권도 무덕관'이란 새로운 유파가 등장했다. 서울을 비롯한 전국 각지에서 활동하던 무덕관 소속의 고단자들은 태권도 무덕관 중앙본관의 임원진으로 편성됐다. 한편 무덕관 소속의 지도자로서 통합을 주도한 홍종수, 이강익, 김영택, 오세준 등은 이듬해 대한태권도협회 임원으로 대거 발탁됐다.

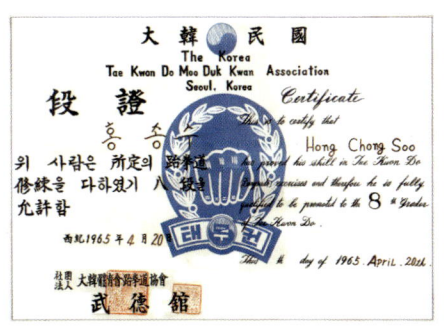

태권도 무덕관 출범 직후 발행된 홍종수 원로의 8단증. 〈사단법인 대한체육회 태권도협회 무덕관〉으로 표기됐다.

제1대 이강익 총관장

1965년 3월 16일 전국 시·도 본관장 및 고단자 회의에서 태권도 무덕관을 이끌어 갈 집행부를 구성했다. 태권도 무덕관 초대(初代) 관장 이강익 사범(8단), 상임고문에 홍종수 사범(8단), 정창영 사범(8단), 무덕관 사무총장에 서상렬 사범(7단), 중앙도장 전임사범에 문순선 사범(7단)이 선출됐다.[63]

---

63. 서상렬(2012). 『무덕관은 통합하여야 한다』. 동양비지니스폼. 41.

태권도 무덕관의 초대 총관장인 이강익은 홍종수보다 무덕관 입관은 좀 늦었지만 1948년 홍종수와 함께 1단을 취득한 것으로 보인다.

1971년 무덕관 기록에 나온 당시 초대 태권도 무덕관 임원진 명단. 중앙 본관장 이강익 8단, 상임고문 정창영 8단 및 홍종수 8단, 사무총장 백락언(본명 서상렬) 7단 등이 나와 있다. 홍종수의 거주지는 서울 서대문구(현재는 은평구) 녹번동이었다(서상렬, 2012).

1965년 이강익이 제1대 '태권도 무덕관'의 총관장이 되었다.
홍종수를 비롯한 여러 무덕관 리더들은 KTA 임원으로 선임됐다.

이강익의 나이는 홍종수보다 5~6세 많았고 무덕관 통합 당시 서울 마포구 지역에서 도장을 운영했다. 그는 건국대를 졸업한 후 1960년대 초반 마포에서 도장을 차렸다.[64] 이강익은 땅콩공장, 합판공장 등 사업 실패로 인해 말년에 불운했다고 한다.[65]

1980년대 건민조기회 회원들과 함께

이강익은 무덕관 중앙본관 부관장이었던 홍종수보다 먼저 태권도 무덕관의 제1대 총관장으로 선출된 것은 몇 가지 이유를 들 수 있다. 첫째, 당시 무덕관 관내 판도가 이강익을 따르는 지도자가 많았던 것으로 보인다. 둘째, 이강익은 홍종수와 무덕관에 좀 늦게 입관했지만, 연령상으로 홍종수보다 형뻘 되는 나이였다. 셋째, 이강익은 전국 고단자 회의가 자주 열렸던 무덕관 마포도장의 관장이었기에 협회 가입 과정에서 그의 영향력이 크게 작용했던 것으로 보인다. 넷째, 이강익은 무덕관 총본관을 운영하기 위한 제반 조건 즉 도장, 사무실, 재력(財力) 등을 갖춘 적임자로 후배들로부터 인정을 받았던 것으로 보인다.

---

64. 조선일보(1966.02.06.). 태권도 이강익씨 3부자. 필승의 일격. 5.
65. 김 이반 회 편(編)(2018). 『한국무술 무덕관 황기 그리고 그때의 사람들』. 수박미디어. 81.

1966년 서울 서부지관 승단급 심사회를 기념해 중앙심사위원인 홍종수 상임고문 (둘째 줄 왼쪽에서 4번째)과 이강익 총관장(둘째 줄 왼쪽에서 5번째)이 자리했다

상임고문겸 중앙심사위원에

홍종수는 이강익 관장 체제에서 상임고문 겸 중앙심사위원을 맡았다. 홍종수는 이전까지 수박도 중앙본관 부관장인 데다 협회 가입을 주도한 핵심 인물이라 총관장 후보로도 물망에 올랐다. 하지만 전국 지관의 조직과 심사를 관리할 중앙협회의 도장과 사무실 구비 여건이나 재정적으로 어려운 상황이라 자의 반 타의 반으로 포기했다는 설도 있다.[66]

대신 무덕관 8단으로 최고단자 중 한 사람인 홍종수는 정창영과 함께 상임고문이 됐고 중앙심사위원이 되어 전국 각지를 돌며 무덕관의 주요 업무인 승단 심사를 주관했다. 특히 무덕관 고단자 심사는 중앙심사위원의 주요 업무였다.[67]

이강익 관장 체제는 이때부터 1971년 차기 중앙관장 홍종수에게 인계될 때까지 6년간 지속됐다.

---

66. 김 이반 회 편(編)(2018). 『한국무술 무덕관 황기 그리고 그때의 사람들』. 수박미디어. 81.
67. 서상렬(2012). 『무덕관은 통합하여야 한다』. 동양비지니스폼. 107~108.

2. 협회의 핵심 인사로 부상

1965년 무덕관 주축 세력의 협회 가입을 주도한 홍종수는 이듬해부터 협회에 요직에 발탁됐다. 그는 1966년 대한태권도협회 노병직 회장단에 포함돼 이사가 됐다. 1967년 김용채 회장이 새로 부임해 홍종수는 섭외이사로 선임됐다. 이듬해까지 이사직이 유임됐고 1969년에는 협회 요직(要職)인 전무이사로 승진했다. 그의 협회 전무이사직은 3년간 연임됐다.

1969년에 대한 회상

1969년은 홍종수에게 있어서는 각별한 의미가 있는 해였다. 협회 내의 실세이자 핵심 인사인 전무이사로 발탁된 것이다. 그가 협회 내 모든 업무를 기획하고 관리하는 전무이사직을 수행하면서 당시의

1969년 대한태권도협회 김용채 회장과 담소 중인 홍종수 전무이사

심경을 일기에 썼다. 그 내용은 3인칭으로 고쳐 다음과 같이 정리했다.

1969년을 기점으로 태권도계는 큰 도약을 하기 위한 사업을 추진하기 시작했다. 협회가 새로운 태권도의 향방을 모색하는 진지한 의미에서 초석을 다지는 출발점으로 볼 수 있는 시기였다. 당시 대한태권도협회 전무였던 홍종수가 가장 중요하게 생각한 것은 무엇보다도 교육이었다. 여러 계보로 나누어져서 태권도 수련을 하여온 유단자들, 특히 사범급 지도자들에 대한 교육이 가장 시급한 당면 과제였다. 각 관별로 행해지던 이질적인 교육과정이 일치된 이론 및 실기의 교육이 절대적으로 요구되는 시대적인 요청이기도 했다.

태권도는 한국전쟁 이후의 혼잡한 사회적 배경과 전쟁문화의 영향으로 일반 국민에게 호신과 아울러 신체 단련을 병행한 체육적 수련이 요구됐다. 특히 군대에서는 호국 무예로서 태권도가 장병들의 정신력과 체력 강화와 더불어 백병전에도

1968년 임원 시절 홍종수는 협회를 방문한 최영의 극진회 관장과 인사를 나누는 장면.

그 효용성이 인식됨에 따라 유단자의 양적인 증가가 괄목할만한 수치를 보였다. 이에 따라 지도자급 유단자의 질적인 향상과 소양 교육이 또한 절실해졌다. 협회는 비로소 체계적인 교육을 적극적으로 추진했다. 1972년 제1기 지도자 교육이 시행되면서 세부적 교과 과정이 책정됐다. 정신교육 측면에서는 예의 규범이 제정됨으로써 선후의 관계 및 사제의 도리뿐 아니라 생활 중 올바른 행동 원칙과 규범이 확립됐다.

태권도 역사 및 정신 등 이론 면과 실기 면에서도 기본 및 품새를 새롭게 명칭과 의의를 부여해 통일된 기술 이론을 교육했다. 지도자 교육은 1기부터 3기까지 서울 시내 무교동 대한체육회 10층 강당에서 개최했는데, 이때 홍종수는 예의 규범을 강의했다. 그가 교육에 본격적으로 임하게 된 시초였다.[68]

1960년대 경북 당수도협회 임원들과 홍종수 관장 (중앙, 검정 양복)

「우당일지 - 잡기」.

68. 홍종수(1992).

3. '불광건민체육관'과 '건민조기회'

홍종수는 1967년 5월, 서울 북한산 아래에 있는 불광동에서 건민태권도장을 열었다. 마침내 귀경(歸京)한 지 7년 만에 비로소 자신의 명의로 체육관을 개설한 것이다. 이때가 무덕관을 협회로 통합시키고 협회에서 짬짬이 임원 활동도 하던 비교적 한가한 시기였다.

1968년 9월 21일 홍종수는 은평 불광동에 개인 도장을 개관했다. 비로소 불광 건민체육관과 건민조기회의 터전이 세워진 것이다. 사진에는 창관 기념으로 표기되어 개관 일자에 대해 다른 기록들과 1년 이상 차이를 보인다. 많은 관원이 함께 자리한 것으로 보아 이전에 개관했을 가능성이 커 보인다. 홍종수 관장(가운데 원)은 축하 꽃장식을 가슴에 달고 있다.

태권도 불광건민체육관

1967년 5월 홍종수는 당시 서대문구(현재는 은평구) 불광동에 건민(健民)체육관을 개관했다. 이 지역 사람들에게 별로 인식되지 않은 태권도 불모지인 이곳에 마침내 도장을 열었다.

건강한 사람이란 뜻의 '건민(健民)' 명칭에서 나타나듯이 태권도 수련으로 관원들의 건강과 체력을 다진다는 의미였다.

1978년 건민체육관에서 태권도 지도 중인 홍종수 관장

　무실(務實)·신성(信成)·정의(正義)는 건민체육관 관장인 홍종수가 내건 관훈(館訓)이다. 그 뜻은 "힘써 결실을 맺자. 믿음을 성취시키자. 바르게 행동하고 바르게 수련하고 바르게 살자"이다. 관훈은 어린이에서부터 일반 관원까지 크게 구령으로 그 뜻을 음미하고 수련에 들어갔다. 20평 남짓한 공간에서 기본동작, 품새, 겨루기 등을 90분 간에 걸쳐 익혔다.
　관원이 적고 많은 것에 마음을 두지 않고 한 사람에게라도 국기(國技)인 태권도를 심어주기 위해 노력한 홍 관장은 서서히 빛을 보기 시작했다. 건민체육관은 1977년에 이르자 정 관원 90명에 조기 회원 70명까지 1백 60여 명의 대가족을 거느린 인격 수련장이 됐다.[69]

건민체육관에서 홍종수 관장의 지도 광경

---

69. 한국일보(1977.11.20.). 태권도장을 찾아서. 건민체육관. 개관 10년째 수련생 160여 명. 조기회 구성. 50명의 유단자 길러내.

1971년 무덕관 출신 재미 김기황(1920~1993) 원로사범(중앙)이
일행들과 함께 홍종수 관장이 운영하는 불광건민체육관을 방문했다.
오른쪽 도복 차림의 여성이 김영숙 재미사범이다.

    건민체육관의 발전을 위해 강효종 부관장 외 8명의 육성위원이 구성됐다. 김형묵, 이무수, 이정재, 김용철, 양무목, 배상문, 조명환, 왕진천이 체육관 발전에 동참했다. 육성위원들은 사범이나 관원 지도상의 문제 등 체육관 운영이 차질을 빚을 경우 발 벗고 나서서 해결하는 역할을 했다.

    1979년 건민체육관에서 한 외국인이 특별 수련을 받은 사연이 신문에 보도되기도 했다. 유능한 태권도 사범이 되는 것이 가장 큰 꿈이라는 푸른 눈의 덴마크인 선 렌버그(22세)였다. 그는 서울의 더위와 싸우며 수도승의 고행 같은 태권도 수련을 쌓았다.

    선 렌버그는 도장 한구석을 잠자리로 이용하면서 손수 라면을 끓여 먹고 종일토록 태권도를 수련했다. "2달 동안 집중적으로 수련해서 태권도 실력이 무척 강해졌다"라고 웃으면서 말했다. 10년 전부터 북유럽 덴마크에 '신비스러운 동양의 무술로 가라테'가 선풍을 일으켰다.

1985년 건민체육관 전경. 정면 벽에 무실(務實)·신성(信成)·정의(正義)의 관훈이 걸려 있다.
오른편에 홍종수 관장의 모습이 보인다.

그때 3살 많은 자신의 형은 가라테를 배웠고 선은 한국인 태권도 사범을 만나 태권도를 수련했다. 태권도를 배운지 6개월 만에 가라테를 배운 형과 겨루기에서 형을 물리쳤다고 했다. 태권도 2단을 딴 후 한인 사범의 권유로 선은 태권도의 모국 한국을 찾아 건민체육관에서 특별 수련을 받게 됐다.[70]

건민체육관은 홍종수 관장 예하 한철유, 이석원, 조명환 사범 등 여러 사범이 근무했다. 1975년 건민체육관에서 재직했던 강명옥 사범이 콜롬비아로 이주하게 됐다. 홍 관장은 그를 보내며 다음과 같은 심정을 표현했다.

한 일간신문에 소개된
건민체육관(한국일보. 1977.11.20.)

---

70. 경향신문(1979.07.18.). 유능한 태권 사범이 꿈. 2단 따낸 덴마크 렌버그군. 한글 익히며 고행 수련. 스포츠 화제.

"강군(姜君)은 나와 근(近) 10년 동안 불광동 도장 일을 맡아왔다. 그는 건실(健實)하고 충실하게 자기 소임(所任)을 다해주었다. 과묵(寡黙)하고 끈질긴 미덕(美德)도 있고 인내심도 대단하다. 굳이 단점이라면 느리고 잠이 많다. 하지만 이 단점이 있기에 내 밑에서 10년이라는 세월을 갖가지 어려움을 극복해나가는 저력을 가졌으리라 생각한다. 이번에 콜롬비아로 장도(壯途)에 오르게 됨은 실로 그의 성공이며 나의 작은 선물이다. 나는 그에게 최선을 다해 뒷받침을 해주어야 하겠다. 그에게는 진실로 혈육(血肉)의 정(情)에 미칠만한 것이다. 무덕관도 도장도 태권도계도 그에게 영광스러운 앞날을 축복해주리라."[71]

불광건민체육관은 홍종수 관장이 별세할 때까지 운영됐다. 그 이후에도 홍 관장의 제자 한철유 관장을 비롯한 사범들이 근래까지 도장의 전통을 이어왔다.

불광 건민조기회

1967년 5월 태권도 건민체육관이 개관된 이후 홍종수는 일반 성인들을 대상으로 태권도의 사회적 보급과 활성화 방안을 추진했다. 그중 하나가 불광동 내 운동모임인 조기회를 창설해 태권도를 가르치게 된 것이다. 도장이 위치한 불광동 지역의 한 의사가 조기회의 창설에 결정적인 역할을 했다. 조기회 활동은 홍종수가 태권도 지도자로서뿐만 아니라 광범위한 사회생활면에서 그의 삶에 큰 획을 긋게 됐다.

1970년 불광 건민조기회 회원들과 행사를 기념한 홍종수 관장(앞줄 중앙). 그의 오른쪽은 회장인 차영민 모자의원 원장

홍 관장을 조기회로 영입한 당사자는 인근에서 전문의원을 운영하던 차영민(車榮敏) 원장이었다. 그는 불광동에서

---

71. 홍종수(1975.01.31.). 우당일지.

산부인과 모자의원이란 개인병원을 경영했는데 유명 아나운서인 차인태의 아버지로 잘 알려져 있다.[72]

도장 내 승단급심사 광경

그동안 닦은 실력을 발휘하되 무리하지 않도록 주의하라는 홍 관장님의 말씀

각 단 급수별 품새는 물론 겨루기도 하고

심사점수가 높은 건민조기회 수련생에게 시상하는 홍종수 관장

---

72. 카르페디엠(2020.04.03.). 차인태 아나운서 4월 결혼 (1974.04). https://blog.naver.com/joopid/221888244449

체육관이 서서히 자리를 잡아가던 1967년 11월 어느 날 차영민 원장이 태권도장을 방문했다. 차 원장은 홍 관장을 소개받는 자리에서 인사를 나눈 후 첫마디로 자신과 같은 나이에도 태권도를 할 수 있느냐고 물었다. 그것이 시초가 되어 차 원장은 친지, 지인들과 함께 태권도 수련을 본격적으로 시작했다.[73]

차 원장은 일반인의 건강과 지역 주민의 유대강화를 위해 홍 관장에게 태권도 지도를 부탁했고 홍 관장은 흔쾌히 승낙함으로써 태권도 동호회인 불광건민조기회가 결성됐다.

홍 관장이 이를 수락한 것은 마을 사람들에게 건강한 심신과 함께 올바른 심성을 심어주자는 뜻에서였다. 그래서 그는 아침 5시까지 태권도장에 회원들을 불러 모아 태권도 지도와 함께 존경받는 아버지와 남편이 되도록 가르쳤다.[74]

1978년 불광 건민조기회 창설 11주년 기념 장면.
건민조기회는 1967년에 시작했음을 알 수 있다. 둘째 줄 중앙에 홍종수 관장 겸 명예회장, 그의 왼쪽에 차영민 회장이 앉아 있다.

차영민 원장은 지역 주민의 유대 강화를 위해 가까운 친지와 지인들을 조기회 회원으로 끌어들였다. 조기회는 30~60세까지의 일반인들로

---

73. 대한태권도협회(1971). 「태권도」. 창간호, 53.
74. OO신문(1985.10.20.). 입신(入神). 각계 최고단자 탐방. 태권도 홍종수 9단. 극기 바탕 무경일도 실천.

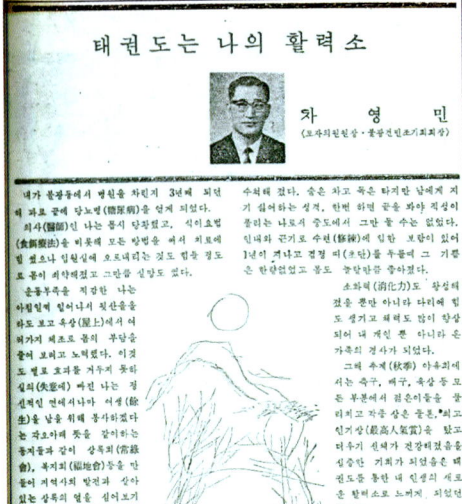

불광 건민조기회를 창설한 차영민 원장이 KTA 태권도기관지 창간호에 태권도 수련기를 실었다.

구성됐는데 그 열의가 대단했다. 창설된 지 10년 만에 공인 1단부터 5단까지 유단자만도 50명에 이르렀다. 이들은 개인 수련 외에 체육관에 보조기구를 지원하거나 지역 봉사 또는 불우이웃돕기 등을 통해 지역사회 발전을 도모했다. 1977년 홍수로 인해 국내 많은 이재민이 발생하자 '태권도 건민조기회' 명의로 수재의연금을 기부하기도 했다.[75]

조기회 민영진 회장(44세, 4단)은 "조기회를 운영하면서 회원들의 체력향상은 물론 건강이 크게 좋아졌으며 가정생활에도 충실해져 지역에서 호평을 받고 있다."라고 말했다. 건민조기회는 여기에서 만족지 않고 지역 주민 간의 친목 단체로 확대돼 구석구석까지 그들의 손길이 미치지 않는 곳이 없다.

조기 청소, 불우이웃돕기 등으로 관민(官民) 간의 유대도 크게 강화해 나가고 있다. 연간행사로 일선 장병 위문도 시행하고 있으며 지난 안양 수해 때는 수재민에게 의연금을 보내는 등 사회적인 봉사에도 앞장섰다. 또한, 조기회는 모체(母體)인 체육관에 보조기구 등을 지원, 후배들의 운동은 물론 체육관 발전에도 크게 기여하고 있다.

홍 관장은 이에 "오히려 무거운 책임감을 느낀다."라고 말하고 이들의 기여도에 보답하기 위해서라도 "지역의 밝고 명랑한 사회를 펴나가기

---

75. 동아일보(1977.07.30.). 수재의연금. 1.

30대 이상부터 60대 이르는 성인으로 구성된 불광건민조기회 태권도 수련 광경

위해 후진 양성에 더욱 노력할 것을 다짐한다."라고 피력했다.[76]

홍 관장은 조기회 지도 방침으로 "도장(道場)을 내 몸과 마음으로 다져 빛내자."라고 다짐했다. 조기회 고단자(高段者)에게 홍 관장이 바라는 것이 있다면 각자 열성적으로 수련하되 과로를 피하라고 충고했다. 우선 몸과 마음을 튼튼히 다져서 자아(自我)에 충실하고 선후배들의 신뢰와 존경을 받을 행동과 인품을 발휘하여 슬기롭게 생활할 것을 강조했다.[77]

1984년 11월 말, KBS 1TV 방송사가 불광건민조기회를 취재했다. 이른 새벽 20여 명의 조기 회원들이 모여 홍 관장에게 태권도 지도를 받는 광경이 방영됐다.[78]

1992년 홍종수는 불광건민조기회가 그간 수련한 실력을 바탕으로 선수단을 만들어 대한태권도협회가 신설한 '태권도한마당'에 출전하도록 권유했다.[79] 이에 따라 조기회 팀은 종합경연대회인 '태권도한마당'에 참가해 두각을 나타냈다. 주장 김순칠(70세. 4단)이 이끄는 조기회

---

76. 한국일보(1977.11.20.). 태권도장을 찾아서. 건민체육관. 개관 10년째 수련생 160여 명. 조기회 구성. 50명의 유단자 길러내.
77. 홍종수(1975.06.15.). 「우당일지」.
78. 홍종수(1984.11.29.). 「우당일지」.
79. 홍종수(1992.09.26.). 「우당일지」.

팀이 1992년 제1회 및 1993년 제2회 태권도 한마당에 참가해 장년부 창작품새 부문에서 우승을 차지했다.[80]

'1993 제2회 태권도한마당'에 창작품새 장년부 경연에서 불광건민조기회 김순칠 외 8명이 지난해에 이어 2연패를 차지하며 노익장을 과시했다. 특히 김순칠은 70세의 나이로 4단에 이른 유단자인데 이번 대회 출전자 중 최고령자. '웅권(熊拳)' 즉 '곰처럼 행하는 무예'란 창작품새로 우수상을 받았다. 이들은 노장년층의 근육 발달과 호흡의 조절로 기(氣)를 충만케 하여 강건한 체력보강과 심신 수양을 위한 품새를 보여주었다.[81]

홍종수는 '1993 태권도한마당' 장년부 경연에서 입상한 회원들과 오찬을 함께 하면서 승전을 축하했다.[82] 불광건민조기회는 홍종수가 타계할 때까지 이어졌다.

▲ (창작품새) 노익장을 과시하며 작년에 이어 우수상을 수상한 불광건민조기회 할아버지들. 강건한 체력과 힘찬 기합소리로 많은 박수를 받았다.

불광 건민조기회가 KTA 1992 및 1993 태권도 한마당에 참가해 장년부 경연에서 상위에 입상했다.

---

80. 대한태권도협회(1992.12.). 태권도(기관지). 제83호. 절도 있고 힘찬 품새, 태권도의 위력을 한눈에 보여준 격파.
81. 대한태권도협회(1993.12.). 태권도(기관지). 제87호. 흥겨운 음악과 율동이 어우러진 품새, 위력적인 격파에 환호.
82. 홍종수(1993.12.03.). 「우당일지」.

제5장
태권도 계파 통합의 실현

5 우당어록

국기원 승품단심사

심사는 태권도계의 가장 근본이 되는 사업이다. 신성한 무(武)의 극치를 위한 대의전(大儀典)이다. 수련생의 열정과 사범의 보람이 함께 어우러지는 웅대한 희망의 상징이다. 심사는 무(武)의 전통을 잇고 숙연하게 고도의 경지를 발휘하는 의례이다.

우리는 1973년을 기점(起點)으로 전 세계에 한국이 종주국임을 과시했다. 그때 우리는 태권도 영도국(領導國)으로서 확고한 권위를 세우기 위해 심사 단일화를 이룩했다. 마침내 국기원이 그 중심체로서 역할을 담당하기에 이르렀다. 이는 광복 이후 현대 무예가 태동한 지 30년 만에 이루어 낸 일대 혁신이었다. 전 세계를 향한 태권도인들의 위대한 결단의 발휘임을 자부하는 것이다.

심사는 엄정한 규정에 따라 철저히 집행돼야 한다. 그러기 위해 선행(先行)돼야 할 여러 문제가 있다. 우선 심사의 권위에 대한 태권도인의 마음가짐이다. 특히 지도층에게 책임감 있는 의식과 태도가 요청된다. 스승과 제자[師弟], 선후배[先后], 상급자와 하급자[上下] 등 모든 태권도인은 결연한 마음으로 심사를 수행해야 한다.

태권도의 백년대계는 수련과 심사에 달려있다. 심사의 목적과 그 본질이 바탕을 이루어 태권도는 번창할 수 있다. 우리의 확고한 철학을 다져 심사를 실행하는 것이 태권도 중대사이다.

1974년 우당(愚堂) 홍종수

제5장
태권도 계파 통합의 실현

홍종수는 1965년 황기의 협회 참여 거부에 반발해 협회 가입에 앞장섰다. 수박도 무덕관이 태권도 무덕관으로 분파한 일대 사건을 주도한 것이다. 그 후 대한태권도협회와 국기원의 임원이 됐고 1971년 무덕관의 총관장으로 취임했다. 1978년 태권도의 세계화 흐름에 호응하여 10개(9개) 개별관 폐쇄에도 적지 않게 기여했다. 이는 태권도계 일대 경사(慶事)였을 뿐 아니라 홍종수의 개인적 영예이기도 했다. 그러나 이 과정에서 그는 무덕관의 내부분열과 교통사고, 그리고 경제적 형편 문제로 인해 개인적 아픔을 겪었다.

제1절. 개인적 성취와 시련

1. 무덕관 제3대 총관장 취임

드디어 맡은 관장직

무덕관 임원들은 이강익 관장에 이어 홍종수를 차기 중앙관장으로 추대했다. 무덕관을 대표하는 최고 수장을 일컬어 중앙 본관장, 총관장 등 용어가 사용된다. 또는 간편하게 무덕관 관장으로 부르기도 한다.

1971년 7월 27일 홍종수는 무덕관 제3대 관장으로 취임했다.[1] 무덕관이 공식으로 발행한 수첩에 나온 내용이다. 또 다른 기록에는 "대한태권도협회 무덕관 각 시도지부 관장

1975년 홍종수 무덕관 총관장의 모습

---
1. 무덕관(1971). 「무덕관 수첩」.

1971년 KTA 기관지 창간호에 나온
무덕관 홍종수 총관장 취임 기사

회의에 9월 13일 신임관장으로 홍종수 씨를 선출했다."라고 나와 있다.

이같이 홍종수의 관장 취임 일자에 대해 2가지 기록이 상충한다. 한 달 반 정도의 시차가 있지만, 그 상세한 이유는 알 수 없다. 아무튼, 홍종수가 총관장으로 취임한 것은 1965년 태권도 무덕관이 창설된 지 6년이 지난 후였다.

홍종수는 41세의 나이에 무덕관의 최고 직위에 올랐다. 그는 서울 출신이고 태권도 8단에 대한태권도협회 전무이사직에 재임하던 중이었다.[2]

관장 취임사

홍종수는 무덕관 총관장의 취임과 더불어 산하 조직의 결속과 관 소속 지도자급 인사들의 혁신적 행동을 강조했다. 취임사의 내용은 다음과 같다. 원문은 50년 이상 된 오래된 문장이라 주로 한문으로 표기됐지만 여기서는 독자들의 이해를 돕기 위해 한글 맞춤법에 맞춰 재정리했다.

1970년대 초 해외 방문을 마치고 귀국한
홍종수 관장

---

2. 월간희망(1971.10). 80.

취 임 사

우리 무덕관은 사(四) 반세기가 넘는 역사적 전통 위에 범세계 태권도 종주국인 한국에 대본산으로서, 국내에는 오백여 수련 도장을 핵심으로 하여 37만의 대가족을 요구하는 순수 수양단체로서 국민의 체위 향상은 물론 국가적 기본 사업인 국민 정신자세의 순화 운동에 선도적 역할을 다하는 일면, 국제적으로는 미국을 위시한 자유 우방 국가에 170여 명의 지도사범을 파견하여, 태권도를 통해 한국의 얼을 심고 민족 문화 보급에 전념하여 국제사회에 있어 민간외교의 사절로서 공헌한 빛나는 업적은 누구나 공인하는 엄연한 사실입니다.

그러나 엄정한 입장에서 현실을 직시할 때 무정견한 팽창과 질을 경시하고 양에 집착하여 숭고한 무도의 대본(大本)을 소홀히 하고 무통(武統)을 경시하는 부조리 속에서 극기(克己)는 우리의 자랑하는 무도의 절대 생명선인 기강이 해이해지는 결과에 이른다는 사실을 솔직히 시인할 때가 도래했다고 생각합니다.

본인은 여러분과 함께 이 점을 우려하며 앞으로 우리의 진로를 개척하면서 우리 무덕관 중흥의 기치를 널려 펼쳐 들고자 합니다. 이제 우리는 태권도 본연의 자세를 굳게 지켜 무도인의 긍지를 고양해서 우리의 사명을 다하는 한편 평범한 무도체육인 스스로 범주를 초월해서, 보다 국가적이며 국제적인 방향에서 볼 때 실로 우리들의 책무는 국력배양의 원대한 계획과 직결됨을 명심해야 할 것입니다.

이에 본인은 이 과업을 수행키 위해,

첫째, 인화(人和)와 협동을 촉구합니다. 우리의 지고한 창관 정신 그 이념의 구현을 다짐하여 존엄한 무통을 수호하기 위하여 모든 관원은 상호부조해 인화를 조성하며 협동하고 융합해서 상경하애(上敬下愛)의 무도인의 전통적 정신으로 일치단결할 것을 요망합니다.

둘째, 관 체제의 현실화. 우리 국가 사회가 요구하는 시대적 여망에 입각해 더욱 현실적 차원에서 내면적 충실을 기하여 위해 허식을 배제하고 안일한 사고방식에서 오는 무사·무책·무관하는 사고를 일소하고 직계·직책에 따르는 맡겨진 의무를 성실히 수행하며 쥐어진 권리를 정당하게 행사하고 지닌바 능력을 아낌없이 발휘해서 관 체제를 유기적으로 운영할 것이며 직선적 체통과 횡적 유대를 집결하여 일원적인 역량을 발양하며 무덕관 발전에 일사불란한 체제를 확립할 것입니다.

셋째, 제반 운영의 현실화. 본인은 우리의 궁극의 목적과 이미 설정된 목표에 도달키 위해 엄정하고 합리적 행정력을 집중시켜 제반 운용의 원활을 기하고 국내 산하 도장은 물론 해외에서 조국의 국위 선양과 관 발전에 헌신하는 애국적 파견 사범 여러분에게 정신적이며 현실적 지원을 하는 데 주력하겠습니다.

또한, 오늘날 우리 태권도는 실제 무도를 바탕으로 한 체육이므로 무(武)의 오묘한 정신과 기법을 계승하여 그 법통을 면면히 지켜 현대적으로 과학화된 체육학적 기술을 개발해 기술향상과 질적 수준을 높여 경기운영에 대비하고 관 운영과 사업 집행에 있어서는 합리적 사업계획을 편성하여 행정 일반 요식을 갖추어 관무를 집행할 것입니다.

이제 본인은 여러분과 협력하여 관의 지상명령에 따라 역대 관장의 뜻을 받들어 계승하여 봉사와 희생의 정신으로 우리의 성스러운 무덕관을 지켜 맡겨진 사명 완수를 위해 신명을 다해 바칠 것을 여러 관원 앞에 엄숙히 선서하면서 취임사에 대신합니다. 감사합니다.

1971년 9월 11일

무덕관장 홍 종 수

취임사에서 볼 수 있듯이 홍종수는 무엇보다도 무덕관 구성원들의 단결과 협력을 강조했다. 이는 무도의 대본(大本), 즉 큰 근본을 소홀히 하고 무통(武統), 즉 무예의 계통을 경시함으로 인해서 발생하는 기강(紀綱) 해이를 그가 경계했던 것이다. 아울러 신임 무덕관장으로서 그에게는 관 체제를 강화하고 더욱 효율적인 관 운영을 위한 세부적 업무를 추진해야 했다.

관 체제의 정비

홍종수는 총관장에 취임하여 김인석 부관장을 비롯하여 다음과 같은 임원들을 선임했다. 부관장 김인석, 고문으로는 정창영과 박용하, 사무처장 지상섭, 사무차장 황춘성, 중앙도장 전임사범 최남도, 감사 정중성과 신동헌, 서울특별시 본관장 한영태 등 지방 본관장이 두루 선임됐다.[3]

무덕관 수첩에 나온 '태권도 무덕관 중앙본관의 제2기 체재'와 임원

신임 홍종수 총관장이 천명한 무덕관의 운영방침과 철학은 관 구성원들의 인화단결과 봉사와 같은 사회적 역할을 강조했다. 그 내용은 한 사회봉사 기관에서 발간한 잡지에서 찾아볼 수 있다.

"태권도는 전통적인 우리나라의 무술로서 국민의 체력을 단련시키고

---

3. 무덕관(1971). 「무덕관 수첩」. 17.

건전한 정신을 고취해 줍니다. 또 우리나라의 무도를 대표해 미국을 비롯한 해외 여러 나라에 파급됐고 국위를 선양하고 민간외교의 일익을 담당하고 있습니다.

과거 우리 태권도는 순수 무도로서 사회적인 연관을 별로 갖지 않았으나 이제 무덕관이 창설된 지 어언 4 반세기에 접어들었습니다. 우리는 국가와 민족을 위해 올바른 자세로 국민 체력과 굳건한 정신자세의 함양을 위해 적극적으로 노력해야 하겠습니다."

무덕관의 신임 홍종수 관장은 선출된 소감을 밝히는 자리에서 이같이 말했다. 무덕관은 현재 국내에만 4백 70여 개의 도장이 있으며, 해외에는 1백 20여 개에 달하는 지부가 있다고 한다. 홍 관장은 지도자 교육을 통해 해외파견 사범의 교양과 기술 면을 중점적으로 다루되 인간교육을 무엇보다도 중요시했다.

아울러 그는 사회봉사 활동과 함께 각 도장에 조기회(朝期會)를 창설시키는 것을 무덕관 지침으로 내세웠다. 조기회는 40대 이상의 일반인들을 아침 일찍 태권도를 수련시킴으로써 비만 치유와 건강을 도모하는 데 효과적이라고 했다.[4]

홍종수는 관의 기능을 활성화하기 위해서는 조직을 강화하는 제도적 보완책과 관 조직의 긍정적 역할을 강화하고자 했다. 아울러 무덕관의 재정 확보에도 역점을 두었다. 관이 확고한 기반을 다지려면 조직 강화에 필요한 재원이 마련돼야 했다. 그는 대외적인 활동 범위를 확대하고 보다 적극적으로 후원자나 후원 기관을 섭외하기도 했다.[5]

〈태권도 무덕관〉
제2기 시도 임원진

---

4. 월간희망(1971.10). 80.
5. 홍종수(1974.03.31.). 「우당일지」.

2. 무덕관의 내분

무덕관의 내부 갈등에 얽힌 여러 사건도 무덕관 역사의 주요한 일부이므로 살펴보기로 한다. 홍종수가 겪은 태권도 무덕관의 내홍은 다음 두 가지였다. 첫째는 전임 이강익 관장과의 갈등이었다. 홍종수와 이강익은 관의 직위와 권한을 놓고 많은 갈등이 있었다. 둘째는 제자였던 최남도에 의해 발생한 무덕관 하극상 사건이었다.

1970년대 초 무덕관 홍종수 총관장(왼편) 과 이강익 전임 총관장

이에 대해 홍종수는 자신이 얽힌 주요 사건과 당시 심정을 낱낱이 일기에 기록했다. 물론 일기는 작성자 본인의 입장이 반영된 산물이므로 사실 판단의 여부에는 한계성이 따른다. 하지만 특정 사건에 대해 그가 겪은 사실과 함께 각종 신문이나 기록에 근거하여 더욱 객관적으로 살펴보기로 한다.

전임 관장 이강익과의 갈등

1965년 무덕관 분파 사건 이후 그해 11월 관장으로 취임한 이강익과 홍종수의 관계는 편치 않았다. 그 상세한 이유는 알 수 없지만 여러 사료를 토대로 개략적으로 유추할 수 있다.

1965년 홍종수, 김영택을 비롯한 무덕관의 젊은 실세들이 황기의 수박도 조직에서 이탈하여 태권도 무덕관을 세웠다. 새로 출범한 태권도 무덕관은 대한태권도협회 소속으로 편입됐다.

태권도 무덕관의 제1대 관장으로 이강익이 추대됐다. 그는 무력(武歷) 면에서는 홍종수와 함께 8단에 이른 동기생이었지만 나이가 홍종수보다 5살 연상이었다. 그리고 이강익이 운영했던 도장은 시내 중심가인 마포에 있었고 무덕관 젊은 실세들의 회의 장소로 자주 이용됐다.[6] 이강익의 도장은 무덕관 전국 본관장 회의가 열려 황기 관장을 제명한 마포회의 사건이 일어난 곳이기도 하다.

이후 홍종수에게 무덕관 관장직을 넘겨줄 때까지 이강익은 6년 동안 중앙관장 직책을 수행했다. 1965년 무덕관 실세들이 황기 관장을 제명하고 대한태권도협회에 가입하자 그 공로를 인정받아 이듬해 무덕관 인사 3명이 협회 임원으로 전격 발탁됐다. 마포회의를 주도했던 김영택은 부회장으로, 이강익은 재무이사로 그리고 홍종수는 이사 보직을 맡았다. 1967년에는 이강익은 부회장, 홍종수는 섭외이사로 각각 승진했다. 하지만 이때부터 두 사람의 상황이 달라져 갔다.

이강익은 협회 부회장 직위였지만 명목상이었고 상임부회장 직위는 청도관 출신인 엄운규에게 실권이 있었다. 그 이듬해인 1968년 이강익은 협회 임원에서 제외됐다. 반면 홍종수는 협회 내에서 두각을 나타내기 시작했다. 홍종수는 1967년부터 섭외이사를 거쳐 1969년에는 협회 요직인 전무이사로 전격 발탁됐다. 무덕관 출신으로는 홍종수가 협회에서 처음으로 실권을 갖는 전무이사로 선임된 것이다.[7]

이같이 무덕관을 대표하는 대외적 협회 직책뿐만 아니라 무덕관 내부 문제까지 겹쳐 둘 사이는 복잡한 양상으로 전개됐다. 이 과정에서 홍종수와 이강익 간의 크고 작은 대립이 있었고 무덕관의 주도권 다툼으로까지 번지게 됐다. 협회와 무덕관 임원 편성을 비롯한 관 운영에 따른 갖가지 대소사(大小事) 결정에서 둘 사이에는 개인적 감정과 이해관계가 상충될 수밖에 없었다.

집무 중인 홍종수 무덕관 총관장

---

6. 조선일보(1966.02.06.). 우리는 스포츠 가족. 태권도 이강익 씨 3부자. 4.
7. 대한태권도협회(2014). 『대한태권도협회 50년사』. 81~96.

홍종수의 굴욕과 인고

이강익(李康益)은 우리나라 광복 이후 22세에 권투를 하다가 운수부 철도국 도장에서 홍종수와 함께 당수도를 배웠다. 그가 무덕관에 입관한 시기는 홍종수와 비슷했던 1947년 초였다. 1948년에 홍종수와 함께 1단을 땄다. 이강익은 건국대를 졸업한 후에 서울 마포 지역에 도장을 차렸다. 1964년 그가 스승 황기가 운영한 수박도회 소속 시절 도쿄에서 주최된 아시아무술대회에서 국제심판을 맡기도 했다.[8]

이강익은 무덕관이 대한태권도협회에 가입했던 1965년에는 무덕관 내에서 입지가 강화됐다. 그의 마포도장에서 주요 회의와 모임이 종종 열리면서 리더십을 발휘했던 것으로 여겨진다. 통합을 주도한 무덕관 측 인사 중 이강익이 부상(浮上)했고 마침내 신설된 태권도 무덕관의 제1대 관장직을 그가 맡게 됐다.

이강익은 관장이 되자 홍종수를 한직(閑職)인 상임고문에 임명했다. 무덕관 내에서 홍종수의 위상은 부관장직이 적절했지만 그렇게 되지 못했다. 이강익과는 대립과 경쟁 관계에 있었기에 의도적으로 배제됐던 것이다. 관의 실세인 사무총장으로는 이강익은 자신과 절친한 백낙언(서상렬)을 임명했다. 이강익과 행동을 같이 한 무덕관 인물로는 사무총장 백낙언, 김해동, 권상호, 홍영선, 권영호, 문찬탁, 김만호 등이 있었다.[9]

그런데 이강익은 한편으로 정치에 관심이 많았다. 그는 당시 박정희 대통령이 영수(領袖)인 공화당의 전국구 국회의원이 되려고 시도했다. 그러다 보니 무덕관 업무보다는 정치 관련 활동에 주력했다. 이에 대해 홍종수는 무덕관의 두 번째 불행이라 할 정도라고 일기에다 썼다. 첫 번째 불행이란 황기 관장의 통합 선언 파기였다.

그러한 이강익의 정치적 행보를 홍종수는 못마땅하게 여겼다. 두 사람의 무덕관 활동 중 여러 사안에서 부딪치면서 갈등의 골이 깊어져

---
8. 조선일보(1966.02.06.). 우리는 스포츠 가족. 태권도 이강익 씨 3부자. 4.
9. 홍종수(1982). 「우당일지 - 잡기」.

무덕관 홍보용으로 제작된 포스터식 달력

갔다. 「우당일지」에는 1971년 4월 18일에 홍종수가 서울 창경궁 모임에서 이강익으로부터 일방적으로 모욕적인 언사를 당한 사실이 나와 있다.[10]

홍종수는 "나는 이강익에게서 잊지 못할 모욕과 학대를 받은 그 일이 생생히 회상된다. 나는 확실히 잘도 참아냈다. 이제 생각해도 그때의 곤욕은 매우 받아들이기 어려운 일이 아니었든가."[11]라고 했다.

그날 둘 사이에 무슨 일로 어떤 일이 벌어졌는지 그의 일지에서 명확히 나와 있지 않았다. 다만 홍종수가 그로부터 6개월 후에 무덕관 중앙본관 제3대 관장에 취임한 것을 고려하면, 관장직이 연루된 무덕관 내 주도권 다툼으로 인한 불화에서 비롯된 것으로 짐작된다. 이 같은 갈등은 홍종수가 총관장이 된 이후 수년 동안 지속해 쉽사리 가라앉지 않았다.

무덕관 폭력 사태

홍종수가 무덕관 관장으로 재직 중이던 1974년, 무덕관 내에서 대형 사건이 터졌다. 최남도를 비롯한 무덕관의 젊은 지도자 여럿이 무덕관 서울시 본관에 근무하던 박명수 사무국장을 집단 구타하고 기물까지 파손하는 일이 발생했다. 당시 서울시 본관의 관장은 한영태였다. 이 사건은 무덕관 전체뿐만 아니라 태권도계 전체를 흔드는 충격적 사건이었다.

폭력 사태의 직접적인 원인은 이들이 무덕관을 통해 신청한 국제심판교육에서 탈락했던 일 때문이었다. 1974년 5월, 4일간 11개국 지도자 48명이 참가한 태권도 국제심판 강습회가 열렸다.[12] 바로 이 국제 강습회와 관련해 무덕관 내부에서 폭력 사태가 발생한 것이다. 가해자는

---
10. 홍종수(1974.04.18.). 「우당일지」.
11. 홍종수(1974.04.18.). 「우당일지」.
12. 경향신문(1974.05.15.). 「태권도 국제심판 강습회 개강」.

강습회 불허 통보를 받은 최남도 무덕관 중앙도장 전임사범을 비롯한 6명이었다.

무덕관 소속 6명의 강습회 신청자들이 국제심판 강습회 참가가 좌절되자 불만을 품고 무덕관 서울시 본관 사무국장을 집단 구타하고 기물을 파손한 것이다.

이는 평소 정의(正義)와 위계질서를 강조한 홍종수에게는 용납될 수 없는 하극상과도 같은 사건이었다. 무예 수련을 통해 정신력과 올바른 도덕성을 갖춘다는 태권도 지도자에게 강조되는 정신 요인이었다. 무덕관을 창립한 취지가 관명(館名)에 나오듯이 덕(德)을 모토로 삼지 않았던가.

이 폭력 사건은 태권도인들이 이미지를 훼손하는 일대 사건이 아닐 수 없었다. 더욱이 최남도는 홍종수가 대구에서 직접 지도한 수제자와 같은 인물이었다. 총관장인 홍종수는 폭력을 행사한 이들의 행패는 무덕관의 존립을 위협하는 치명적 내분으로 심각히 인식했다.

대한태권도협회의 제명 처분

1974년 5월 23일 대한태권도협회 상벌분과위원회는 최남도를 비롯한 9명을 제명 처분했다.[13] 무덕관 내부에서 발생한 폭력 당사자에 대해 협회에서 특단의 징계를 내린 것이다.

1974년은 태권도계가 협회를 중심으로 안정되고 많은 업무가 일사불란하게 전개되던 시기였다. 1971년 대한태권도협회 김운용 회장이 취임한 이후 태권도는 대통령에 의해 국기(國技) 칭호를 획득했다. 1972년 국기원 건립과 1973년 제1회 세계태권도선수권대회가 열리고 세계태권도연맹이 출범했다. 김운용 협회장을 중심으로 세계적 보급

협회는 무덕관의 폭력 사건을 태권도계의 위계질서를 훼손하는 심각한 사건으로 인식해 징계 조처를 내렸다. (조선일보, 1974.05.24.).

---
13. 조선일보(1974.05.24.). 최남도 등 9명 제명. 태권도협.

업무를 활발히 추진하던 중이었다.

이러한 시기에 협회 산하단체인 각 관의 위계질서와 기강 유지는 무예계에서는 엄중한 사안이었다.

홍종수는 이 사태를 처리해야 할 상황에 직면했다. 그는 무덕관 총관장인 데다 협회 임원으로 재직 중이었기 때문이다. 결국, 이 사건은 협회에 알려졌고 '폭력 행사자 제명 처분'이라는 징계 조치가 취해졌다.

그런데 이 사건은 무덕관 내분의 서막이었다. 이 사건을 계기로 무덕관 사태는 더욱 심각하게 흘러갔다. 이와 관련해 홍종수는 "최남도가 권력을 믿고 횡포를 부리는 행위는 무도 사회의 위계를 파괴한 제3의 불행이었다."라고 소회를 밝혔다.[14] 그럼에도 불구하고 최남도는 추후 무덕관 제5대 관장으로 취임했다.

무덕관 관장직 사퇴

행사 진행 중인 홍종수 관장

폭력 사건 발생 이듬해인 1975년 2월에 "근자 주변에서 불순하고 대의를 그르치려는 자들의 혐의가 있다.… 관 종사자가 관의 사명의식을 높여 자기 책무에 충실해야 할 것이며, 선공후사(先公後私)의 마음가짐으로 관무에 임할 충분한 각오가 있어야 한다. … 몰지각한 행위를 서슴지 않았던 자가 나의 수제자라니 참으로 기막힌 일이다."라고 일기에 썼다.[15]

급기야 무덕관 폭력 사건은 무덕관 내분을 촉발했고 무덕관 총관장 홍종수에게도 심각한 사태를 야기시켰다. 1975년 2월 26일 홍종수는 무덕관 내 이강익, 최남도 등 반발 세력에 의해 시내 G 호텔에 격리되는 대사건이 터졌다.

결국, 그들의 강요와 압력으로 인해 홍종수는 자의 반 타의 반으로

---

14. 홍종수(1992). 「우당일지-잡기」.
15. 홍종수(1975.02.01.~02.). 『우당일지』.

무덕관 총관장 직을 사퇴하기로 결심했다. 그날 밤 홍종수는 일기에 "태권도 법통을 지키고 내 수하(手下) 관직을 위해 총관장 직을 그만두기로 결심하다. 나는 시도 본관장 회의를 소집해서 관장직을 사퇴하다. 전(全) 대의원의 참가로 제4대 관장을 다시 선출하도록 조치했다."라고 썼다.[16]

곧 이강익 전임 관장이 주도해 '무덕관 연합회'란 조직을 구성하고 홍종수의 관장 직위와 권한을 인계받고자 했다.[17] 3월 11일 무덕관은 새로운 연합체제를 구성해 이강익을 의장으로 위촉했다. 이어 지난 3년 동안 제적된 무덕관 인사와 관원 100명을 해제하고 복직시키는 조치를 취했다.[18]

하지만 홍종수 관장의 퇴진에 대해 상위 기관인 대한태권도협회는 인정하지 않았다. 이 사건은 협회 내에서 일대 논란을 일으켰고 대책에 부심했다.

곧 협회는 무덕관 내 불만 세력의 부당한 압력으로 홍종수 관장이 사퇴한 것으로 판단해 3월 14일 정창영, 최희석, 김용덕, 김해동 씨 등 4명을 제명하기로 조치했다. 이들 4명의 징계는 무덕관의 주도권을 잡기 위해 파벌을 조성, 해관(害館) 행위를 한 혐의였다.

아울러 협회는 지난 이전 총회에서 선임된 무덕관 관장에 홍종수, 부관장에 김인석, 사무처장에 황춘성, 사무차장에 박명수의 유임을 승인했다.[19]

그러나 홍종수는 대한태권도협회의 재신임이 있었음에도 불구하고 자신이 이끄는 무덕관이 이 지경까지 된 것은 자신의 책임도 있다고 생각했다. 그는 "여러 갈래로 찢어진 관(館)을 살려야 한다. 나 자신의 직위에 연연하기보다

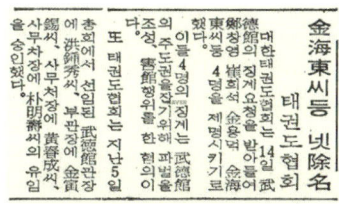
1975년 3월 KTA는 무덕관 사태에 대해 홍종수의 입장을 옹호했다. 홍종수 체재를 재승인하고 무덕관 내 반대 인사를 제명하는 조처를 했다. (조선일보, 1974.03.16.)

16. 홍종수(1975.02.26.). 「우당일지」.
17. 홍종수(1975.03.03.). 「우당일지」.
18. 조선일보(1975.03.12.). 무덕관, 백 명 제적 해제.
19. 조선일보(1975.03.16.). 김해동 씨 등 넷 제명. 태권도협회.

우선 관이 지켜져야 한다."라고 일기에 적었다. 결국, 그는 4월 13일 무덕관 총회를 소집해 관장직에서 용퇴(勇退)했다.[20]

무덕관 제4대 김인석 관장

무덕관 제4대 김인석 관장 (사진, 태권도타임즈)

홍종수 제3대 관장 뒤를 이어 부관장인 김인석이 무덕관 제4대 관장으로 취임했다. 김인석(1926~2015)은 홍종수보다 4살이나 많은 형님뻘이었다. 그러나 김인석의 무덕관 입관 순번이 약간 늦다 보니 서로 친구처럼 지냈다. 두 사람은 다사다난한 무예 수련 과정에서 나이를 떠나 각별한 우정을 쌓은 덕분이었다.[21]

김인석의 무덕관 활동 역시 파란만장했다. 1950년 한국전쟁으로 부산에 피난 중 황기 관장을 도와 관원들을 지도했다. 그 후 휴전이 되자 그는 철도국 직장 생활을 그만두고 무예 도장을 열었다. 그가 1959년 개관한 도장은 '무덕관 안양본관'으로 자리 잡았다.[22]

1970년대 대한태권도협회로 활동 반경을 넓혀나갔다. 1971년부터 대한태권도협회(KTA) 이사, KTA 기술전문위원회 심사분과위원장 등을 맡았으며, 1973년 KTA 기술전문위원회 경기분과위원장으로 활동하며

---
20. 홍종수(1975.04.13.). 「우당일지」.
21. 강기석(2001). 『태권도 반세기-인물과 역사. 이야기 한국체육사 20』. 서울올림픽기념 국민체육진흥공단. 29.
22. 국기원(2015). 「태권도 9개 관 역사 자료집」. 30~32.

경기방식과 규칙의 통일성에 기여했다.

김인석은 1976년 태권도 9단에 승단했다. 1978년에는 관(館) 통합추진위원회 이사로 참여해 무덕관에서 분리 창설한 관리관 대표로 관통합에 기여했다.[23] 1991년부터 1996년까지 6년간 대한태권도협회 기술전문위원회 의장, 1995년 태권도시범단 중국 파견에 부단장으로 선임됐다. 2010년 국기원 원로위원회 원로위원 등을 지냈다.[24]

태권도 관리관의 등장

1970년대 중반 이후 각 관(館)이 통합을 추진하던 때에 '관리관'이란 새로운 관이 생기자 많은 사람은 의아해했다. 기존의 9개관을 없애고 협회로 귀속시켜야 하는 마당에 오히려 관리관이 추가되어 10개관으로 늘어났다. 게다가 관리관 관장은 무덕관 제4대 김인석 관장이 아닌가. 어찌 된 일일까?

1976년 '무덕관'의 내분이 발생해 '관리관'이 분파했다. 최남도가 제5대 무덕관 관장직을 차지했고 전임 관장 김인석은 '관리관'을 새로 만들어 관장으로 부임했다. 김인석 관장이 무덕관 중앙본관 관장 재직 중 최남도 부관장과 추종 세력의 압력으로 중앙본관 관장직을 사임한 후 다른 관을 만든 것이다.

애초부터 김인석 관장을 따르던 사범들이 최남도 관장을 따르지 않자 최남도는 그들을 제명하려고 했다. 그러자 김인석 관장과 그를 따르던 사범들은 자진해서 무덕관을 탈퇴했다. 그런데 승단심사가 문제가 됐다. 당시에는 산하 도장은 각 관에서 추천을 받아야 관원들이 국기원 승단심사를 볼 수 있었다. 관원들이 심사를 볼 수 없는 상황이 처하자 김인석 관장 명의로 새로운 관을 만들게 된 것이다.[25]

이러한 사태를 접한 홍종수는 다음과 같이 일기에 썼다. "무덕관 서울

---

23. 국립태권도박물관(2023). 태권도를 빛낸 사람들. 고 김인석. 태권도 라키비움. https://larchiveum.tpf.or.kr/
24. 무카스(2015.02.06.). 무덕관 김인석 원로 향년 90세로 별세. https://mookas.com/news/14194
25. 태권도타임즈(2010.05.06). 태권도에 올인한 삶이 내겐 행복이다. (http://www.timestkd.com/news/articleView.html?idxno=1836)

사범들이 대거 탈퇴하고 협회에 진정서를 제출했다고 한다. 황춘성, 박명수, 고의민 등 약 70여 명에 이른다는 것이다. 후임 최남도 관장과 정중성 사범이 그 무엇이 될 것인가. 실로 한심한 노릇이다."[26]

협회는 관 통합을 한창 추진하던 시기라 임시로 창무관의 관리하에 둔다고 해서 '관리관'이란 명칭이 생겼다. 이후 관리관은 제10관으로 배정돼 1978년 김인석 관장이 관 통합에 서명했다.[27]

3. 개인적 시련

홍종수는 개인적 시련도 적지 않았다. 1974년 국기원 부원장 재직 중에 치명적인 교통사고를 당해 고통을 겪었다. 그러나 그러한 육체적 고통보다 극심한 경제적 어려움으로 인해 가정의 생계는 물론 사회 활동에도 숱한 고민과 번뇌로 얼룩졌다.

40대의 홍종수 원로

치명적 교통사고

1974년 9월 9일 밤 11시 20분에 홍종수는 생애 치명적인 교통사고를 당했다. 한 택시기사가 귀가 중인 그를 치어 중상(重傷)을 입힌 것이다. 그는 당시 국기원 부원장 재직 중이었는데 국기원에서 처음으로 거행될 제1회 아시아태권도선수권대회를 한 달 앞두고 발생한 불상사였다. 그는 병원에 입원해 세 차례에 걸친 연이은 수술을 받고서야 비로소 오른팔을 쓸 수 있었다. 그가 입원해 있는 동안 대한태권도협회 엄운규 사무총장을 비롯하여 이현우, 이남석, 현종명, 민운식, 이병로, 이용우, 강원식, 배영기, 김순배 등 임직원들이 병문안했다. 무덕관 부관장이자 협회 경기위원장이었던 김인석은 햅쌀을 가져와 그를 위로하기도 했다.

황은섭, 박양흠, 정금희, 민영진 등 건민체육회 조기 회원들도 그의

---
26. 홍종수(1976.03.10.).「우당일지」.
27. 강기석(2001).『태권도 반세기-인물과 역사. 이야기 한국체육사 20』. 서울올림픽기념 국민체육진흥공단. 213~214.

병실을 찾았다. 그 밖에도 많은 사람이 그를 찾아 위로했다. 홍종수는 사람들의 온정에 깊이 감사하는 마음을 가졌다.[28]

홍종수는 격심한 통증과 함께 여러 번 수술을 받는 와중에도 조금도 두려운 생각을 갖지 않은 자신을 보고 스스로 정신력에 새삼 놀랐다. 그의 몸은 부인과 자식들의 정성스러운 병간호로 10월 말에는 상처가 잘 아물면 된다고 할 정도로 많이 회복됐다. 곧 화장실 출입도 혼자 해결할 수 있었다.[29] 그런데 입원 중 일기 기록을 보면 여러 제자 사범들이 고생을 무릅쓰고 그의 병실을 지켜주었다. 민선호를 비롯해 고태정, 박영조, 최영덕 이완배, 이석원 등이었다. 국기원 이규동 행정관도 매우 주도면밀하게 그를 보살폈다고 기재되어 있다. 그 이유는 여러 무뢰한이 그의 병실까지 찾아와서 온갖 험한 말과 행패를 부렸기 때문이다.

그 못된 이들은 최OO, 백OO, 임OO 등이었다. 이에 대해 그의 일지에는 "나는 이들을 아무 격의 없이 맞이했으나, 그들의 비틀어진 정신은 비할 데 없이 유치하고 경망한 행동이다. 매우 가슴 아픈 일로 나는 뭐라고 대꾸할 문구조차 없는 노릇이다. 이야말로 괴로운 나의 임상(臨床) 기록이 됐다. 나의 부인과 자녀들에게 창피한 마음으로 가득 차 있다."[30]는 감정을 토로했다. 이는 무덕관 내부의 주도권 장악을 위해 홍종수를 협박하는 무리들이 벌인 불상사로 생각된다. 홍종수가 불운한 교통사고 등 갖가지 흉사를 당한 1974년은 일생일대 잊지 못할 시련과 엄청난 고충을 겪었다고 했다. 한편으로 그는 유익한

1974년 국기원 홍종수 부원장이 민방위 훈련을 주관하고 있다.

교훈도 얻었다는 긍정적인 해석도 내렸다. 그는 경영자의 마음가짐이나 지도자로서 결단 그리고 인간 감정의 한계선을 음미했다고 썼다. 그러한 난관은 개인적으로도 미래의 인생사를 충실히 채우는 절호의 경험과 소중한 진통으로 받아들였다.[31]

28. 홍종수(1974.09.29.). 「우당일지」.
29. 홍종수(1974.10.24.~29.). 「우당일지」.
30. 홍종수(1974.10.13.). 「우당일지」.
31. 홍종수(1974.12.). 「우당일지」.

군사정권의 횡포, 이기해 사건

태권도 발전에 동참했던 홍종수를 비롯한 원로들은 1980년 뜻밖의 시련을 겪었다. 전두환이 정권을 잡은 후 사회정화 대상으로 태권도계를 겨냥했다. 당시 정부 당국은 태권도 제도권을 '비리의 온상'으로 규정하고 김운용을 비롯한 행정기관의 임원과 각 관(館)의 관장들에게 사표를 강요했다. 서슬 퍼렇던 군사정권 분위기에서 사표를 거부할 사람은 없었다. 홍종수, 이종우, 엄운규 등도 부득이 직무를 그만둬야만 했다.[32]

원로들이 물러나자 강원식이 국기원 부원장으로 영전했다. 이어 육사 20기 출신이자 군부정권을 등에 업고 이기해가 세계태권도연맹 기조실장과 국기원 원장 비서로 임명됐다. 대한태권도협회 전무이사 직무대리도 차지해 안하무인(眼下無人) 격으로 활동했다. 그는 교통고(철도고) 1학년 때 무덕관에 입관했다가 육사 시절 청도관으로 전향했던 태권도 유단자였다.

군사정권의 강압으로 밀려난 태권도 원로들이 뭉쳐 반격을 가했다. 이기해와 적대적인 관계였던 협회 사무국장이자 무덕관 출신 황춘성을 측면에서 지원했다. 황춘성은 이기해의 허점을 잡았고 이를 이유로 협회는 징계위원회를 열었고 이기해를 제명해 버렸다. 김운용 회장은 이규호 문교부 장관에게 건의해 홍종수, 이종우, 엄운규 등 임원들을 복직시켰다.[33]

홍종수는 이 과정에서 많은 고초를 겪었다. 1980년 8월 이기해와 원로들 간에 논란이 일었다. 이기해는 상급자 군인처럼 원로들에게 태권도계 정화를 강요하는 언사였다. 원로들을 경시하는 태도였다. 이기해는 무지막지한 강압으로 숙청하듯이 원로들을 포함한 대다수 임원을 퇴진시켰다.[34]

홍종수의 일기에는 이 모든 과정이 적나라하게 적혀 있다. 이기해가 1980년 3월 27일 국기원 원장 비서로 들어왔고 이틀 후 부원장 홍종수는

---
32. 서성원(2015.08.10.). 태권도 산증인 故 이종우 원로를 기억해야 하는 이유. 무카스미디어. https://mookas.com/news/14543
33. 강기석(2001). 『태권도 반세기-인물과 역사. 이야기 한국체육사 20』. 서울올림픽기념 국민체육진흥공단. 223~227.
34. 홍종수(1980.03.27.~08.18.). 「우당일지」.

이기해를 원장 비서실 직원으로 추가했다. 6개월 후 이기해는 홍종수를 비롯한 원로 임원들을 강제 퇴직시켰다. 홍종수는 이를 '9월의 비극'이라 썼다.

국기원에서 7년 2개월 동안 봉직했던 홍종수는 한순간에 실업자로 전락했다. 10월이 되자 그의 가계가 파탄지경이 될 정도로 어려움에 부닥쳤다. 11월에 가족들이 안방으로 합치는 불편함을 무릅쓰고 방 하나를 하숙 쳐서 생활비로 충당했다. 이기해의 전횡은 이듬해 연말까지 지속됐다가 제명 처분으로 막을 내렸다.[35]

군사정권의 한 폐단이었던 이기해 사건으로 인해 피해를 입었던 원로 태권도인. 1987년 9월, 공항에서 찍은 사진이다.
왼쪽부터 황춘성 KTA 전무이사, 홍종수 국기원 부원장, 김순배 원로이다.

가장(家長)으로서의 생활고

우당 홍종수는 1974년부터 1998년 별세할 때까지 장장 25년간 하루가 멀다하고 일기를 썼다. 그가 중진이 되어 태권도계에 본격적으로 참여한 44세부터 시작된 기록이었다. 그때 그는 무덕관 총관장을 수행하며 국기원 부원장으로 활동을 시작했을 때였다.

---

35. 홍종수(1980.05.22.~12.08.). 「우당일지」.

일기에는 한 가정을 이끄는 가장(家長)으로서 안타까운 심정이 자주 나타난다. 특히 생계를 꾸려가야 하는 경제적 고충은 이루 말할 수 없었다. 그의 궁핍한 생활은 연로할 때까지 이어졌다. 무덕관 관장직과 국기원 부원장, 그리고 대한태권도협회 임원직을 수행하면서도 그의 경제적 여건은 여의치 않았다.

우당의 일기에는 어려운 살림살이에 대한 기록이 많다. "아내가 생계(生界)에 부심(腐心)하고 있다. 내가 절약(節約)해야지."[36] "무도를 가르치는 지도자는 너무 괴롭다. 가난이 왜 나를 따라다니는지 알 수 없을 정도이다. 빚 관계로 부인과 말다툼을 했다. 서로 마음이 속상했다. 하지만 내 잘못이다."[37]

홍종수의 곤궁한 생활은 계속 이어졌다. 그는 살림살이에서 생긴 빚으로 인해 "가정 부채를 정리하는 문제는 매우 머리 아픈 숙제이다."라고 노심초사(勞心焦思)했다.[38] 1998년 타계하시기 4개월 전, 그가 사는 집 수도관에 문제가 생겼다. "집에 수도가 말썽이다. 관이 낡아서 물이 샌다는 데 고치기가 쉽지 않다고 한다. 이럴 때는 돈이 참 긴요한 것이라는 생각이 들었다."[39]

심지어 그는 돌아가시기 몇 달 전에도 재복(財福)과는 거리가 있는 자신의 가치관을 돌이켜 보았다. "내가 이익(利益)의 추구는 고사하고 명예를 중시한다고 하여 재산을 불리는 것도 마다하니 내가 과연 이 시대에는 맞지 않은 사람인가! 진정 내가 미련한 사람인가?.[40]

애주가(愛酒家)의 반성과 정성

한편 홍종수는 대인관계 개선을 겸해 현실적 고뇌를 술자리에서 해소하기도 했다. 사회생활 중 숱한 사람을 만나며 식사와 술자리는 예삿일이었을 것이다. 그러나 과음으로 인해 가끔 실수가 발생하기도

---

36. 홍종수(1974.06.30.). 「우당일지」.
37. 홍종수(1974.07.30.). 「우당일지」.
38. 홍종수(1986.01.08.). 「우당일지」.
39. 홍종수(1998.06.16.). 「우당일지」.
40. 홍종수(1998.06.29.). 「우당일지」.

했다.

"어제 나는 술을 많이 마셨나 보다. 그래서 소중한 '학술원 수첩'을 잃어버렸다. 요즈음 내 마음이 불안정하다. 내 실수가 결코 우연한 것이 아니다. 주량을 적당히 조절하지 못해 생긴 허점이라면 나는 반성하고 크게 뉘우쳐야 한다."[41]

"어제는 분수(分數)없이 술을 많이 마셨다. 나는 반성해야 한다. 나의 인격상에도 온당치 않은 행위가 있었음이 깊이 스스로 돌이켜 의당 고쳐야 한다. 가장(家長)으로서도 역시 그러하다. 남편으로서, 아버지로서도 무언가 잘못된 것이라면 마땅히 시정(施政)해야 할 것이다."[42]

홍종수는 해마다 맞는 명절마다 친지들에게 선물을 보내야 하는데 궁핍한 형편에 대해 스스로 한탄하기도 했다. 그러면서도 그는 자신이 할 수 있는 최소한의 성의를 표함으로써 지인이나 친지와의 유대관계를 지속했다.

"절친한 친지와 내가 관련되는 인사(人士)에게 작은 성의로 선물을 보낸다. 사실상 나의 연말은 매우 고달프다. 항시 명절 때는 그러했지만 지난 연말은 정말 내게 고역의 시간이 아닐 수 없다. 그러나 난 어떠한 체면상의 유지보다 수입이나 살림이 어렵다 해도 지인들에게 우의(友誼)와 도리(道理)를 저버릴 수 없는 것이 아닌가. 나는 최소한으로 나의 성의만으로 그들에게 감사하는 표시를 했다."[43]

지난 시절을 돌아보며

우당은 작고하기 직전 해인 1997년 말, 자기의 인생을 회고했다. 그 내용은 그가 대구에서 서울로 귀향하여 변두리에서 어렵사리 집을 얻어 살았던 파란만장한 과거사였다. 그가 대부분의 중년 이후 시절을 보냈던 은평 지역의 한 사찰을 방문해서 지난 인생을 회상했다.

---

41. 홍종수(1976.04.25.).「우당일지」.
42. 홍종수(1976.06.18.).「우당일지」.
43. 홍종수(1975.12.30.).「우당일지」.

"1965년 나는 험난한 태권도 통합에 일차적인 성공을 이루었고 비로소 태권도의 대약진에 길을 트이게 했다. 그러나 내게 감당키 어려운 시련과 고난의 장이 열려 있음을 직감했다. 그것은 내게 경제적 수입이 일절 끊어진 것이다.

내가 대구에서 아무런 보상 없이 황기 관장의 뜻을 따라 맨손으로 홀연히 상경한 후 줄 곳 처가에 살았다. 이산가족의 생활 1년 반 만에 부부가 합쳐서 살면서 아내는 갖은 고생을 했다. 내 모친께서 별세 후 장례식을 치르고 조금 남은 돈으로 방을 얻어 나가게 됐다. 1965년 이후 서울역 무덕관 도장을 나가지 않게 되자 여타 생활이 별 의미가 없었다. 서울 생활 4년간 내게 돌아온 것은 아무것도 없고 다만 고난과 난제만 산적했다.

생각 끝에 나는 서울 중심가에서 벗어난 불광동이 한창 개발 중이라는 소문을 들었다. 그곳에 거주하려고 알아보니 교통 좋은 곳은 벌써 가격이 많이 올랐다. 별수 없이 시내와 가까운 녹번동 산 동네 채석장 꼭대기에 가보니 아직 문짝도 없는 방이 저렴해서 전세로 생활하기 시작했다."[44]

이렇듯 홍종수는 어려운 가정 형편으로 인해 활동에 많은 제약을 받았다. 그러한 가운데 늘 자신을 추슬러 평안을 구했다. "내게 평안이 필요하다. 우선 주변 환경의 안정이다. 다음은 경제적 안정이다. 그리고 모든 우리의 안정이다."라고 술회했다.[45]

제2절. 협회 단일화의 성취

무덕관의 총수와 대한태권도협회 실세로 활약한 홍종수는 관 통합과 더불어 협회 일원화에도 기여한 바가 적지 않다. 그는 대한태권도협회(이하 협회)야말로 태권도인들이 합심해서 만든 공식 연합체로 간주했다. 즉 협회는 태권도인들을 대표하는 공동 기관이자 정부가 승인한 공식 단체였다.

---

44. 홍종수(1997.12.). 「우당일지」.
45. 홍종수(1974.09.01.). 「우당일지」.

반면 자신의 스승인 황기가 조직한 대한수박도회나 최홍희의 국제태권도연맹(ITF)은 사조직(私組織)이나 다름없었다. 이 같은 견해는 홍종수 뿐만 아니라 대다수 태권도인이 수긍하는 중론(中論)으로 확산됐다. 따라서 대표성을 확립한 협회만 존속했고 정부 승인을 받지 못한 조직은 해산되거나 위축될 수밖에 운명이었다. 협회 중심의 단일화 성취는 홍종수 개인뿐만 아니라 태권도의 백년대계를 위해 필수 불가결한 사안이었다.

1. 단일화의 필연성

대표성을 갖춘 단일 협회

'협회 단일화'란 태권도계를 대표하고 정부가 승인한 공식 협회 하나만 존립하는 것을 말한다. 즉 대한태권도협회(KTA)가 다른 유사단체를 통합하거나 해체하고 단독으로 대표성을 확립하는 것이다. 여기서 다루게 될 유사단체는 황기의 '대한수박도회'와 최홍희의 '국제태권도연맹(ITF)'이다. 대한태권도협회는 이 2개 단체와 10여 년이 넘도록 대립하다가 1973년에 이르러 비로소 단일화를 이루었다.

유사 협회의 난립

1950년 한국전쟁 직후 관(館) 출신 유력자들이 연합한 공동 협회가 난립하기 시작했다. 무예 명칭 또한 혼란을 가중시켰다. 이전에 불렀던 당수도와 권법에다 공수도, 화수도(수박도), 태권도, 태수도 명칭이 추가됐다.

관세가 확대된 무덕관은 당수도란 원래 명칭을 신라 화랑도를 따온 화수도와 전통무예 수박도로 바꾸기도 했다. 태권도 명칭은 청도관과 오도관과 연결된 육군 장성 최홍희와 남태희에 의해 창안됐다. 각 관의 출신 주도자에 따라 무예 명칭이 다양하다 보니 협회 이름도 각양각색이었다.

각 협회는 공인 승단 심사와 시범, 경기 등 국내 및 국제 공식적인 행사를 주최하는 목적으로 조직됐다. 대한공수도협회, 대한당수도협회, 대한태권도협회가 생겨났다. 1950년대 말까지 수많은 관뿐만 아니라 여러 협회까지 뒤섞여 서로 경쟁적으로 활동했다.

1960년 무덕관의 황기 관장은 '대한수박도회(이하 수박도회)'를 조직했다. 이듬해 정부의 개입으로 대한태수도협회가 창설됐다. 무덕관과 지도관의 일부를 제외한 공식 관 연합체가 성립한 것이다. 정부의 유사단체 일원화 정책에 따라 대한태수도협회는 정식 단체로 승인됐지만 수박도회는 비주류로 밀려났다.

1966년이 되자 협회는 또 다른 분쟁이 촉발됐다. 이번에는 협회와 전 협회장이었던 최홍희와의 대립이었다. 관(館) 출신 지도자들이 결집한 협회와 최홍희가 창설한 국제태권도연맹(ITF, 이하 국제연맹)이 대립해 처절한 분쟁에 휩싸였다. 국제연맹은 대한태권도협회와 업무 협력차 창설됐으나 주도권 분쟁이 심화하여 유사단체로 전락하고 말았다.[46]

2. '대한수박도회'와의 대립

대한수박도회 발족

대한수박도회(이하 수박도회)는 1960년 무덕관의 황기 관장과 지도관의 윤쾌병 관장에 의해 결성됐다. 두 사람은 1959년 최홍희가 주도해 만든 대한태권도협회에서 이탈하여 별도의 독자적 협회를 구성했다. 당시 홍종수가 소속된 무덕관과 지도관(智道館) 일부가 수박도회를 조직한 것이다.

수박도란 우리나라의 전통무예 '수박(手搏)'에서 유래했다. 황기는 1956년 〈무예도보통지〉를 접하고 한국전통 무예인 '수박희'에 심취했다. 복사기가 없었던 시절에 그는 2년에 걸쳐 꼼꼼하게 이 책을 모두 필사본으로 베꼈다. 그리고 책에 기록된 대로 그가 수련하면서 당수도

---
46. 강원식, 이경명(2002). 『우리 태권도의 역사』. 상아기획.

이름을 버리고 수박도로 변경했다.47

1960년 5월 대한수박도회는 사단법인을 신청해 곧 문교부로부터 인가를 받았다. 1960년도에 접어들자 국내 무예계는 큰 변화를 맞았다. 1961년 5월 군사 정변 이후, 문교부가 유사단체를 일원화하기 위해 사회단체 재등록을 시행했다. 1961년 9월 대한태수도협회가 발족됐고 이와는 별도로 수박도회는 이듬해 재등록을 완료했다. 이후 두 단체는 협회 단일화의 진통을 치르게 됐다.48

이 같은 현실에 대해 한 신문사는 다음과 같이 보도했다. "유사단체 가운데 대한태수도협회에 통합된 것이 청도관 등을 비롯한 여러 단체였다. 그런데 선수의 수(數)나 그 분포에 있어 전체의 과반수나 되는 무덕관은 현재 흡수되지 않고 있을 뿐만 아니라 독자적인 활동을 전개하고 있어 파란은 앞으로 계속될 것 같다."49

대한수박도회의 통합 거부

태권도 사에서 수박도회는 무덕관의 관 통합과 거의 동일한 맥락으로 다루어진다. 하지만 두 조직의 구성과 특성 면에서 다소 차이가 있다.

수박도회는 황기가 주도하되 지도관 윤쾌병 관장과 연합한 사단법인 단체였다. 정부 주무부처인 문교부로부터 인가를 받아 단독으로 국제간의 교류를 할 수 있는 법정 단체였다.50

이와는 달리 무덕관은 관장인 황기가 양성한 9개관의 일개 유파였다. 따라서 조직의 목적이나 사업내역 그리고 인적구성 면에서

1965년 3월 18일, 대한수박도회의 합류로 완전히 통합됐다는 신문기사. 그러나 그다음 날 황기 관장은 철회로 돌아섰다(동아일보, 1965.03.19.)

---

47. 강원식, 이경명(2002). 『우리 태권도의 역사』, 상아기획.
48. 허인욱(2007). 『관을 중심으로 살펴본 태권도 형성사』, 한국학술정보.
49. 경향신문(1963.03.13. 체육회 새식구 태수도. 31번째의 경기단체. 방어와 공격 정신수양.
50. 서상렬(2015). 『무덕관은 통합하여야 한다』, 동양비지니스폼. 23.

수박도회와 무덕관은 다른 조직이었다. 그렇지만 두 조직 모두 황기가 주도한다는 점에서 동일시되는 경향이 있었다.

수박도회와 얽힌 사건은 1961년 대한태수도협회 1차 관통합에서 발단이 됐다. 무덕관의 통합이 결렬됐고 수박도회 또한 독자적인 행보를 지속했다. 수박도회 주관으로 중국, 일본 등 국제 행사가 연이어 거행되면서 협회와의 대립이 불가피했다. 정부는 무예 단체의 체계적인 관리를 위해 협회 일원화를 추진했다. 특히 무예 단체의 해외 교류 건은 정부의 행사 승인과 주관부서 관할이 문제시됐다.[51]

1965년 최홍희가 대한태수도협회 회장이 되어 무덕관과 수박도회의 협회 편입을 시도했지만 역시 무산됐다. 통합이 결렬된 후 단체 등록 주무 부처인 문교부는 대한수박도회에 해산 명령문을 보냈다. 이때부터 문교부와 수박도회 간의 법적 소송이 벌어졌다. 문교부의 해산 명령에 반발한 수박도회는 문교부 장관을 상대하여 고등법원에 행정소송을 제기해 승소했다. 문교부가 다시 대법원에 상고했으나 1966년 수박도회가 최종 승소 판결을 받았다.[52]

1965년 태권도 무덕관과 갈라선 수박도 무덕관은 1988년 5월 서울 용산구 남영동으로 이전했다. 황기는 입지가 좁아진 국내보다는 국외에 수박도를 보급하며 대한수박도회 이사장과 무덕관 관장을 겸직했다. 1995년 9월에는 수박도회가 주최한 무덕관 창립 50주년 기념행사에서 시범을 보이며 수박도 수련의 목표는 '활(活)'이라고 밝혔다. 황기는 2002년 타계했다.[53]

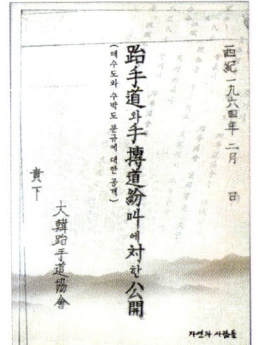
홍종수 원로가 남긴 사료를 엮어 발간된 서적

우당이 남긴 사료

우당(愚堂) 홍종수는 1차 협회 통합인 1961년

---

51. 서성원(2007). 『태권도 현대사와 길동무하다』. 상아기획.
52. 서상렬(2015). 『무덕관은 통합하여야 한다』. 동양비지니스폼.
53. 국기원(2015). 「태권도 9개관 역사자료집」. 28.

태수도협회와 수박도회 무덕관의 분쟁에 직접 개입하지 않았다. 당시 그는 무덕관의 사범이자 부관장으로 부임한 직후였다. 그러나 홍종수는 무덕관 황기 관장의 뒷전에 머물면서 협회 통합의 결렬과 이후 진행 과정을 누구보다 잘 알았다.

그리고는 분규와 관련한 자료를 낱낱이 수집해서 후세에 남겼다. 그 자료는 홍종수의 제자인 남창도장 강신철에 의해 『태수도와 수박도 분규에 대한 공개』 제목으로 출판됐다. 책자에 수록된 내용은 협회가 발족되는 과정에서 산출된 회의록과 보고서 그리고 수박도회 관련 문서와 공문과 함께 십 여장의 사진이었다.54 한 태권도 신문사는 이 책자에 대해 다음과 같이 평했다.

사료 중에는 「'수박도협회 일본원정'의 시비」 기록이 있다. 1963년 대한수박도회의 일본 공수도대회 참가에 대해 대한태수도협회는 이를 승인한 문교부에 강력히 항의했다는 문서이다.

"이 서적은 1998년 작고한 홍종수 원로의 유품으로 대한태권도협회가 창립되기 전 그가 무덕관 관장으로 있던 시절 계파별로 분열되어 있던 태권도계의 통합 과정에 대해 남긴 기록이다. 홍종수 원로가 광복 이후 6·25동란, 4·19의거, 5·16 정변을 거치면서 대한태수도협회가 창설되기까지 소중한 정보가 담겨있다. 그리고 협회와 수박도회와 관련된 진정서, 규탄문, 회의록 등 당시 사건과 관련된 일지 형태로 만들어 보관됐다. 또 태권도가 하나로 통합되기까지의 진통을 생생히 전하고 있다."55

---
54. 강신철·배병철(2010). 『태수도와 수박도 분규에 대한 공개』. 자연과 사람들.
55. 태권도신문(2011.01.06.). [신간소개] 태수도와 수박도 분규에 대한 공개. http://www.tkdnews.com/news/articleView.html?idxno=6381

이 책에는 무덕관과 수박도회를 총괄했던 황기 관장이 두 차례에 걸쳐 협회 통합을 뿌리쳤던 내용이 나온다. 스승 황기와 결별하고 통합의 대열에 합류했던 핵심 인물이 홍종수 원로였다.

이 서적을 발행한 강신철 관장은 스승 홍종수 원로로부터 이 말을 직접 들었다고 한다. "태권도 초창기 시절, 협회 분규에 관해 내가 수집한 자료를 자네에게 물려주네. 후일 알맞았을 때가 되면 세상에 공개하게."

이 사료에 대해 "이러한 것이 바로 살아 있는 태권도의 역사이다. … 대한태권도협회의 전신이 대한태수도협회라는 것, 그리고 태수도라는 이름을 지지했던 사람들은 자신들의 무도가 태권도가 아닌 당수도나 수박도, 공수도라고 생각했던 것을 알 수 있다."라는 기자의 평이 있었다.[56]

3. '국제태권도연맹(ITF)'과의 충돌

1966년 홍종수의 무덕관을 포함한 9개 관 연합체인 대한태권도협회는 최홍희가 창설한 국제태권도연맹(International Taekwondo Federation)과 첨예하게 충돌했다. 그간 관 통합으로 어렵게 형성된 협회가 전혀 예상 밖의 난관에 봉착한 것이다. 협회는 새로 조직된 국제태권도연맹을 상대로 사사건건 충돌하는 소용돌이에 휩싸였다.[57]

국제태권도연맹의 발족

최홍희는 대한태권도협회장에서 물러난 직후 1966년 3월 22일 국제태권도연맹(이하 국제연맹)을 창설했다. 서독, 월남 등 8개국 대표가 참석해 서울 조선호텔에서 창립총회가 열렸다.[58]

총재는 최홍희, 명예회장은 김종필, 부회장은 이상희, 노병직,

---

56. 박성진(2011.01.11.). 대한태권도협회는 어떻게 만들어졌나. 조선일보 https://www.chosun.com/site/data/html_dir/2011/01/11/2011011101492.html
57. 국기원(2022). 『국기원 50년사』. 363.
58. 조선일보(1966.03.11.). 극제태권도연맹 來22일 창립총회.

조하리(말레이시아)로 정해졌다. 사무총장은 엄운규, 기술위원장은 이종우, 총무는 이계훈, 기획은 한차교, 감사에는 이남석, 홍종수, 곽근식이 임원으로 선임됐다.

국제연맹은 국제 관련 업무를 담당한다는 취지였기에 홍종수를 포함한 협회 인사들도 창설 초기에는 대거 임원으로 참여했다. 홍종수는 국제연맹 창설 당시 협회 이사로 활동 중이었다.[59]

그러나 곧 협회와 국제연맹과 관계가 틀어지고 최홍희의 측근을 제외한 사람들은 대거 이탈하고 말았다. 그 사례가 1968년 7월 30일 최홍희가 대한태권도협회 전 회장이자 국제연맹 부총재였던 노병직을 해임한 일이다.[60]

협회와 국제연맹 간의 불협화음

1967년 10월 27일 국제연맹은 문교부 사회단체등록(제27호)을 끝냈고 이듬해인 1968년 11월 5일 민간 친선외교단체 등록(제60호)을 마쳤다. 그러나 이 과정 중에 협회와 곧 국제연맹 간의 마찰이 생기기 시작했다.[61]

협회 측 주장에 따르면 국제연맹은 협회의 동의 없이 명의를 도용했다고 한다. 그리고 최홍희 자신이 말레이시아 대사로 재직 중 친분이 있던 말레이시아 문교상인 '조하리'를 제외하고 모두 한국인으로 집행부를 구성, 국제단체조직의 공익성을 저버린 사조직으로 전락했다는 것이다.[62]

1968년 4월 23일. 문교부가 체육상 연구부문 수상자로 최홍희를 결정한 것도 태권도계에 큰 반발을 일으켰다. 한 신문사는 '실력행사 기세. 대한태권도협회 최홍희씨 체육상 수상에 반발'이란 제목으로 다음 기사를 보도했다.

"문교부 제정 체육상 연구부문 수상자 결정을 둘러싸고 KTA와 ITF

---

59. 대한태권도협회(2014). 『대한태권도협회 50년사』. 82.
60. 조선일보(1968.07.31.). 노병직 부총재 해임. 국제태권도연맹.
61. 국기원(2022). 『국기원 50년사』.
62. 이경명(2011). 국제태권도연맹. 태권도용어정보 사전. 네이버지식백과. https://terms.naver.com/entry.naver?docId=632958&cid=42879&categoryId=42879

간의 심각한 대립은 KTA 산하 각 도장 유단자들이 실력행사를 벌이기로 함으로써 한층 심각해지고 있다. KTA 산하 각도장 4단 이상 유단자들로 구성된 '재경(在京) 고단자회'는 23일 밤 시내 태화관에서 모임을 갖고 ITF를 태권도계의 유사단체로 규정하고 ITF 총재인 최홍희 씨에 대한 체육상 연구부문 시상이 부당하다고 결의, 문교부와 국회 문공위 등 관계각처에 결의문을 보내기로 했다."[63]

이 사건이 있은 지 보름 후 문교부는 ITF는 본연의 자세를 저버리고 국내 태권도계의 혼란만 조성한다고 규정했다. 덧붙여 이에 대해 대한체육회에서 수습 방안을 강구하라고 문교부가 통고했다.[64]

두 단체 갈등의 근원

사실 두 단체 간의 충돌은 애초부터 예견된 바였다. 최홍희가 막강한 행정 권한뿐만 아니라 기술과 경기방식까지 자신이 원하는 바를 관철하고자 했다. 그러나 그의 뜻대로 되지는 않았다. 9개 관 임원들은 태권도의 모든 것을 자기식대로 강요하는 최홍희의 독단적 처사에 대해 강력히 반발했다.

특히 지도관(智道館) 관장이자 협회 실세였던 이종우는 최홍희의 처사를 못마땅해했다. 이종우를 비롯한 협회 임원들은 9개 관(館) 관장이자 무예 전문가로 자부했기에 최홍희의 불확실한 수련 경력과 무예 실력을 인정하지 않았다. 그들의 눈에는 최홍희가 무예가라기보다는 한국 군부와 정부를 등에 업은 무소불위의 권력자로 비춰졌던 것이다.[65]

당시 협회 임원이었던 민간지도자들에게 최홍희에 대한 불신이 크게 작용했던 사례가 있었다. 9개관의 주류 중 한 곳인 강덕원(講德院)의 수장 홍정표 원장은 "최 장군은 자신이 만든 창헌류 품새를 보급하도록 강요했다. 다른 관 대표자들과 협의 없이 만들어진 독자적인 품새에 대해 다른 지도자들은 반감을 표출했다. 역사적 위인에서 창헌류 품새 이름을

---

63. 동아일보(1968.04.24.). 실력행사 기세. 대한태권도협회 최홍희 씨 체육상 수상에 반발.
64. 경향신문(1968.05.09.). 태권계 분규 수습책. 文敎(문교부)서 통고.
65. 서완석, 이종관, 김영선(2021). 『이종우, 현대 태권도의 종합 설계자』. 서울: 국기원. 68~69.

붙였고 한때 이승만 대통령에게 아부할 양으로 '우남형(우남은 이승만의 호)'을 만들기도 했다"라고 말하며 그의 권력 지향성을 언급했다.[66]

이렇듯 최홍희가 태권도 명칭을 만들었을지언정 기술체계와 경기방식까지 장악하려는 것에는 심한 부작용이 따랐다. 그럼에도 불구하고 최홍희는 결코 자신의 의지를 포기하지 않았다. 홍종수, 이종우, 엄운규, 홍정표 등 협회 지도자들 역시 그의 시도에 순순히 응하지 않았다. 이러한 대립 상황은 협회와 국제연맹 간의 불화를 야기하는 주요 원인이 됐다.

국제태권도대회 경기 규정의 대립

1968년 국제스포츠 단체인 국제군인체육대회(CISM)에 채택될 태권도 경기 규정을 놓고 두 단체는 다시 격돌했다. 세계적인 국제군인체육연맹에 태권도를 경기 종목으로 넣는 일은 가장 쉽게 세계에 태권도를 보급하는 길이 되기 때문이었다.

국내 한 일간신문사는 이 사건을 다음과 같이 대서특필했다.

"국제태권도연맹 최홍희 총재의 독주에 대해 대한태권도협회 김용채 회장의 견제가 불꽃을 튀기게 됐다. ... 날로 심각해져 가는 태권도의 싸움, 따지고 보면 이 싸움은 태권도로써 세계를 정복하자는 야망의 격돌이라고 볼 수 있다. 맞서고 있는 협회와 국제연맹은 각기 자기의 정당함을 주장하고 있다. ... 두 단체는 최근에 와서 국제군인체육대회에 태권도를 보급시키자는 공동목적으로 약간이나마 소강상태를 이뤘다. 그러나 알고 보니 공동보조를 취하기로 했던 최홍희 씨가 협회 측에는 알리지도 않고 국제연맹 경기 규정안을 CISM에 보냈다는 것이 밝혀짐으로써 싸움이 벌어졌다."[67]

국제군인체육대회에서 태권도 종목의 경기 규정에 대한 최홍희의 독단적 실행은 협회의 격렬한 반발을 일으켰다. 그 불화의 정점은

---

66. 서성원(2016). 『태권도 역사와 문화의 이해』. 애니빅.
67. 경향신문(1968.09.09.) 태권도 분규의 불씨. 국제적 망신까지 주도권 싸움 치열.

국제연맹이 개최한 아시아태권도대회에서 발생했다.

국제연맹은 1968년과 1971년에 제1회 및 제2회 아시아태권도선수권대회를 연이어 열었다. 그러나 경기방식은 협회가 수년간 시행한 보호대 겨루기 방식이 아닌 최홍희가 고안한 다른 방식의 경기였다. 이 같은 이유로 협회는 두 차례 모두 선수단 파견을 취소했다.[68]

협회와 국제연맹의 기술적 이질성

9개 관 연합체인 협회와 국제연맹과의 기술과 경기방식은 이전부터 이미 다른 길을 가고 있었다. 1961년 대한태수도협회가 창립된 이후 겨루기 경기는 보호대를 착용하고 발차기로 주로 승부를 결정하는 방식이었다. 단(段) 수준별, 성별, 연령별 기준에 따라 해마다 시행착오를 거치며 경기 규정이 개량되고 있었다.[69]

협회는 김용채 회장이 새로 부임한 해인 1967년 말 한국식 품새[型]도 제정해 공표했다. 1단용 고려부터 9단용 한수(漢水)에 이르는 9개 유단자용 품새였다.[70] 이때부터 협회는 지도자 강습회를 주관하고 새로운 품새를 지속적으로 보급했다.[71]

이 같은 협회의 경기 규정과 기술 개량에 대해 최홍희는 동의하지 않았다. 그는 경기방식도 몸통보호대를 착용하지 않는 대신 손발에 글러브를 끼고 맨몸을 직접 타격하는 겨루기를 희망했다. 또한, 격파와 품새도 경기에 포함해 종합점수로 승패를 결정하는 방식을 취했다.

품새 또한 최홍희 자신이 주도해서 만든 창헌류 품새가 공식적으로 채택되고 확산되길 고집했다. 협회 임원들이 공동 개발한 경기방식과 품새 등 기술을 전면으로 부정한 것이다. 이전에 최홍희는 수하 임원들이 합작한 결과물을 받아들이지 않았다. 오로지 자신의 우월한 권위와 판단에서 나온 독자적인 기술 내용과 경기방식을 시종일관 내세운

---

68. 경향신문(1971.01.07.). 태권協(협)・聯(연맹) 분규 재연.
69. 국기원(2021). 『제1권, 태권도의 이해 - 태권도 교본』.
70. 조선일보(1967.12.20.). 태권도型(품새) 통일. 9개 신형을 제정.
71. 경향신문(1968.07.04.). 태권協(협) 제정型(품새) 강습.

것이다.

이러한 최홍희의 의도는 국제연맹의 경기방식과 기술체계로 반영됐다. 국제연맹은 자기가 뜻대로 좌지우지할 수 있는 단체였기 때문이었다. 따라서 협회와 국제연맹은 물과 기름처럼 융합될 수 없었다. 기술 내용, 수련과 경기방식, 사범 교육 등 모든 면에서 판이한 내용과 이질적인 행정체제가 고착화됐던 것이다.

대한체육회의 중재도 수포로

이처럼 두 단체가 심각한 갈등을 일으키자 정부 부서인 대한체육회와 문교부가 중재에 나섰다. 대한체육회와 문교부는 체육 단체 일원화를 위한 두 단체의 협력을 종용했지만, 쉽사리 해결되지 않았다.[72]

1968년 7월에는 최홍희가 조장한 협회 내분이 발생해 쌍방 간의 분쟁은 점입가경이 됐다. 이번에는 협회 내에서 최홍희를 따르던 여러 관(館) 계파 수장을 포함한 21명이 별도의 '태권도진흥회'를 만들면서 협회가 한동안 논란에 휩싸였다.

협회 소속인 정도관(正道館) 관장 이용우(43, 7단)를 비롯하여 전 오도관(吾道館) 관장 현종명(48), 전 협회 이사 곽근식(40), 경남 연무관장 하대영(45) 등이 연루됐다. 이 사건을 접한 협회는 대책을 논의한 결과 주동자들을 제명 처분하는 징계를 내렸다.[73]

그런 후 협회는 국제연맹과의 협업을 완전히 중단했다. 1968년 8월 28일 협회 산하에 '국제위원회'를 신설해 모든 국제 업무와 해외파견 업무를 자체적으로 관장키로 결정했다.[74]

이런저런 불화로 두 단체가 심각한 대립양상을 지속하자 대한체육회 민관식 회장이 발 벗고 나섰다. 그는 두 단체 간의 업무 관계가 중복성이 많고 뚜렷하지 않아 분란이 일어나고 있다고 판단했다. 따라서 협회와

---

72. 허건식(2019.08.08.). 박정희와 최홍희의 태권도 헤게모니. 중부매일. http://www.jbnews.com/news/articleView.html?idxno=1256633
73. 조선일보(1968.07.27.). 「진흥회」서클 말썽, 제명, 亭權(정권) 4명.
74. 조선일보(1968.08.29.). 태권協(협) 國際委(국제위원회) 신설.

1971년 협회는 국제연맹이 주관한 아시아대회에 불참함으로써 국제연맹과 관계를 단절했다 (경향신문. 1971.01.07).

국제연맹 간의 명확한 업무 내역과 한계가 규정되기도 했다.[75]

며칠 후 더 구체적인 중재안이 나왔다. 대한체육회 4명, 국제연맹과 협회 각 2명씩 4명, 전체 8명이 수습위원회를 구성하는 타협책이었다.[76]

그러나 쌍방 당사자가 포함된 수습위원회조차도 별 효력이 없었다. 두 단체가 태권도인 스스로 해결하겠다고 나선 후 사범 선발과 해외파견권을 놓고 서로 한 치의 양보도 없었다. 기구조직, 용어, 호구 사용 등에서는 서로 합의했지만, 사범들의 해외파견 문제에 이르자 회담이 결렬된 것이다. 그러자 대한체육회는 긴급회의를 소집하고 양 단체가 서약한 최종적인 강제 통합책까지 제시했다.[77]

1968년 말 양 단체는 대한체육회의 강압에 응해 잠정 합의점에 도달했다. 하지만 2달 후 유급자 품새 지정 건이 논란이 돼 수습 회의는 무산되고 말았다.[78] 대한체육회는 재차 개입해 수습 3개 안을 성사시켰다. 무려 8차례 분규 수습위원회였다.[79]

그러자 경기방식, 용어 통일, 승단심사 채점규정 등 주요 쟁점과 최홍희를 협회 명예회장으로 추대하는 합의안이 도출되기도 했다. 하지만 1969년 8월, 21명이 참석한 협회 대의원총회에서 최홍희를 규탄하는 사태가 발발했다.[80] 이같은 반발을 무마하기 위해 대한체육회는 해외사범의 파견 업무를 협회가 담당하도록 조치했다.

국제연맹은 최홍희가 정한 경기 규정에 따라 국제대회를 개최했다. 1969년 제1회 홍콩 아시아태권도선수권대회와 1971년 말레이시아에서

---

75. 경향신문(1968.09.04.). 업무한계 갈라. 태권도 양단체 분규.
76. 조선일보(1968.09.06.). 8인 수습委(위) 구성. 태권도 분규.
77. 경향신문(1968.12.09.). 수습委지침 따르게. 태권분규 두 단체 시한 합의 못 봐.
78. 조선일보(1969.02.15.). 자체 수습회의 유산. 태권도분규. 협회-국제연맹 이해 얽혀.
79. 경향신문(1969.03.08.). 수습 3개 안 합의. 태권분규 두 단체 연석회의.
80. 조선일보(1969.08.12.). 규탄대회가 된 태권협 수습 총회.

제2회 대회가 개최됐다. 대한태권도협회는 대회를 주최한 연맹 측과는 경기 규정이 달라 선수단을 파견하지 않았다.[81]

최홍희는 1971년 8월 분규수습위원회 전체회의에서 불만을 나타내고 탈퇴했다. 이렇게 되자 수습위원회는 더는 기능을 발휘할 수 없게 돼 해체됐고 최홍희와 협회 간의 반목은 심화됐다. 당시 대한태권도협회 제7대 회장으로 취임한 김운용은 대한체육회에 가입되어 있는 단체는 협회가 유일하다며 국제연맹과의 차별화를 선언했다.[82]

최홍희의 망명과 친북 활동

국내 입지가 약화된 최홍희는 결국 1972년 초 한국을 떠나 캐나다 토론토로 이주해 국제연맹 활동을 이어갔다. 최홍희의 국내 조직은 그가 한국을 떠난 이듬해인 1973년 문교부에 의해 공식 해체됐다.[83]

그러나 최홍희는 국제연맹을 캐나다로 옮기고 활동을 재개했다. 영주권이 발급되고 생활이 안정되자 그는 활동 반경을 넓혀나갔다. 국제태권도시범단이 조직돼 독일 등 여러 개국을 순회하며 시범했다. 1974년 국제연맹이 주최하는 제1회 세계태권도선수권대회를 캐나다 몬트리올에서 열었다.

1978년 그는 시범단을 이끌고 폴란드, 헝가리 등 동유럽 공산국가를 방문했다. 1979년 동유럽 4개국, 서유럽 10개국이 참여한 통일유럽태권도연맹이 조직됐다.[84]

1979년 최홍희는 비밀리에 북한에 갔고 다음 해 조선체육지도위원회의 공식 초청으로 10여 명의 시범단과 함께 재차 북한을 방문했다. 북한에 자신의 태권도와 국제연맹을 보급하는 출발점이 됐다. 그는 20여 차례에 걸친 방북 과정에서 김일성 주석과 수차례 만났다. 그의 아들 최중화는

---

81. 조선일보(1971.03.28.). 국제 경기화의 성공. 제2회 아시아태권도. 본대로 느낀대로.
82. 서성원(2016). 『태권도 역사와 문화의 이해』. 애니빅. 121.
83. 동아일보(1973.05.03.).「해외 파견 사범 비위(비리)로 태권도연 해체 조치」.
84. 서성원(2020.01.23.). 최홍희 태권도 행적과 평가. 태권박스 미디어.
   http://www.tkdbox.com/%EC%B5%9C%ED%99%8D%ED%9D%AC-%ED%83%9C%EA%B6%8C%EB%8F%84-%EC%82%B6/

북한의 지령을 받고 전(前) 전 대통령 암살계획을 세웠다가 캐나다 법원으로부터 유죄를 받으면서 최홍희도 '친북 굴레'를 벗지 못했다.[85]

특히 1980년대 한국의 서울올림픽 유치와 태권도의 올림픽 정식종목 채택을 앞두고 그는 국제올림픽위원회(IOC)에 집요하게 항의했다. 1988년 최홍희는 IOC 위원장에게 장문의 호소문을 보냈다. 이 호소문의 주된 내용은 세계태권도연맹의 태권도는 가짜 태권도이고 태권도 이름 아래 가라테 기술을 가르치고 있으며 경기 규정도 가라테와 유사하다며 정식종목 취소를 요청했다.[86]

최홍희의 행적과 공과(功過)에 관해서는 최근까지도 논란거리이다. 그의 태권도 활동과 기여도는 남북한의 정치적 입장과 얽혀 태권도 학자나 연구자에 따라 상반된 평가가 내려지기도 한다. 2016년 최홍희는 태권도 각계각층의 논란 끝에 국립 태권도원에 헌액될 '태권도를 빛낸 사람들(명예의 전당)'에 헌액 대상자로 선정됐다.[87]

무주 태권도원 명예의 전당에 헌액된 최홍희

최홍희는 북한영화사에서 최고의 걸작으로 꼽히는 '민족과 운명' 시리즈(6~8부)에서 주인공 차홍기의 실존모델로 나와 '의리 있고 배짱 있는 사나이'로 그려지기도 했다. 2002년 그가 사망하자 북한 김정일 국방위원장도 애도를 표했다. 그의 유해는 북한 '사회장'으로 장례를 치른 뒤 남한의 국립묘지 격인 평양 신미리 애국열사릉에 안장됐다.[88]

---

85. 연합뉴스(2008.09.07.). ITF 창설자 최홍희 부자의 굴곡진 삶. https://www.yna.co.kr/view/AKR20080907050600014
86. 이경명(2001.10.04.).「최홍희와 태권도」. 무카스미디어. https://mookas.com/news/1307
87. 무카스(2016.04.07.). 최홍희 '태권도를 빛낸 사람들' 삼수 끝 헌액자로 선정. https://mookas.com/news/14887
88. 연합뉴스(2008.09.07.). ITF 창설자 최홍희 부자의 굴곡진 삶. https://www.yna.co.kr/view/AKR20080907050600014

협회 단일화 이후

홍종수는 협회와 세계태권도연맹의 핵심 인사로서 국제태권도연맹과 대립했다. 그는 무덕관을 대표하는 총관장으로서 이종우, 엄운규, 이남석 등 다른 계파 관장단과 함께 보조를 맞추어 국제연맹에 맞섰다. 마침내 1973년 서울에 있던 국제태권도연맹단체와 사무실이 문교부에 의해 공식 해체됨으로써 협회 단일화가 이루어졌다.[89]

1975년 홍종수는 협회 단일화의 성과와 태권도 발전 방안을 제안했다.

협회 단일화 성취 이후 1975년 홍종수는 국내 한 신문사에 다음 글을 게재했다. "유사단체와의 불화를 말끔히 씻고 획기적인 단계에 오른 태권도협회가 각종 사업을 원활하게 처리하고 있어 반가운 일이다. 그러나 한 가지만 더 건의한다면 통일된 품새로 오는 제56회 전국체전 때 매스게임을 펼쳐 조직적이고 과학화된 면을 일반 팬에게 보여주면 어떨까 한다. 그리고 세계태권도연맹 본부인 국기원에 외국 관광객을 초청해서 시범 경기를 보여 국위 선양에 앞장 서주길 바란다."[90]

한편 최홍희의 국제태권도연맹은 캐나다를 기반으로 대외 활동을 이어 갔다. 그 과정에서 해외 한인 사범들은 세계연맹과 국제연맹 간의 중간에서 어느 쪽에 줄을 서야 할지 혼란스러워했다. 하지만 오도관 인사들을 제외한 다수 해외사범은 9개관 관장들이 동참한 대한태권도협회 기반의 세계태권도연맹을 지지했다. 1980년 최홍희가 친북 활동을 벌이자 그를 따르던 많은 해외사범마저 등을 돌렸다. 뒤이어 '88서울올림픽 태권도 시범경기' 개최를 계기로 세계태권도연맹이 대세를 장악했다.

홍종수를 비롯한 9개관 관장단은 해외사범들이 세계연맹으로 귀속되도록 많은 노력을 기울였다. 홍종수는 이와 관련된 에피소드를

---

89. 경향신문(1973.05.31.). 「부실 법인 단체는 모두 폐쇄」.
90. 조선일보(1975.01.31.). 품새 통일·과학화를.

1970년대 중반 국기원에서 대화 중인
홍종수(맨 왼쪽)와 김운용(왼쪽에서 3번째)

일기에 적었다. 1978년 미국에서 유명한 한 무덕관계 한인 사범이 국제연맹과 결탁해 국제대회를 개최한다고 해서 논란이 분분했다. 이 소문을 접한 홍종수는 그에게 편지를 보내 충고를 하면서 그 사실 여부를 보고하라고 했다.[91]

홍종수는 그로부터 곧 답장을 받았다. 그 재미사범은 이런저런 이유와 함께 세계연맹과 무덕관에 대한 배신은 절대 없다고 해명했다.

홍종수는 국제연맹의 최홍희에 대해 "작은 배에 큰 짐을 실을 수 없고 너그럽지 못한 자가 머리가 될 수 없다. 분수를 모르고 억지로 남의 위에 행세하면 일도 그르치고 스스로의 몸도 망치는 법이다."라고 일기에 적었다.[92]

1998년 영면에 들기 6개월 전, 홍종수는 최홍희의 회고록을 읽고 다음과 같은 평을 남겼다. "그도 불행한 군인이다. 체구 때문인지 큰 도량은 없어 그의 돌출 행동이 아마도 스스로 출세를 막아버린 것 같다. 하지만 그의 태권도에 대한 집념은 알아주어야 할만한 일이다."[93]

제3절. 마침내 이룬 관 통합

태권도계는 관 통합과 협회 단일화를 통해 국기화와 세계화의 기반을 조성했다. 홍종수, 이종우, 엄운규, 이남석, 강원식 등 9개관 관장은 협회 임원이 되어 관 통합을 이룩한 일등 공신이었다. 이 단락에서는 현대 태권도 사에서 획기적인 전환점을 이룬 관 통합과 관련해서 무덕관 총수였던 홍종수의 활동상을 살펴보기로 한다.

---

91. 홍종수(1978.01.10.~11).「우당일지」.
92. 홍종수(1978.02.04).「우당일지」.
93. 홍종수(1998.04.06.).「우당일지」.

1. 9개관의 난립

관 통합이란 사조직(私組織)인 9개관을 폐쇄하고 시·도 협회 체제의 공조직(公組織)으로 전환을 의미한다. 그 주된 이유는 태권도의 국기화와 세계화를 위해 관을 초월한 범태권도인의 단합이 절실했기 때문이었다.[94]

관 통합의 의미와 과정

'관 통합'이란 정확히 '1978년 8월까지 존속했던 9개관(10개관)을 협회로 통합하고 개별관을 해체한다.'란 의미이다. 다시 말해 9개 관이 중앙협회에 흡수 통합되면서 각 관의 명칭과 조직은 물론 단증발급권 등 모든 권리를 포기한 사건을 일컫는다.

여기서 9개관이란 1관 송무관, 2관 한무관, 3관 창무관, 4관 무덕관, 5관 오도관, 6관 강덕원, 7관 정도관, 8관 지도관, 9관 청도관이다. 이는 10개관으로도 칭해지기도 하는데 후일 관리관이 추가됐기 때문이다. 관리관이란 무덕관의 내분으로 인해 탈퇴한 사람들을 모아 3관인 창무관의 관리 아래 둔다는 의미로 만들어졌다. 그러나 관리관은 유명무실하여 통상 9개관으로 부르는 경우가 일반적이다.

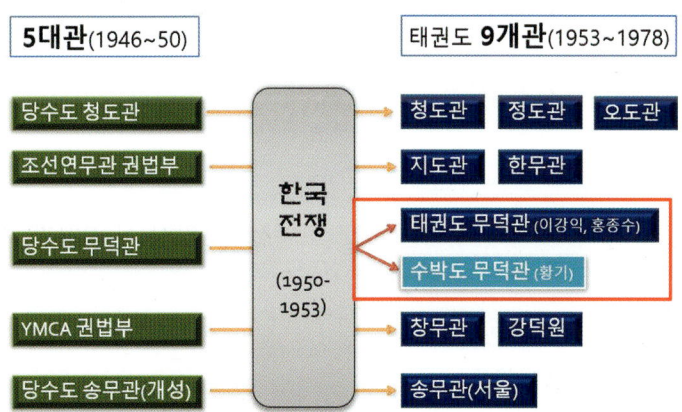

5대관과 9개관의 형성 과정. 홍종수가 주도한 '태권도 무덕관'은 1965년 황기가 이끌던 '수박도 무덕관'에서 분리됐다.

---

94. 국기원(2023). 『국기 태권도의 위상과 비전』. 125.

각 관의 대표인 9개관 관장들은 정부 산하의 일원화된 공동 협회에 참가하고 활성화시켰다. 따라서 자신이 운영하는 개별 관의 존재와 역할은 점차 축소되면서 결국 소멸하기에 이르렀다. 관 통합 이후 관(館)이란 과거의 추억이자 사적(私的) 친목 관계로 남게 되었다. 대신 태권도가 2018년 명실상부한 법적 국기(國技)가 되고 세계적 위세를 떨치는 영광을 누리게 됐다.

관 통합과 협회 단일화의 위업이 달성되기까지 홍종수를 비롯한 9개관 관장들의 전폭적인 협력이 작용했다. 홍종수가 주역의 일원으로 참여한 관 통합 과정과 협회 단일화 과정은 현대 태권도 사를 이루는 주요한 부분이다.

관 통합의 과정은 험난하고 오랜 세월이 소요됐다. 이미 전국적으로 뿌리내린 9개관이 기득권을 배제하고 협회로 흡수 통합하는 사안은 승단 심사 수익 등 이해관계가 깊이 얽혀 있었다. 또한, 관 통합은 협회의 단일화와도 맞물린 복잡한 사안이었다. 즉, 관 통합이 되기 위해서는 우선으로 협회부터 확고한 단일체제를 갖춰야 했다. 그러다 보니 복잡다단한 단계를 거치면서 30여 년간 순차적으로 진행됐다.

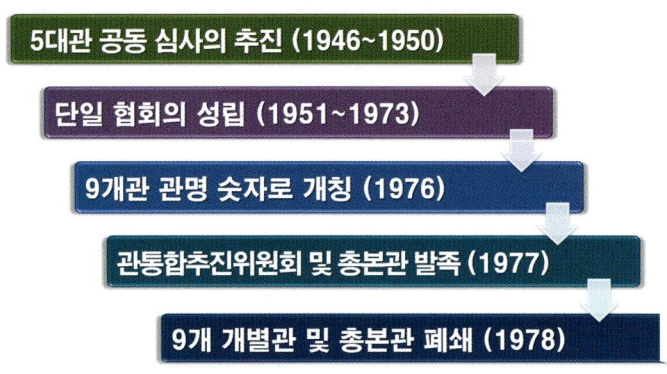

관 통합의 단계별 진행 과정

관 통합의 난관과 장애

관 통합이 태권도계의 숙원 사업임에도 불구하고 쉽사리 성사되지 않은 근본적인 원인은 여러 가지 이유가 있었다. 다양한 관(館)의 존속은 관별 전통의 보존, 관 특유의 수련체계, 스승과 제자 및 선후배 구성원의 유대관계 등 긍정적인 면도 분명히 존재했다.

그러나 관 파벌의 폐해와 이권 다툼의 파행과 같은 부정적인 면은 긍정적 면을 압도한다. 그중에서도 승단 심사권에 얽힌 뿌리 깊은 기득권의 유지가 그 핵심적 요인으로 누누이 지적됐다.[95]

관 통합 사안은 1961년 협회가 창설되기 전부터 끊임없이 제기됐다. 1950년대부터 40여 개의 군소 관(館)이 난립했던 태권도계는 1960년대 들어서면서 9개 관으로 압축됐다. 일부 중앙관 관장은 여전히 부조리한 승단 특혜를 구실로 상납을 받았고 심사비와 관련한 비리가 적지 않았다.

특히 일부 군소 도장들은 좀 더 많은 수련생을 끌어모으려는 방편으로 수련 기간이 짧고 실력이 모자라는 수련생들에게도 형식적인 심사를 거쳐 유단자 단증을 무책임하게 남발하는 폐단이 있었다. 이런 사태는 태권도 유단자들의 수준과 권위를 땅에 떨어뜨렸고 특히 이들 수준 낮은 유단자들이 해외사범으로 파견될 경우 실력 부족으로 인한 망신과 태권도의 권위를 손상시키는 사태까지 빚었다.

태권도가 세계적 발전 도상에 있음에도 불구하고 상호 배타적인 관 파벌은 수습하기 어려운 큰 걸림돌이 되고 있다는 신문기사 (동아일보, 1971.12.10)

관의 폐해에 대해 개혁 성향을 지닌 중진 지도자들이 관의 존속에 반발했다. 송무관의 강원식, 창무관의 김호재, 무덕관의 황춘성, 정도관의 김재희, 지도관의 원천희, 청도관의 권경욱이 개혁파의 중심 세력이었다. 결국, 이들의 노력이 확산돼 관 통합이 급물살을 탔다.[96]

---

95. 국기원(2022). 『국기원 50년사』. 370.
96. 강기석(2001). 『태권도 반세기 – 인물과 역사』. 이야기 한국체육사 20. 태권도. 서울올림픽기념 국민체육진흥공단. 213.

2. 관 통합의 성사 과정

김운용 회장단의 혁신

1971년 대한태권도협회 제7대 회장으로 부임한 김운용은 일대 혁신을 일으켰다. 태권도를 세계인의 무예스포츠로 승화시키겠다는 그의 의지는 4가지 비전에서 출발했다. 바로 태권도의 국기화, 세계화, 국위 선양의 기수, 호국의 근간이었다.[97]

1971년 KTA 축하연에서 회장단의 모습. 왼쪽부터 홍종수 전무, 김운용 회장, 엄운규 부회장

또 김운용이 내세운 태권도의 발전 계획 중 첫째가 전국에 산재한 태권도장을 하나로 통일시키는 것이었다. 그러기 위해서 승단 심사를 비롯한 제반 사항들을 협회가 직접 관장해야 했다. 그때만 해도 태권도계는 춘추전국시대와도 같았다.

대통령배 대회를 할 때면 공수단과 해병대가 패싸움하곤 했다. 무협 소설에서나 볼 수 있는 군웅할거 시대로 무덕관, 청도관, 지도관, 창무관 등 9개 분파를 비롯해 30여 개의 파벌이 난립했다. 각 관(館) 총관장들의 파워는 절대적이었다. 상대 관을 이단시하며 자기 관만을 인정하는 풍토가 팽배해 있었다.[98]

이러한 와중에 협회 업무는 그의 뜻대로 일사천리로 진행됐다. 김운용 회장을 중심으로 협회 임원으로 선임된 9개관 관장들이 참여해 산적한 협회 사업이 순차적으로 착수됐다. 이때 홍종수는 협회 요직인 전무이사를 맡아 협회 업무를 총괄했다. 또 그는 기술심의회 부의장을 맡아 이종우 의장과 협력했다.

---

97. 김운용(2000.12.24.). [국민시론-김운용] "세계로 비상한 國技 태권도". 국민일보. https://n.news.naver.com/mnews/article/005/0000037052?sid=110
98. 김운용(1995). 『더 넓은 세계를 향하여』. 앞선책. 33.

승단심사 일원화

1971년 김운용 회장을 비롯한 협회 신임 임원진은 승단심사에 대한 문제점 해결에 착수했다. 관 통합이 당장은 어렵더라도 협회 기능 강화의 목적으로 승단심사와 단증발급을 협회로 일원화시키는 방안을 추진했다.

종전에 관을 거쳐서 시행하는 '인준단' 방식은 심사 제도의 비효율성, 관 단증의 남발, 단 권위의 실추, 부실한 해외사범 파견 등 많은 문제가 야기됐기 때문이다. 따라서 협회가 엄정한 기준과 방식으로 승단심사를 직접 운영하고 권위 있는 공인 단증을 발급하는 일원화 방안이 시급한 과제였다.

국기원 건립을 계기로 승단심사와 단증발급 권한이 드디어 협회로 일원화됐다. 1972년 12월 1일 국기원이 완공된 다음 날부터 모든 승단심사는 협회 주관으로 시행키로 했다. 승단심사와 단증발급이 각 관에서 폐지되고 협회와 국기원으로 전환하는 획기적인 조치였다. 이에 따라 각 관의 관장은 심사추천권만 가지게 됐다.

이 사안은 '태권 승단심사 일원화 - 10년 숙원 종지부. 관장은 추천권만. 심사비 75% 각도장에 보조'란 제목으로 한 일간신문에 대서특필됐다.

1972년 12월 1일 국기원 건립된 다음 날부터 승단 심사 일원화가 시행됐다. 이는 관 통합에 큰 진전을 본 획기적 사건이었다(경향신문, 1972.11.22.)

그 요지는 그간 물의를 빚었던 관 단증발급과 2중 승단심사를 불허하고 협회가 모든 심사 업무를 관장키로 한 것이다.[99]

세계화와 맞물린 '관 통합'

태권도 세계화의 기치 또한 태권도인들의 관 의식을 약화시키는 요인이 될 수 있었다. 1970년대 초까지 태권도 경기는 전국체전을 비롯한 여러 경기가 활발히 열리기는 했지만, 국내에 국한됐다. 태권도가 국제적

---
99. 경향신문(1972.11.22.). 태권 승단 심사 일원화.

경기로 육성되는 것은 당면 과제였다.

그러기 위해서 국제 수준의 태권도 조직체가 갖추어져야 하고 어떻게든지 관 파벌의 폐단이 해소돼야 한다는 공감대도 형성됐다.

세계화의 일환으로 1973년 5월, 제1회 세계태권도선수권대회가 열렸고 이때 세계태권도연맹(WTF)이 창설됐다. 1974년 제1회 아시아선수권대회, 1975년 제2회 세계태권도선수권대회가 서울에서 연이어 개최했다. 이러한 태권도 국제

1975년 태권도의 GAISF 가입을 계기로 내부적 관(館) 파벌 해소는 당면 과제로 부상했다(경향신문, 1975.08.29).

경기화의 성공은 1974년 10월 미국체육회(AAU)가 태권도를 경기 종목으로 채택하는 쾌거를 이루기도 했다.[100]

1975년 10월 세계태권도연맹이 국제경기연맹총연합회(GAISF)에 가입하면서 1백50만 태권도인들이 한층 단결해서 내실을 기하고 근대 스포츠로 태권도를 승화시키기 위한 노력이 강조됐다. 이에 따라 기술과 보호대의 개발, 경기 규정의 보완, 승단심사의 공정과 더불어 '관(館) 의식 불식'도 당면 과제로 제기됐다.[101]

당시 홍종수를 비롯한 각 관의 수장들은 태권도의 세계화 업무를 직접 추진하거나 동참한 장본인이었기에 관 통합은 피할 수 없는 숙명으로 받아들이게 됐다.[102]

세계태권도연맹 사무총장인 이종우와 협회 전무이사였던 강원식이 관 통합을 가장 적극적으로 추진했다. 이종우는 지도관 총관장이었고 강원식 역시 송무관 총관장 직책을 수행 중이었다.[103]

1976년 1월 말, 홍종수를 포함한 9개 관 관장단은 관 통합에 대한

---

100. 대한태권도협회(2015). 『대한태권도협회 50년사』. 애니빅. 101~147.
101. 김운용(1975.10.22.). 세계 속의 스포츠 태권도. GAISF 정식가입의 의의. 동아일보.
102. 국기원(2022). 『국기원 50년사』. 373.
103. 서완석, 박종관, 김영선(2021). 이종우, 현대 태권도의 종합 설계자. 국기원. 132.

안건을 심각히 의논했다. 이날 무덕관 대표 홍종수는 관 통합 건에 대해 지도관 이종우 관장의 안목(眼目)을 높이 평가했다. 홍종수 또한 예견(豫見)한 바가 이종우의 견해와 일치했기 때문이다.

관 통합이 단행되면 각 관의 붕괴가 불 보듯 뻔한 일이므로 관장단은 대책을 강구하자는 견해였다. 이때 홍종수는 원론적인 견해를 밝혔다. "관장단 인사들의 단결과 너는 너, 나는 나의 의식을 버리고 우리라는 대아적(大我的)인 바탕에서 서로 마음을 모아 다각적인 방안을 모색하자"라고 홍종수는 말했다.

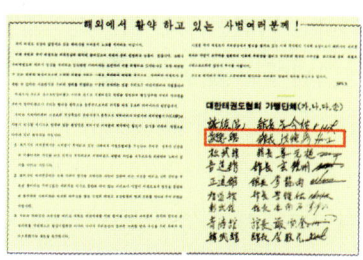

1975년 3월, 홍종수를 비롯한 협회 소속 9개 관 관장단은 해외사범들에게 초 계파적 단합과 전폭적인 협조를 요청했다(태권도지, 15호).

관 통합에 앞장섰던 이종우 관장도 각 관(館)의 위기를 토로했다. 장차 관(館)의 운명은 이미 점쳐져 있는 것이고 그 명맥(命脈)을 무엇으로 대체할 것인지 그들 모두 심히 고민했다.[104]

관 명칭부터 없애야!

1976년 5월, 기존의 관명(館名)을 폐기하는 특단의 조치가 행해졌다. 관 파벌의 근본적인 원인은 관 이름에서 비롯된다는 판단이었다. 관 통합을 하려면 먼저 관 이름부터 없애자는 견해가 10여 년 전부터 제기되어 왔기 때문이었다.

1996년 한 신문사와 인터뷰에서 무덕관의 과거사를 설명한 홍종수

1969년 협회 차원에서 태권도가 국기(國技) 지정과 세계적 보급을 원활히 이루기 위해서는 태권도인의 인화와 대동단결이 요청됐다. 그러기 위해서는 17개 중앙도장의 관

---

104. 홍종수(1976.01.24.).「우당일지」.

명칭부터 사라져야 한다는 견해가 나왔다.105

마침내 1976년에 이르러 관 명칭 폐지가 단행됐다. 그 취지문은 다음과 같이 공표됐다. "태권도가 GAISF에 가맹하면서 세계 60여 개 종목과 어깨를 나란히 하는 국제스포츠로 발돋움했다.

그럼에도 불구하고 종주국인 우리나라 태권도계는 아직도 뿌리 깊은 관 의식 때문에 파벌싸움이 거듭되어 태권도 발전의 큰 저해 요인이 되고 있다. 따라서 기존의 9개관 명칭이나 상징물을 일체 사용하지 않도록 결의한다."106

이로써 9개관 명칭은 1관부터~9관까지 아라비아 숫자로 변경하게 됐다. 9개관 관장단은 다음 순번으로 최종 합의했다. 1관-송무관, 2관-한무관, 3관-창무관, 4관-무덕관, 5관-오도관, 6관-강덕원, 7관-정도관, 8관-지도관, 9관-청도관 순으로 확정됐다.107

관통합추진위원회 출범

1977년 초, 정기대의원 총회에서 9개관을 통합하기로 결정한 대한태권도협회는 관통합추진위원회를 발족했다. 이 위원회는 무덕관의 홍종수, 김인석, 최남도 3명의 전현직 관장을 포함한 15명으로 구성됐다. 9개관을 중 무덕관 인사가 20%를 차지하는 높은 비율이었다.

1977년 1월, 홍종수, 엄운규, 이종우, 강원식 등 계파 관장단 위주로 구성된 관 통합 추진위원회가 발족했다 (조선일보, 1977.02.24).

노병직(송무관), 이교윤(한무관), 이남석(창무관), 곽병오(오도관), 이금홍(강덕원), 이용우(정도관), 이종우(지도관), 엄운규(청도관), 강원식(송무관), 이병로(지도관), 현우영(대학교수), 노희덕(대학교수)이 함께 위원회 명단에 올랐다.108 15명의 위원은 대학교수 2명을 제외한 13명이 9개관

---

105. 경향신문(1969.02.11.). 예비군에도 보급. 김태권 회장, 국기(國技) 결정을 다짐.
106. 동아일보(1976.05.12.). 태권도 관 명칭 없애기로. 종주국 면모 쇄신위해 국내 정비 착수.
107. 조선일보(1976.05.13.). 태권도協, 정비작업 착수. 관명 폐지 숫자 호칭.
108. 조선일보(1977.02.24.). 태권도協, 館통합推委 구성.

총관장이거나 관 소속의 유력 인사였다. 이들이 태권도 대세에 따라 자신들이 운영해오던 개별 관을 협회로 완전히 귀속시켜야 할 상황에 직면했다.

관 통합의 주역이었던 각 관의 대표. 왼쪽부터 이교윤, 이용우, 엄운규, 이종우, 김순배 원로이다

협회 총본관으로 통합

전국의 각종 태권도장이 10개관 산하에 소속돼 기술은 물론 유기적인 행정체계를 갖추지 못해 많은 애로를 겪어 왔다.[109]

1977년 8월 관통합추진위원회는 제8차 회의에서 전국의 10개관을 태권도협회 총본관으로 통합했다. 이로써 오랜 숙원 사업이었던 태권도 총본관을 발족시키고 총본관장으로는 김운용 대한태권도협회 회장을 추대함으로써 일사불란한 체계를 갖추게 됐다.[110]

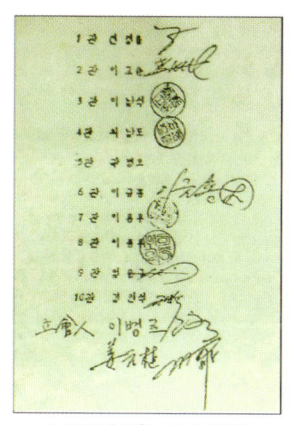

1978년 8월, 관 통합을 의결한 10개 관 관장단의 서명문서. 제4관 최남도와 제10관 김인석 관장도 포함됐다.

1977년 8월 7일 제2차 총본관 이사회는 승단 심사 추천 등 행정 업무를 총본관에서 일괄 통합하도록 정관을 개정했다. 이후 일선 사범들은 관을 거치지 않고 서울 을지로에 위치한 총본관을 방문해 승단 심사를 직접

---

109. 조선일보(1977.08.07.). 태권도 10개 관 통합. 총본관으로 발족.
110. 동아일보(1977.08.06.). 태권도총본관 발족. 10개 관을 통합.

신청했다.[111] 그러나 총본관 역시 10개관을 한데 모아 놓은 관 연합체에 불과했다.

1978년 8월 5일 마침내 태권도계의 오랜 숙원이던 관 통합이 결의됐다. 총본관 이사회의 결의에 따라 10개관을 폐쇄하기로 한 것이다. 서명 대표는 1관 전정웅(송무관), 2관 이교윤(한무관), 3관 이남석(창무관), 4관 최남도(무덕관), 5관 곽병오(오도관), 6관 이금홍(강덕원), 7관 이용우(정도관), 8관 이종우(지도관), 9관 엄운규(청도관), 10관 김인석(관리관-무덕관 분파) 그리고 입회인으로 이병로와 강원식이 서명했다.[112]

총본관 및 개별관 폐쇄

1978년 3월, 관 통합이 추진되던 막바지 홍종수는 무덕관의 후임 총관장인 김인석과 최남도와 함께 통합을 모색했다.[113] 마침내 3월 16일 무덕관의 관장단이 모여 관 통합을 결의했다. 이날 홍종수 전임 총관장이 입회한 가운데 제4대 총관장 김인석은 관리관 대표로 그리고 제5대 총관장 최남도는 무덕관 대표 자격으로 문서에 날인했다.[114]

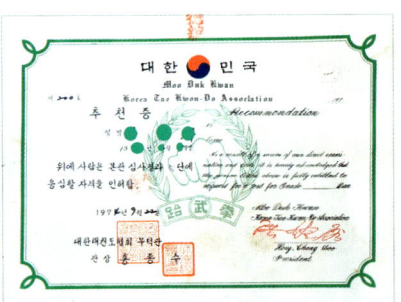

국기원 건립 이후 1974년 무덕관 홍종수 관장 명의로 발급된 승단 추천증. 이때까지만 해도 각 관은 승단을 위한 예비 심사를 시행한 후 협회 단 심사를 추천했다.

10개관이 서명한 통합결의서가 1978년 8월 5일자로 확정됐지만, 무덕관은 5개월 전부터 관 통합을 내부적인 절차를 미리 진행했다. 1978년 4월 8일에는 최남도 관장이 협회에서 열린 관장 회의에서 관 통합을 강력히 거론했고 관 통합은 더욱 활기를 띠기 시작했다. 이 사실을

---
111. 육성철(2002.04). 이종우 국기원 부원장의 '태권도 과거' 충격적 고백. 월간 신동아. 305.
112. 서완석, 이종관 김영선(2021). 『이종우, 현대 태권도의 종합 설계자』, 국기원. 136.
113. 홍종수(1978.03.07.). 「우당일지」.
114. 홍종수(1978.03.16.). 「우당일지」.

들은 홍종수는 관 통합이 순수하고도 순리적인 방향으로 추진되길 갈망했다.[115]

1978년 10월 26일에 이르러 총본관이 전격 폐쇄되면서 30년간 존재했던 관의 역사는 대단원의 막을 내렸다. 10월 26일, 협회는 전국 시도 태권도장의 모든 행정사무를 관을 거치지 않고 직접 관리하기로 공표했다. 10개관 통합 역할을 맡아온 총본관은 1년을 넘기면서 사실상 폐지됐다.[116]

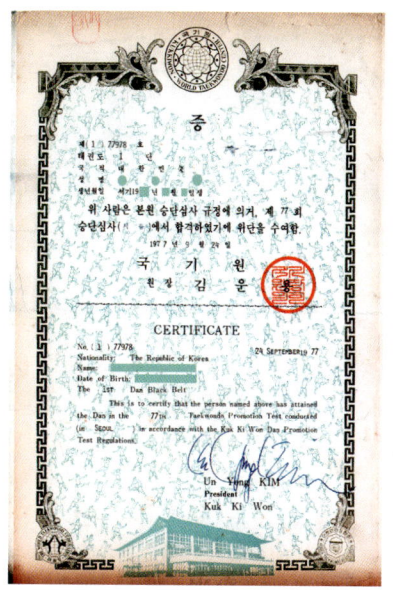

1977년 발급된 국기원 단증. 1978년 관 통합 이전부터 국기원 공인 심사가 시행됐다.

관 통합 이후 홍종수의 심정

관(館) 폐쇄에 대한 홍종수의 생각은 어떠했을까. 당연히 그는 통합 협회의 창설에 호응하고 조력했다. 왜냐하면, 홍종수는 관 통합으로 구성된 대한태권도협회와 세계태권도본부 국기원의 핵심 인사였기 때문이었다.

하지만 다른 한편으론 그는 무덕관의 수장이었기에 관 조직에 대한 애착과 관 해체에 대해 아쉬움도 남아 있었다. 관의 연합체인 공식 협회와 국기원이 창설되는 과정에서 그 역시 대의명분에 따라 행동했다. 그러나 마음 한켠으로는 관이 최소한의 조직 영위와 친목회로서 존속했으면 하는 바람도 교차했다. 그러한 상반된 심정은 그의 일기에 여기저기 표출됐다. 그럼에도 불구하고 그는 시대 변화에 따른 태권도 대세에 순응할 수밖에 없었다.

1979년 관 해체 후 홍종수는 각 관 계열별로 미묘한 동향이 있다는

---

115. 홍종수(1978.04.08.). 「우당일지」.
116. 국기원(2021). 『국기원 반세기』. 376.

소문을 들었다. 그는 여러 방면으로 각 관의 동향을 예의주시해야 한다고 판단했다. 일부 관은 관 복구를 위해 협회 탈퇴까지 불사한다는 풍문도 있다고 했다. 하지만 그는 관의 부활은 결코 허용해서는 안 되며 절대 경시할 문제가 아니라고 결의를 다졌다.[117]

관 통합이 성사된 지 1년 후 관 통합에 반발하는 세력이 생겨나자 홍종수는 다음과 같이 일기에 적었다.

"일부 몰지각한 무리가 관 부활을 획책하며 협회 탈퇴를 계획한다는 소문도 나돌고 있어 매우 심각한 상황이다. 모름지기 깊은 사려와 예민한 감지력을 동원해 난국을 잘 헤쳐가야 하겠다. 무엇보다 국기원 김운용 원장이 확고한 지도노선을 가다듬도록 해야 한다. 그리고 나를 포함한 믿을 수 있는 참모 즉, 각 관 출신 임원들의 확고한 결집(結集)이 긴요하다."[118]

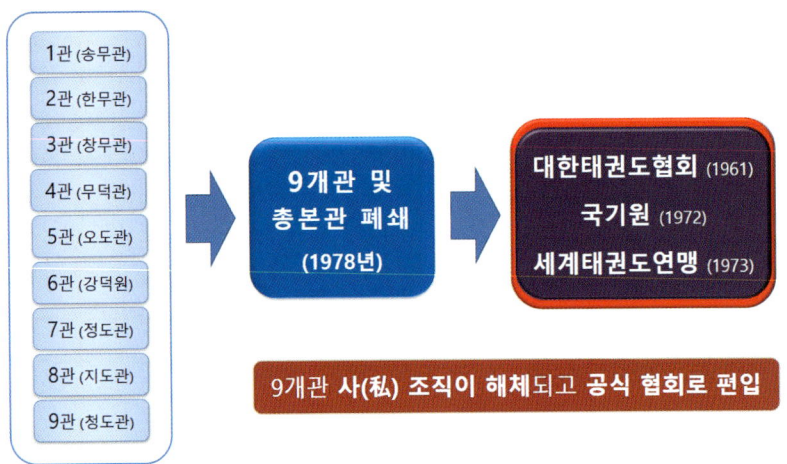

관 통합이란 관 중심의 사조직을 해체하고 KTA, 국기원 등 공식기관과 시·도, 지역 중심의 공조직으로 전환한 사안이다. 아직도 관(館) 단증을 발급하는 등 친목 단체의 의미를 넘어선 관 조직과 세력 확장이 문제시되고 있다.

---

117. 홍종수(1979.04.06.). 「우당일지」.
118. 홍종수(1979.03.31.). 「우당일지」.

3. 국기원에 세워진 관 통합 기념비

2022년에 국기원에 세워진 관 통합 조형물. 왼쪽에서 두 번째 제4관 무덕관 상징물에 관훈(館訓)과 함께 홍종수 관장의 이름이 새겨졌다.

관 통합 상징물 설치

2022년 6월 16일 이동섭 원장은 태권도 관(館) 통합의 역사적 위업을 상징하는 기념비를 국기원에 세웠다. 그 해는 국기원이 개원한 지 정확히 반세기만이었다. 관 통합 상징물은 태권도 발전의 분수령이 된 역사적 쾌거를 기념하고 태권도인의 단합을 경축하는 취지로 축조됐다. 국기원은 개원 50주년을 맞아 2021년 11월부터 태권도 관 통합 기념비와 김운용 초대원장의 흉상 제작에 착수, 약 8개월 만에 결실을 맺은 것이다.

이날 국기원에서는 태권도 관(館) 통합 기념식과 고(故) 김운용 국기원 초대원장의 흉상 제막식이 함께 개최됐다. 이는 태권도 발전의 초석이 된 태권도 관 통합의 역사와 의미를 되돌아보고, 김운용 초대원장의 업적과 정신을 기리기 위해 마련됐다.[119]

이날 행사에는 태권도 원로들을 비롯해 태권도 유관단체 관계자, 국기원 임직원 등 500여 명이 대거 참석했다.

---
119. 무카스미디어(2022.06.10.). 국기원, 16일 태권도 '관 통합' 기념비 제막식 개최. https://mookas.com/news/18450

이동섭 국기원장은 기념사에서 "1972년 중앙도장으로 개원한 국기원의 부흥을 이끌고, 태권도가 세계인이 사랑하는 스포츠가 되기까지 공헌한 김운용 초대원장님의 진취적인 태도와 도전정신을 본받고, 태권도 관 통합이라는 대의를 위해 희생과 헌신을 마다하지

2022년 태권도 통합과 발전에 기여했던 원로들의 사진이 국기원 복도에 게시됐다.

않으신 원로님들의 정신을 잊지 않고 더욱더 혁신하고 도약하겠다"라고 말했다.[120]

상징물은 관 통합을 통해 세계로 뻗어 나가는 태권도의 역동성과 9개 관이 합쳐져 국기원이 만들어졌다는 의미를 형상화했다. 관 통합 기념비는 '태권도의 역사를 전하다'라는 작품명으로 태권도 띠를 모티브로 전체 구조를 설계했다. 햇빛이 잘 드는 국기원의 남문에 위치하여 방문객들의 시선을 끌게 됐다.[121]

제4관 무덕관의 상징

관 통합 상징물에는 각 관의 약사(略史)와 관훈, 엠블럼이 새겨졌다. 또한, 관 창설자와 1978년까지 관 통합에 참여한 관장 이름도 명기됐다.

제4관 무덕관 기념비에는 무덕관의 약사와 관훈이 나와 있다. 아울러 이강익, 홍종수, 김인석, 최남도에 이르는 역대 관장의 이름도 적혀 있다.

홍종수가 이끌었던 무덕관은 관명(館名)을 대체한 단어인 '제4관'으로 명명돼 왼쪽에서 2번째 위치했다. 특히 무덕관은 당

---

120. 여원뉴스(2022.06.16.). '태권도 관 통합 기념비 및 김운용 초대 원장 흉상' 국기원서 제막. http://www.yeowonnews.com/sub_read.html?uid=87053
121. 국기원(2023). 『국기 태권도의 위상과 비전』. 153.

시 9개관 중에 관세(館勢)가 가장 강대했다. 이 상징물로 인해 국기원은 현대 태권도 발전 과정에서 설립된 통합 단체이자 사적지(史蹟地)로 구색을 갖추게 됐다.

오늘날 태권도가 올림픽 정식종목이자 법정(法定) 국기가 되고 한류의 원조로서 세계적 위상을 누리고 있다. 그 주된 원동력은 태권도인들의 대동단결에서 찾을 수 있다. 즉 관 통합과 협회 단일화의 성사가 태권도의 성립과 발전에 분기점이 됐던 것이다.

관 통합은 태권도의 단합과 번영에 필수적이고 절대적인 조건이었음에도 불구하고 장장 30년간 소요됐다.

관 체제의 부활 경계해야

1978년 단행된 관 통합은 이전 30여 년간 태권도계에 만연했던 편협한 관(館) 의식과 분쟁을 근본적으로 해소하는 역사적인 쾌거였다. 태권도가 세계적 국기 무예스포츠가 되고 국기원이 위상을 갖출 수 있었던 원동력이 바로 관 통합 덕분이다.[122]

그런데 근래에 이 같은 관 통합의 명분과 취지를 무시하고 시대착오적인 관 수호자(?)들이 존재한다. 소싯적 자기가 수련했던 관에 대한 향수나 애정 그리고 선후배 관원들이 어울리는 친목 활동 정도는 별문제가 없다. 그러나 관 계파 조직을 설립하고 관 단증까지 발급하는 것은 관 통합의 대의에 분명히 역행하는 처사이다. 관의 존속을 내세우면서 개인의 영달이나 금전적 이득까지 취하는 행태는 이미 사라진 관을 악용하는 사례이다.

한 인터넷 신문에는 '태권도를 분열시키는 관모임을 우려합니다'라는 글이 올랐다. 그 내용을 간략히 소개한다.

"현대 태권도로 어렵게 통합해 태어난 태권도를 분열시키는 관모임을 우려합니다. 무엇을 위해서 과거로 돌아가나요? 태권도인들에게 부탁 겸

---
122. 국기원(2022). 『국기원 50년사』. 377.

한민족의 자존감과 자긍심을 위해서 부탁합니다.

　힘겹게 태어난 국기 태권도입니다. 일본이나 중국무술을 도입한 태권도 1세대들이 의기투합해 만들어놓은 태권도를 통합이전의 상태로 몰고 가서 각관 친목을 넘어서 세를 과시하고 단증 발행까지! 한마디로 과거에! 왕년에! 하면서 자기와 관을 과시하는 못난 선배들의 작태입니다, 왜 그런대요? 나도 같은 부류일 수 있음을 부끄럽게 생각합니다.

　태권도는 우여곡절 끝에 민족 무예로 거듭난 우리의 자랑스러운 국기라고 표현하고 싶습니다. 이러한 태권도를 우리 태권도인들이 합심해 다 함께 지켜나가길 호소합니다."[123]

서성원의 발칙한 시선
(1) 국기원은 10개 관이 통합해 만들어졌다.
(2) 관에 소속되지 않은 사람은 태권도인이 아니다.
(3) 각 관별로 3명씩 원장선출권 주고 1명씩 이사로 선임해 달라

2019년 서성원 기자는 「태권도 관(館)을 대표하는 사람들의 '해괴망측한 요구'」란 기사를 썼다. 서 기자는 관 대표단의 위 주장이 이치에 맞지 않고 시대착오적이라 게재했다. (태권박스미디어, 2019.07.07. http://www.tkdbox.com/).

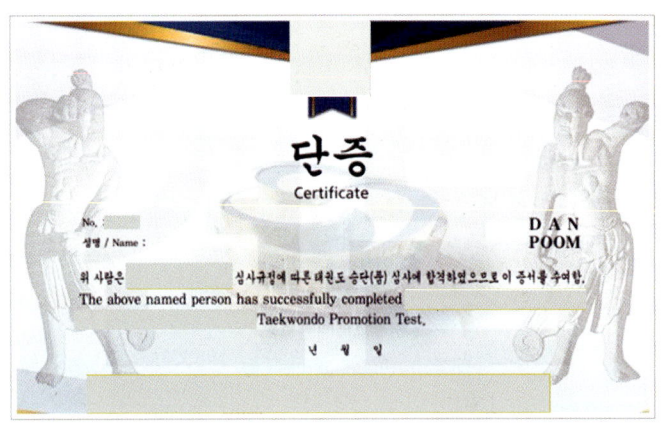

한 관 조직의 품단증 견본. 1978년 9개관이 폐쇄되었음에도 불구하고 50여 년이 지난 지금까지도 관 단증이 버젓이 거래되고 있다.

---

123. 진종호(2019.12.15.). '태권도 분열시키는 관 모임' 우려합니다. 무도매거진. http://www.moodomagazine.com/551

제6장
태권도 번영에 몸 바쳐

우당어록

홍익인간 태권도 정신

백두대간(白頭大幹) 그 옛날 하느님은 국조 단군에게 나라의 터를 내리시니 동방의 성지, 백두대간이라 눈 덮인 영봉(靈峰) 천지의 정기가 압록과 두만, 두 강물에 흘러 젖줄이 되었네. 북쪽에는 거악(巨嶽) 흥안문맥(興安文脈)이 감싸주니 이곳은 우리 조상 땅 옥야(沃野) 칠천리(七千里)

태백산맥(太白山脈) 근골(筋骨) 삼아 펼쳐진 강산 한 폭의 그림인가 금수(錦繡) 삼천리 남쪽에 백록담에 신묘한 구름 춘하추동 조화 속에 사계절 뚜렷하니 살기 좋은 우리 강토 배달민족 좋을씨고 서해와 동해 바다 용솟음쳐 춤을 추니 푸르고 높은 기상 하늘에 닿고 장엄한 풍광 속에 아침을 연다.

태권도의 조직은 도의(道義)를 숭상하는 집단이다. 국가와 민족을 위해 국조의 개국 정신이 계승돼야 한다. 홍익인간은 배달민족의 원초적인 민주사상이기 때문이다. 태권도인은 홍익인간의 정신으로 사회 융화에 일조하자. 홍익인간(弘益人間) 제세이화(濟世理化) 서로 돕고 서로 아끼고 사랑하고 신뢰하는 세상을 만드는 일

단기 4324(1991)년 개천절, 우당(愚堂) 홍종수

제6장
태권도 번영에 몸 바쳐

태권도 발전에 대한 홍종수의 기여는 그의 나이 30대 중반이었던 1965년 무덕관 협회 가입부터 본격적으로 시작됐다. 이때부터 그는 태권도 핵심기관인 대한태권도협회, 국기원, 세계태권도연맹의 임원이 되어 많은 활약을 펼쳤다. 그가 태권도계 고위 임원으로 계속 선임될 수 있었던 가장 큰 이유는 원융자재(圓融自在)와 중용(中庸)으로 화합을 이끌어내는 그의 능력을 꼽을 수 있다. 당시 태권도계는 관 계열의 불협화음으로 혼란과 분열이 극도에 달했던 시기였다. 즉 관 통합과 같은 내부 결속과 대의적 협력으로 국기화와 세계적 도약이 절실했다. 일대 혁신의 시기에 홍종수는 화이부동(和而不同)을 견지하며 태권도계 내부의 반목과 충돌을 조정하는 해결사 역할을 했다. 또 그는 매사에 공사(公私)를 분명히 했고 가식적인 말보다는 행동으로 소신을 실천했다.

현대 태권도 발전에 기여한 핵심 인사. 왼쪽부터 홍종수, 이종우, 엄운규 원로가 함께 자리했다.

제1절. 태권도 조직의 활성화

1. 대한태권도협회 임원

1965년 무덕관이 분리돼 협회에 귀속됨으로써 '태권도 무덕관'이 새롭게 등장했다. 당시 황기의 수박도회 무덕관의 부관장이었던 홍종수를 비롯해 이강익, 김영택, 오세준, 정창영 등 무덕관 중진들과 함께 협회에 진출했다. 홍종수는 1966년 협회 이사를 거쳐 1968년 협회 전무이사로 중용됐다. 이후 국기원과 대한태권도협회 실무 부원장을 맡아 태권도 발전에 기여했다.

협회 임원진에 진출

홍종수가 1965년 무덕관 세력을 이끌고 협회에 합류하자 협회는 무덕관 인사를 임원으로 대폭 기용했다. 무덕관의 협회 배속이 성사된 지 이듬해 1966년 홍종수는 협회 이사로 선임됐다. 김영택은 부회장으로, 이강익은 재무이사로 그리고 오세준은 홍종수와 함께 이사가 됐다. 또 김해동은 감사로 정해졌다.

1970년 KTA 홍종수 전무이사(맨 왼쪽)가 경기장에서 업무를 보고 있다.

1966년부터 협회는 최홍희 전임회장과의 갈등으로 과도기적 상황이 빚어졌다. 지난 일 년 동안 이종우, 엄운규, 이남석 등 협회 운영 주도권을 행사해 오던 소장파 임원들은 최홍희 회장에 반기를 들었다. 특히 소장파 자신들이 추진해오던 태권도 경기 방식과 협회 발전 방안 등 주요 현안에 대해 최 회장과 뜻이 맞지 않았기 때문이었다.

협회는 제4대 회장으로 노병직 송무관 관장을 선출했고 청도관 관장 엄운규는 상임부회장을 맡아 집행부를 개편했다. 수박도회 지도관 윤쾌병

관장 계열도 협회에 가입함으로써 거국적인 통합이 실현됐다.[1] 한편 최홍희는 1년 만에 협회에서 물러나 국제태권도연맹을 창설하는 독자적 행보를 보였다.

1970년 KTA 홍종수 전무이사(맨 왼쪽)가 경기장에서 업무를 보고 있다.

1971년 KTA 신임 김운용 회장과 협회 임원들. 왼쪽부터 홍종수 전무, 전계배 재미사범, 김운용 회장, 이종우 기술심의회 의장, 김순배 협회 임원이다.

이러한 미묘한 상황에서 홍종수는 처음으로 협회 활동에 참여하게 됐다. 1966년은 협회가 출범한 지 5년째 접어들자 많은 사업이 활발히 전개됐다. '제2회 전국 신인선수권 대회'를 필두로 '한일 친선 교환경기를 위한 대표선수 선발전', '제4회 전국 중·고등 및 대학 단체대항전' 등 여러 경기가 개최됐다. 특히 이해에는 '제1회 대통령기 쟁탈 전국 단체대항전'과 '제1회 전국 중·고·대 종별 개인선수권대회'가 창설되기도 했다.

한편으로 해외 태권도 보급 열기가 고조됐다. 태권도 보급을 위해 해외로 진출한 사범들과 이미 해외에 파견된 사범들의 활동 소식이 언론에 각광을 받았다. 조선일보, 동아일보, 경향신문 등 주요 일간신문은

---

1. 조선일보(1966.03.24.). 태권도협회 통합. 수박도회 산하 지도관계.

태권도의 국제적 위상을 보도했고 국민의 관심을 끌게 했다.[2]

1995년 한 회의를 주재하고 있는 홍종수 상근부회장

협회 요직에 중용

홍종수는 1967년과 1968년 섭외이사를 거쳐 1969년에 2년간 협회 전무이사로 전격 발령을 받았다. 이로써 그는 협회에 참여한 지 3년 만에 핵심 실세로 부상한 것이다. 협회는 정기 대의원 총회에서 김용채 회장을 제6대 회장으로 재추대했다. 전 해 전무이사였던 이남석 창무관 관장은 엄운규와 함께 공동 부회장으로 그리고 홍종수는 전무이사로 선임됐다. 무덕관 인물로는 정창영이 협회 이사로 그리고 김해동이 감사로 잔류했다.[3]

홍종수가 협회 전무이사로 승진한 것은 협회 내에서 자신의 능력을 인정받고 입지가 확고해졌다는 의미였다. 특히 김용채 회장은 홍종수를 신임했고 협회가 처한 난국을 해결할 수 있는 적임자로 그를 천거했을 것이다.

---
2. 대한태권도협회(2014). 『대한태권도협회 50년사』. 80~85.
3. 대한태권도협회(2014). 『대한태권도협회 50년사』. 92.

하지만 이 시기 협회는 많은 난제에 직면한 상황이라 홍종수는 전무이사직 수행에 적지 않은 어려움을 겪었던 것으로 보인다. 기본적으로 협회는 1달이 멀다 하고 각종 경기와 승단심사 업무를 수행했다.

또 수련생 인구 1백만 명의 태권도를 한국의 국기(國技)로 결정한다는 계획도 구상됐다. 게다가 어엿한 태권도센터를 세워 태권도의 질적 향상을 도모하는 한편 전국의 향토예비군에게 중대 단위로 태권도를 가르칠 방침도 수립했다.

1971년 KTA 홍종수 전무(왼쪽)와 김운용 회장이 해외사범을 맞이했다

해외 태권도 보급 업무도 2배 이상 증가했다. 협회는 1969년 태권도 사범 해외파견 2배 늘이기 목표를 책정했다. 20여 명의 태권도 사범을 선발해 세계를 일주하며 홍보한다는 거창한 시범계획을 문교부에 요청했다.[4]

이 해에 최초로 여자 사범의 해외파견과 어린이 시범단의 해외 시범 활동이 처음으로 전개됐다. 이란에는 육군태권도교관단 파견이 이루어졌고[5] 특히 중동 지역과 인도, 파키스탄 등 중립국에 적극적인 문화외교 관계를 맺어 태권도를 수출한다는 추진 계획도 실행에 옮겼다.

최홍희의 국제태권도연맹과

1996년 KTA 상근부회장 홍종수가 이필곤 신임회장에게 협회기를 인계하고 있다.

---
4. 경향신문(1968.12.26.). 태권도사범 20명 해외파견을 질충.
5. 대한태권도협회(2014). 『대한태권도협회 50년사』. 94.

극심하게 분쟁했고 홍종수의 친정 대한수박도회와도 심한 갈등도 야기됐다. 이에 대해 협회는 국제연맹과 분규 수습 방안을 실행하고 17개 중앙도장의 관명(館名)을 없애는 방안도 착수했다.[6] 특히 홍종수는 이전 자신이 몸담았던 수박도회가 '일본 공수도대회 파견' 건이 논란이 돼 난처한 입장에 처하기도 했다. 그러나 그는 체육행정의 일원화를 위해 협회 이사회에서 의결한 대한수박도회 해체를 건의하는 3개항 채택에 동의했다.[7]

김운용 회장과 발맞추어

1971년 태권도계에 혁신적 변화가 도래했다. 1971년 1월, 대한태권도협회 제7대 회장으로 김운용이 부임했다. 그는 박정희 정부의 중심부인 경호실 보좌관을 역임한 권력의 실세였다. 아울러 명문 사립대 출신으로서 지식이

국기원 홍종수 부원장은 김운용 원장과 발 맞추어 오랫동안 태권도계를 이끌었다.

풍부하고 외국어에도 능통했다. 지도관 관장 이종우가 섭외했고 무덕관의 홍종수, 청도관의 엄운규 등 실세들이 합심해 김운용을 회장으로 영입했다.[8]

무엇보다도 그때는 바람 잘 날 없는 태권도계를 통솔할 수 있는 리더로서 협회 회장의 능력이 절실히 요청되는 시기였다. 김운용은 회장 부임 직후 다음과 같은 소회를 밝혔다.

"당시 대한태권도협회는 체육 단체 중 가장 말썽이 많은 곳이었다.

---

6. 경향신문(1969.02.11.). 예비군에도 보급. 김 태권 회장, 국기(國技) 결정을 다짐.
7. 조선일보(1970.10.31.). 수박도회 해체 건의.
8. 서완석, 이종관, 김영선(2021). 『이종우, 현대 태권도의 종합 설계자』.

1995년 전국체전 태권도 경기장에서 김운용 총재와 대화 중인 KTA 홍종수 전무(오른쪽)

무덕관, 청도관, 지도관, 창무관, 송무관, 한무관, 정도관, 강덕원, 오도관 등 17개 유파가 군웅할거식으로 반목하고, 단증도 자기들 마음대로 발급했다. 체계도 잡혀 있지 않아 어떤 곳에서는 일본 공수도의 품새[形]를 그대로 쓰고 있었다. 장충체육관에서 대통령기 대회를 할 때 공수단 1개 대대와 해병대 1개 대대가 와서 싸우는 바람에 난장판이 되기도 했다. 사범 교육 제도도 없고, 재정도 없었다. 더구나 제3대 태권도협회장을 지낸 최홍희 씨가 국제태권도연맹(ITF)을 창설해 태권도계가 양분된 양상이었다."[9]

홍종수는 신임 김운용 회장 체제에서도 전무이사직을 연임했다. 회장이 바뀌어도 3년째 그는 협회 요직을 유지했다. 무덕관 인사로는 정창영만이 협회 이사직에 잔류했다. 홍종수는 협회 임원들과 더불어 김운용 체제의 첫해를 분주하게 보냈다.

기본 사업인 십 여종의 경기와 월 정기 승단심사의 개최, 기술심의회 창설, 협회 기관지인 「태권도(계간)」지 창간, '국기 태권도'의 공식적 표방, 지도자 교육 및 심판교육의 시행, 협회 중앙도장 국기원 기공 등 갖가지 업무가 숨 가쁘게 추진됐다.[10]

---

9. 김운용(2002). 『세계를 향한 도전』. 연세대출판부.
10. 대한태권도협회(1971). 태권도 제1호.

1990년
세계태권도연맹 회의를
준비 중인
홍종수 실행위원과
김운용 총재

태권도의 국기 칭호에 환호

홍종수가 1971년 협회 전무이사 재직 시절 당시 박정희 대통령에 의해 태권도는 국기로 호칭됐다. 김운용은 협회 회장을 맡자마자 태권도를 국기로 인정받는 경사를 일궈냈다. 정부의 수반인 대통령이 직접 쓴 '국기 태권도'란 휘호는 태권도의 위상을 단번에 승격시켰다.

여기서 '국기 태권도'에 대한 일화를 소개한다. 김운용은 회장에 취임하자마자 태권도를 국기(國技)화하려고 동분서주했다. 그런데 체육계에서는 "씨름이나 축구가 한국의 국기지 태권도가 어떻게 국기냐"하는 반론이 많았다. 김운용은 보란 듯이 대통령에게 '국기 태권도'라는 휘호를 받았다. 그것을 수천 장 인쇄해서 전국 태권도장에서 걸게 했더니 그런 말들이 싹 없어졌다고 한다.[11]

홍종수는 태권도의 국기적 위상 확립에 대해 다음과 같은 견해를 밝혔다.

"우리의 국기(國技) 태권도는

1989년 세계태권도선수권대회 축하연.
왼쪽부터 홍종수, 이종우, 김운용, 김순배,
엄운규 협회 임원진

---

11. 김운용(2002). 『세계를 향한 도전』. 연세대출판부.

한국의 태권도에서 세계인의 스포츠로 격상했다. 이제 지도층은 물론 전 태권도인은 능력을 다해 종주국의 범세계적 차원에 대처할 시기에 있다. 정신, 이론, 고도의 기술개발, 조직의 강화에 더욱 역점을 두어 강력하고 합리적인 지도와 교육으로 보다 바람직한 국기 태권도상(跆拳道像)을 확립해야 할 것이다."¹²

태권도의 내일을 펼치다

1972년 홍종수는 대한태권도협회 이사 겸 기술심의회 부의장에 선출됐다. 기술심의회가 본격적으로 기능을 발휘하면서 초·중·고 학생들을 위한 태권도 품새 등 기술 정립, 태권도 교본 발간 등 업무에 착수했다. 그리고 홍종수는 태권도의 현황과 전망에 대해 '태권도의 내일을 펼치다'란 제목으로 장문의 글을 협회 기관지에 다음과 같이 게재했다.

1971년 홍종수는 KTA 전무이사로서 협회 기관지 4호에 태권도의 발전 방안을 천명했다.

우리나라의 태권도는 8·15 광복과 더불어 새로운 모습으로 그 체계를 알차게 갖추기 시작해서 어언 4반세기를 맞았다고 하겠습니다.

그동안 6.25 민족수난사로 인해 태권도가 겪어야 했었던 애로점 역시 헤아릴 수 없이 많았다고 하겠으나 월남전에 한국군이 참전함을 계기로 해서 한국태권도는 그 어느 때에 비교할 수 없는「붐」을 국내외적으로 불러일으켰던 것입니다.

그러나 오늘날의 양상은 다소 달라진 느낌입니다. 해외 사정은 차치해 놓고 국내적인 실정을 잠깐 살펴볼 때 태권도 인구에 적지 않은 변동이

---

12. 홍종수(1975.01.20.)「우당일지」.

생겼을 뿐만 아니라 연령층에도 변화를 보이고 있습니다. 태권도 인구의 변동 상의 실례로서는 도장 수가 늘어난 관계도 있겠지만 과거에 볼 수 있었던 수효에는 미치지 못하고 있습니다.

그리고 연령층의 변화상도 어린 층이 많은 반면에 중·고등학생이나 일반이 줄어들고 있는 현상입니다. 어린이층이 늘었다 함은 중학 입시제도가 폐지된데서 온 현상이며 반면 중·고생들이 줄어들었음은 치열한 입시 관계가 아닌가 추측이 됩니다. 그러나 비상사태하에서 더욱이 승공통일을 절대적인 우리의 사명으로 삼고 있는 우리의 실정으로 비추어 볼 때, 태권도는 마땅히 전투력을 기르는 수련과목으로 고등학교 이상에게는 적응되어야 한다고 봅니다.

그는 태권도의 비전, 협회 운영방침 등과 함께 태권도인들의 자질 향상도 거론했다(태권도지 제4호).

만일 이렇게 된다면 태권도는 자연 그 인구가 증대하게 될 것은 자명한 일이라고 하겠습니다.

◇ 대중적 스포츠로 전환 여부

(생략) 태권도가 일반 스포츠로서 좀더 발전을 이루자면 경기에 임하는 선수나 심판뿐만 아니라, 경기를 관람하는 사람들에게 흥미와 긴박감과 흥분을 곁들인 스포츠 경기로서의 진가를 나타낼 수 있도록 검토되고 연구하고 개발돼야만 하겠습니다. 본인이 알고 있기로는 협회에서는 이 문제에 대해서도 성의 있는 대책이 지금 마련돼가고 있는 것으로 알고 있어 마음 든든한 바가 있습니다.

◇ 태권도의 일반화를 위한 의견

태권도는 이미 국민 대다수가 반기는 경기로서 그 터전을 확실하게 굳혔습니다. 우선은 군경(軍警)이 태권도를 필수 과목으로 수련하고 있음을 손꼽을 수가 있겠습니다. 그리고 오는 1973년도부터는 전국의 초등학교와 중·고등학교 그리고 대학에 이르기까지 교과 과정으로 태권도가 채택될 것으로 전망되고 있습니다. 이렇게만 된다면 태권도는 명실상부한 국기(國技)로서 자부할 수 있게 될 것이요, 그야말로 국기로서의 토착화가 완전하게 이루어진다고 말할 수가 있게 될 것입니다.

◇ 보호구 수련의 과학적 개선책

한국의 태권도를 세계의 것으로 이끌어 올리기 위해서는 보호구 착용은 필수요건이 아닌가 합니다. 그러나 현재 우리가 사용하고 있는 호구가 만족스러운 것이 못됩니다. 여러 면으로 좀 더 합리성을 지닌 호구 개발이 이루어져야만 하겠습니다. 이에 대해서도 지금 기술전문위원회에서 끊임없는 연구를 거듭하고 있어 세계에 자랑할 수 있을 호구의 개발이 곧 이루어질 것입니다.

KTA가 주최한 행사에서 홍종수 부원장(중앙)과 황춘성 전무이사(왼쪽)

◇ 끝을 맺으면서

협회에서는 일선 사범들의 자질을 향상시키고, 일반 수련자들의 기술 면, 정신 교양 면, 인격도야 면에서도 유감없는 체계와 기초공사를 이미 끝냈습니다. 1971년 11월 19일 협회 맘모스 중앙도장의 기공식을 보았고 또한 교육 기자재에 대한 준비도 완료되었습니다. (중략) 태권도인 스스로가 정신적으로나 육체적으로나 바른 자세와 모범의 상징이 됐을 때 온 국민은 태권도와 더불어 즐겨 호흡을 함께 할 것이요, 태권도가 갖는 참된 정신이 온 국민의 자랑스러운 기풍으로 번져 가게 되면 우리들 태권도인만의 자랑이 아니요. 실로 국가 백년대계의 서광이 아닐 수가 없을 것입니다.[13]   홍종수(KTA 전무이사 겸 기술심의회 부의장)

태권도 경기 관전평

"부산구덕체육관에서 벌어진 제10회 전국 중·고·대학 단체대항전은 분투하는 선수와 내외의 성원 속에 무사히 막을 내렸다. 이는 대회를 주최한 부산시태권도협회의 성의 있고 세심한 노력의 결과라고 생각한다. 중앙에서 열렸던 어떤 경기에 비교해도 손색이 없는 훌륭한 대회 운영에 감사드리는 바이다."

홍종수는 1972년 부산에서 열린 한 태권도 경기를 참관한 후 이러한 관전평을 썼다. 그는 부산에서 이틀간 지도자 교육을 시행했고 바로 이어 제10회 전국 중·고·대학 단체대항전을 개최됐다. 그때 그는 협회 임원 자격으로 경기를 관전했다. 이 대회를 유심히 관람한 그는 관전평을 협회 기관지에 게재했다.

그는 대회 3일간 세심히 관찰하여 중·고·대학 각 부별 경기 경과를 전반적으로 정리했다. 특히 자신의 후배인 고의민 코치의 광성고가 우승한 결과를 반기면서도 준엄한 충고도 아끼지 않았다.

1972년 홍종수는 제10회 전국 중·고·대학 단체대항전 경기 관전기를 KTA 기관지에 게재했다.

이 대회에 행운을 잡은 광성고가 동산고를 이긴 승리감에 도취보다 대통령기쟁탈전의 고등부 우승팀 남산공전이 불참한 경기였기에 자중이 있어야 마땅하고 전날의 설욕을 위한 맹렬한 수련을 더 쌓아야 한다고 홍종수는 평했다.[14]

13. 대한태권도협회(1972). 태권도(계간) 제4호. 34~35.
14. 대한태권도협회(1972.09.).「태권도(계간)」. 제6호. 67.

상근부회장으로서 활동

홍종수는 협회 전무이사와 국기원 부원장을 역임한 후 1992년에서 대한태권도협회 상근부회장으로 취임했다. 그의 역할은 회장을 보좌해 많은 사업과 행사와 주관하고 직원을 통솔하는 것이었다. 그의 여러 업적 중의 하나는 협회 시범단을 이끌고 중국 여러 지역을 순회하며 태권도를 소개한 일이었다.

재임 중 세계태권도선수권대회 4연패 달성

홍종수는 1989년부터 1996년까지 7년간 대한태권도협회 상근부회장으로 재직했다. 그의 재임 기간 중, 한국 대표선수단은 1989년, 1991년, 1993년, 1995년 4회에 걸쳐 세계태권도선수권대회에 참가해 종합 우승을 차지했다. 이 쾌거는 상근부회장으로서 명예뿐만 아니라 그의 행정력과 리더십에도 긍정적인 평가로 남게 됐다.

1989년 세계선수권대회 남·여 대표팀을 환송하기 위해 공항을 방문한 홍종수 KTA 상근부회장

중국 수교 기념 시범단 인솔

1992년 12월 20일 한국이 중국과 수교가 전격 성사된 해를 맞아 협회는 중국에 시범단을 파견했다. 대한민국의 태권도가 처음으로 사회주의 국가 중국에 진출한 역사적 사건이었다. 협회 상근부회장이었던 홍종수 단장을 포함한 4명의 임원진과 8명의 시범단원을 합쳐 총 12명이 중국을 방문했다.[15]

---

15. 동아일보(1992.12.15.). 태권도, 중국 첫 상륙. 협회 20일 시범단 파견.

1992년 한국이 공산국가 중국과 수교하면서 민간 문화교류를 처음 시작한 태권도 시범단.
앞줄 가운데는 홍종수 시범단 단장

이번 시범단 방문의 주안점을 한국의 위상 제고와 중국 전역에 태권도를 보급하는 교두보 마련이었다. 시범단은 1주일 동안 연변대에서 1회, 연길 시립체육관에서 두 차례 등 모두 3회에 걸쳐 정통태권도의 진수를 과시했다. 길림성 체육지도자들과도 만나 태권도를 비롯한 한국스포츠의 현황을 상세히 전했다.

시범단을 인솔한 홍종수는 한 신문기자와의 대담에서 이렇게 밝혔다.

"중국은 북한이 주도하는 ITF(국제태권도연맹)의 입김이 센 텃밭이나 마찬가지입니다. 이곳에 한국태권도가 첫발을 내딛는 것은 큰 의미가 있지요. … 북한의 태권도가 무술의 성격이 짙은 점을 감안해서 이번 시범을 보다 재미있게 만들기 위해 많은 배려를 했습니다. 특수격파 등 교포들의 관심을 끌 수 있는 묘기가 상당수 선보일 것"이라고 그는 자신 있게 말했다.

이제 한국태권도의 발길이 닿지 않은 곳은 중국밖에 없다고 전제한 홍

단장은 "10억 인구를 지닌 중국은 십팔기, 쿵푸, 우슈 등이 성행하는 무술 애호 민족이어서 태권도의 보급이 순조롭게 이루어질 것으로 확신합니다."

특히 최근 국제무대에서의 열세를 만회하기 위해 평양에 태권도전당을 대규모로 짓는 등 안간힘을 쓰고 있는 북한을 완전히 제압하겠다는 것이었다. 홍 단장은 아현초등학교 4학년 때 만주로 건너가 그곳에서 4년 동안 생활한 적이 있어 중국이 그리 낯선 곳만은 아니라고 했다. 시범단원들이 중국에서도 예의 바른 행동을 할 수 있도록 예절교육에도 각별히 신경 썼던 것도 홍 단장의 의향이 반영된 부분이었다.[16]

한 일간신문에 대서특필된 태권도시범단의 중국 방문. KTA 상근부회장이자 대표시범단 단장인 홍종수의 인터뷰가 실렸다.

그는 태권도 시범단원을 인솔한 해외 보급 업무에 대해 이렇게 자평했다.

"나의 해외여행은 대부분이 직무와 연계된 고행이었다. 특히나 시범단을 이끌어 국위 선양에 공헌함을 나의 본업의 하나로서 최선의 노력으로 외국인들에게 우리 한 민족의 기품과 우수함을 알리는데 기여한 점, 어느 훈공에도 못지 않다."[17]

1980년대 국기원 대표시범단원들과 함께 한 홍종수 부원장(앞줄 가운데)

---

16. 조선일보(1992.12.19.). 대륙에 정통 태권도 진수 보인다. 중국 방문 홍종수 시범단장.
17. 홍종수(1992. 03.29.). 「우당일지」.

1990년대 국기원 대표시범단과 유럽을 방문한 홍종수 국기원 부원장

협회 연구개발특별위원회 위원장을 맡아

1996년 홍종수는 대한태권도협회 연구개발특별위원회 위원장으로 위촉됐다. 협회는 10월 31일 올림픽회관에서 연구개발특별위원회를 발족하면서 전 협회 부회장을 역임한 홍종수를 위원장으로 추대했다. 이 위원회는 태권도의 올림픽 영구 종목화와 태권도 종주국으로서의 위상 정립을 위한 소프트웨어 개발 등을 연구하며 산하에 경기규칙, 품새, 수련프로그램, 역사·정신 등 4개 개발팀으로 구성됐다.[18]

홍종수 특별위원장은 "완성된 연구를 통해 태권도가 세계문화로 뿌리내릴 수 있는 초석이 되도록 할 것"이라며 포부를 밝혔다. 이필곤 회장이 이끄는 신임 집행부는 그동안 꾸려온 사업계획을 검토하던 중 연구개발 성과가 미흡했음을 인지하고 연구사업이 필요하다는 집행부의 중지를 모아

위원회 출범을 보도한 국내 일간신문 기사 (경향신문 및 조선일보, 1996.10.31.)

---

18. 조선일보(1996.10.31.). 태권도(협) 연구개발委(위) 발족.

이러한 연구개발 특별위를 설치하게 됐다.

4개 영역 중 '역사-정신'은 홍종수가 각별한 관심을 갖는 분야였다. '역사-정신' 팀을 맡은 이승국 교수는 종주국의 위상 확립을 위해 세계 142개 회원국에 보급할 수 있는 역사와 정신(철학)의 정립을 목표로 정했다.

1996년 홍종수는 특별위원회 위원장으로 위촉돼 태권도의 체계화에 일익을 담당했다. (국기태권도신문, 1999.11.11.).

특히 역사·정신팀은 태권도의 정체성과 정신적 가치성을 다루기 때문에 그 중요성이 부각돼 역사적 고찰의 어려움을 피력했다.[19] 하지만 연구 결과는 홍종수의 지론과 거의 일치했다.

'태권도 정신에 관한 연구'란 제목의 연구 내용에는 '한 사상', '태극 이론', 단군신화와 홍익인간 등이 태권도 정신으로 거론됐다. 즉 태권도 수련은 삶에 대한 적극성과 타인에 대한 이해심 즉 홍익인간의 정신을 길러준다는 논리였다. 또 한 철학의 구성요소인 천지인(天地人)에서 지(地)는 홍익인간 곧 박애와 평화 사상을 뜻한다고 해설했다.[20]

---

19. 국기태권도신문(1996.11.11.). 위원장에 원로 홍종수 씨, 연구주제별 4개 팀 한시적 구성.
20. 안용규(1998). 태권도 정신에 관한 연구. 대한태권도협회 연구개발특별위원회 연구보고서. 20~40.

이 연구 결과는 홍익인간을 비롯한 한국 사상을 태권도 정신과 결부시킨 기초적인 의미와 과정으로 평가됐다. 홍익인간은 마침내 2021년 국기원이 발간한 태권도 교본에 태권도 정신으로 정식 채택됐다.[21] 이는 홍종수 한국 혼을 중시한 개인적 사상과 지론이 전 세계의 태권도 정신으로 온전히 정착한 것이었다.

성전건립추진위원회 위원

홍종수는 1996년 대한태권도협회가 추진한 성전건립위원회 위원으로 선임됐다. 12월 26일 서울올림픽회관 파크텔에서 '태권도 성전(가칭) 건립 추진위원회' 창립총회가 열렸다.

이날 총회에서 명예위원장에 김운용 세계태권도연맹 총재, 위원장에는 이필곤 대한태권도협회 회장을 각각 선출했다. 태권도계 원로 홍종수와 엄운규는 창립위원의 자격으로 자리를 함께 했다.[22]

시드니올림픽 이전까지 「태권도 성전」을 건립하기 위해 조직된 추진위원회에 홍종수도 가세했다.

태권도 성전 건립은 그해 9월부터 거론됐다. 올림픽회관 대회의실에서 '태권도 발전을 위한 대토론회'를 열고 태권도센터를 세워 종주국의 위상을 확실하게 정립해 나가기로 했다. 그해 12월 창립총회가 열렸다. 각계 인사 62명으로 건립 추진위원회가 구성됐다. 건립추진위원회는 재원 마련을 위해 5천 2백 개소 일선 태권도장과 370만 명 태권도 유단자 중심으로 건립 성금 모금 운동을 전개하고 정부와 체육진흥기금에서 지원받을 수 있는 여건을 만들어가기로 했다.[23]

---

21. 국기원(2021). 태권도의 정신, 『1. 태권도의 이해』, 태권도 교본.
22. 조선일보(1996.12.27.). 「태권도 성전 건추위」 창립총회.
23. 태권박스미디어(2021.03.01.). 1990년대 대한태권도협회 삼성 회장사의 명암. http://www.tkdbox.com

1996년 12월 26일 (가칭) 태권도 성전 건립추진위원회 창립총회에 참석한 홍종수 원로(뒷줄 왼쪽에서 다섯 번째).

2. 국기원 부원장

국기원 건립이 본격적으로 추진되던 1971년 홍종수는 협회 전무이사이자 태권도센터 건립추진위원회 간사를 맡았다. 1972년 11월 30일 마침내 국기원이 완공됐다. 이때부터 국기원의 시설 보수와 관리가 시작됐고 1973년 초, 그는 국기원 부원장으로 발령받았다.[24]

국기원 건립의 계획과 취지

홍종수는 국기원 건립을 소개하는 글을 1971년 태권도 기관지 창간호에 게재했다. 제목은 '맘모스 태권도센터가 세워진다.'였다.

"130만 태권인의 열화 같은 정성이 무르익어 바야흐로 서울 강남 역삼 기슭에 중앙도장이 세워질 계획이 착착 진행되고 있다. 무려 3천 평이 넘는 대지 위에 연건평 1천여 평의 방대한 계획으로 7월 초 착공될 예정이다. 1969년부터 본 협회는 130만 회원들의 수련 전당으로 센터 건립을 적극적으로 추진해 왔다.

이에 센터 추진의 촉진제로 첫 스타트는 회원들의 성의로서 자체 자금

---
24. 대한태권도협회(1973). 「태권도(계간지). 제7호 · 8호 합본호」.

모금의 필요성을 느껴 심사대회에 센터 기금을 첨가 모금해, 이제는 상당한 액수에 도달했다. 더욱 강조할 것은 1970년도 국회 예산에서 국고보조금 2,850만 원이 결정됐는데, 이에는 전임회장 김용채 씨의 공이었음을 130만 전 회원과 함께 감사하는 바이다.

한국적이며 한국의 얼을 상징할 수 있어야 하겠기에 본회는 사학가를 비롯하여 각계 권위자들의 자문을 받아 지붕은 한식으로 하고 외모는 현대적이면서도 웅장함과 경건함이 담뿍 풍기도록 했다. 지붕의 기와는 한국만이 가지고 있고 한국만이 자랑할 수 있는 청기와를 입히도록 했다. 내부는 3~4천 명을 수용할 수 있는 대경기장을 비롯하여 합숙소, 강의실, 탈의실, 목욕실, 수련장, 식당 등이 충분히 마련돼 있고 벽의 장식은 천연대리석으로 고대 우리나라 태권인을 비롯하여 무예도보통지에 기록된 동작을 조각하기로 되어 있다.

본당 앞쪽에는 1천여 평을 넘는 야외수련장과 본당 뒤쪽에는 우리의 철학과 이념을 하나의 종교로 승화시킬 수 있는 심볼존 타워(Symbol zone tower:: 상징탑)를 세워 130만 태권인 뿐만이 아니고 해외에서 유학 온 외국인에게까지도 우리의 얼을 심어주는 역할을 다하게끔 하는 상징물이 된다.

앞으로 센터가 건립되면 해외유학생을 받아들이는 것은 물론, 종주국으로서 손색없는 국제대회를 개최할 수 있다. 우수 지도자 양성과 아울러 태권도 대학까지도 구상 계획 중이다. 따라서 기술의 통일성과 기술개발의 필요한 연구기관을 설치하여 명실공히 태권 종주국의 면모를 갖춘다. (후략)."[25]

이 글은 국기원 기공식이 거행되기 8개월 전에 작성됐기에 건립 장소가

홍종수가 기고한 '태권도 센터 건립의 취지와 경과'

---
25. 홍종수(1971). 태권도센터 건립. 소망 결실의 해. 태권도 제1호. 대한태권도협회. 31.

남산으로 표기돼 있다. 그리고 국기원 건립 기금 조성을 위해 심사비에 소정의 건립 기금을 포함시켰음을 알 수 있다.

국기원 완공

태권도 중앙도장이자 세계 태권도의 전당인 국기원이 마침내 빛을 보았다. 1972년 11월

국기원 설계안을 살펴보는 홍종수 전무(오른쪽)와 이종우 의장(왼쪽)

30일 대망의 태권도센터가 완공되어 드디어 그 웅대한 모습을 드러냈다. 대지 2,300평, 지상 3층 건물로 227평의 경기장과 3,000명을 수용하는 관중석을 갖춘 국기원이 신축됐다. 김운용 회장이 취임한 지 1년 10개월 만에 이루어진 일이다.

착공한 지 1년 11일 만에 완공된 국기원은 총공사비는 1억 5천만원 정도가 소요됐다. 처음에는 태권도센터의 이름이 '국기관'으로 구상되었지만, 일본이 스모의 전당이 이미 국기관으로 부르고 있었다. 1973년 2월 6일 태권도 중앙도장은 국기인 태권도를 수행하는 큰집이란 뜻으로 국기원이란 명칭으로 확정됐다.26

태권도 중앙도장 국기원 개원 공지
(1972. KTA 기관지 7·8호)

각고의 노력으로 세워진 국기원은 고전과 현대를 융합시킨 건축 양식이 적용됐다. 한국 고유의 얼이 담긴 청기와 지붕에 동양사상의 8괘에서 따온 8개 기둥이 건물 전면에 배치됐다. 국기원은 실내 경기장 이외에도 강의실, 합숙실, 휴게실, 샤워실, 라커룸, 의무실 등을 갖추었다. 1974년 12월 9일 서울시 자산으로

---

26. 김운용(2002).『세계를 향한 도전』. 연세대학교출판부. 65~70.

국기원이 편입됐다.[27]

이처럼 국기원은 '태권도 종합센터'로서의 시설 기능이 갖춰졌다. 즉 국기원이 수련, 심사, 경기, 교육을 수행하는 태권도 전용 체육관일 뿐만 아니라 사무실, 강의실, 회의실까지

1980년 중반 국기원 전경

완비하고 총괄하는 구심체로서 기능을 포괄한다. 1973년 제1회 세계태권도선수권대회가 개최되고 세계태권도연맹 사무실이 국기원에 자리 잡게 된 것도 사전부터 그러한 건립 목적이 반영된 것임을 알 수 있다.[28]

국기원의 비전과 역할

홍종수는 국기원 부원장 재직 중에 세계 태권도 본부로서 국기원의 비전을 세우고 갖가지 업무를 처리했다. 국기원이 건립된 이듬해인 1973년 그는 국기원 부원장으로 취임하자 국기원의 당면 과제와 미래 방향성에 대해 심사숙고했다.

국기원은 세계의 희망이다. 태권도 중심의 구심체(求心體)이면서 민족의 슬기를 과시할 위치에 있는 권위의 상징이다. 한국의 역사적인 전통과 위대한 소산인 국기 태권도의 대전당(大殿堂)이다. 또 태권도의 세계적 보급을 추진하는 총본산(總本山)이며 전 인류의 정신건강은 물론 체육적인 분야에서 희망을 불러 들여오는 역할을 다할 것이다.[29]

국기원은 한국의 종주적(宗主的) 대권(大權)을 영구히 보존할 현실적 노력의 참된 명분 속에서 원대한 구체적 구심(求心)을 확고히 세워야 한다. 우리 태권도인들 범세계적(汎世界的) 차원에서 사명감의 의식해야 하며 지도자 한 사람의 역할도 중요하다.[30]

---

27. 이경명(2011). 『WTF. 태권도 용어정보 사전』. 세계태권도연맹. 38~39.
28. 국기원(2022). 『국기원 50년사』. 70.
29. 홍종수(1974.03.15.). 「우당일지」.
30. 홍종수(1974.01.11.). 「우당일지」.

나 또한 국기원과 협회 당직자로서 누구나 대오각성(大悟覺醒)할 때다. 현실상을 직시하고 인내로써 만반의 사태에 대처해 나가야 한다. 자신은 항상 겸허한 마음 정중한 몸가짐이 더욱 필요할 것이다.

미국 등 여러 해외사범이 국기원의 역할과 기능을 기대한다는 것은 매우 장래가 밝은 일이다. 국기원의 목적과 의의는 물론 그 행정 업무가 국내뿐만

1980년 중반 해외 출장 중인 홍종수 부원장(중앙)와 엄운규 KTA 부회장(왼편)

아니라 해외 태권도의 활성화에도 역점을 두어야 하기 때문이다. 한시바삐 많은 사범이나 태권도계 동료와 후진들이 이를 인식해주길 바라는 바이다.[31]

태권도가 진정한 국기로서 육성 발전하기 위해서는 많은 장해 요소가 곳곳에 널려 있다. 이럴 때일수록 태권도계 원로와 지도자들이 참다운 인격(人格)을 배양하고 기술력을 갖춤으로써 국기 태권도의 번창을 도모해야 할 것이다.[32]

홍종수는 국기원의 기능을 구현해서 태권도 본부로서의 권위를 확립함은 물론 산하 관(館)과 태권도장 등을 거느린 사회적 선도체(先導體)로 추진하고자 했다.[33] 원론적인 내용이지만 홍종수 부원장은 태권도와 국기원의 비전과 더불어 지도자들의 각성을 촉구하는 사안을 거론했다.

1987년 IOC 방문 태권도시범단 단장 홍종수(앞줄 중앙)

---

31. 홍종수(1974.09.08.). 「우당일지」.
32. 홍종수(1974.02.24.). 「우당일지」.
33. 홍종수(1974.01.). 「우당일지」.

국기원 시설 관리에 힘써

국기원은 착공 1년 만에 급속히 건립된만큼 시설 면에서도 미흡한 점이 많았다. 홍종수는 국기원 시설 관리는 물론 인적 조직 관리에도 힘썼다. 즉 정원 식목과 주변 환경 정리, 지붕이나 마루 등 국기원의 시설과 환경 그리고 직원 관리와 지도자 교육, 승단심사, 시범단 운영 등 전반에 걸쳐 국기원 업무가 정상화되도록 세심한 노력을 기울였다.

국기원 완공 직후의 황량한 주변 모습. 속성으로 지어진 건물이어서 시설과 환경이 열악해 홍종수 부원장의 고충이 많았다.

그는 평상시 국기원 직원들에게 첫째, 사고 예방. 둘째, 화기(火器) 단속 및 화재 예방 철저. 셋째, 각종 행사에 대비한 시설물과 기물 태세 완비 등 업무를 지시했다.[34] 또한, 수목 관리 및 식목 예정지 선정, 통행로 정리, 수해 예상지 보수, 기타 미관조성 등 사소한 원내 환경 조성에도 관심을 기울였다.[35]

그리고 그는 국기원 구내식당 운영자에게 이용자의 건강을 위해 혼분식(混粉食)으로 공급도록 지시했다. 하루는 국기원 천정에서 비가 새자 지붕 위까지 올라가는 위험을 무릅쓰기도 했다. 여러 직원의 만류에도 그는 국기원 지붕에 올라가서 직접 누수(漏水)의 원인을 파악했고 나는 실무 책임자로서 후련한 마음을 느꼈다고 했다. 경기장 바닥 마루 밑이나 물받이와 하수구 밑으로 온갖 오물(汚物) 구덩이 속을 샅샅이 파악해 직원들의 지휘감독자(指揮監督者)로서 자신의 본분(本分)을 지키기도 했다.[36]

국기원 초창기 홍종수는 원내 식목 작업의 일환으로 사비(私費)로 목련 1,000주(株)를 손수 심기도 했다.[37] 1975년 8월 제2회 세계태권도선수권대회가 열리기 하루 전날 경기장 마루바닥이 내려앉아 많이 고생했던 일도 있었다. 홍종수는 철야를 강행하는 긴급 보수작업을

---

34. 홍종수(1976.01.30.). 「우당일지」.
35. 홍종수(1976.03.03.). 「우당일지」.
36. 홍종수(1976.02.26.). 「우당일지」.
37. 홍종수(1974.04.12.). 「우당일지」.

지시했다. 다음날 행사 개막식에 국무총리 등 고위 인사들이 다수 참석했다. 홍종수는 혹시라도 경기장 바닥 마루에 또 말썽이 생길까 하는 염려로 마음을 졸였다고 한다.[38]

다사다난한 국기원 관리 업무 이외에도 그는 직원들에게 봉급을 주지 못하는 심각한 재정난에 시달리기도 했다. 그런데 누군가가 그를 일컬어 국기원 부원장은 큰 신경 쓸 일 없이 빈집을 지키는 거나 다름없다는 말로 홍종수 부원장을 비하했다.

그런 말을 들은 그는 "국기원은 빈집이 아니다. 국기원은 신축된 태권도의 전당이다. 난 국기원을 수호하고 함께 일하는 모든 직원을 챙겨야 한다. 또 업무가 효율적으로 진행돼야 하며 각종 양질의 기자재를 구비해야 한다. 이 모든 것을 갖추기 위해서 온갖 필요한 기반을 닦아야 한다. 그러기에 시간이 필요한 것이다. 이 시간은 마치 농사일에 맞는 시간 일정 즉 풍우(風雨)와 함께 합치되는 조화 속에서 마련돼야 한다."[39]라고 응대했다.

1987년 국기원 건립 제15주년 기념식장에서 홍종수 원로 (중앙 노란 원)

---

38. 홍종수(1975.08.28.~29.). 「우당일지」.
39. 홍종수(1975.01.25.). 「우당일지」.

공인 승단심사

국기원 부원장으로서 홍종수는 공인 심사 업무가 원활히 진행되도록 최선을 다했다. 그는 승품단 심사가 태권도의 정신과 기술을 수련하는 주된 목표라며 심사규정에 따른 철저한 심사집행을 강조했다.

수년 전부터 엄정한 심사 기준과 방식이 개편돼 시행되고 있다.

"심사는 태권도계가 중시하는 가장 근본이 되는 사업이며 신성한 무(武)의 극치를 발휘하는 행사이다. 태권도 지도자와 수련생 모두 만끽하는 수련의 보람이며 함께 전개되는 웅대한 희망의 상징이다. 우리는 승단심사가 무(武)의 제전임을 누구나 공감하며 영광스러운 권위와 신묘한 기법을 자랑하고 무(武)의 전통을 잇는다는 숙연한 태도로 임해야 하겠다.

우리는 1973년을 기점으로 전 세계에 한국이 영도국(領導國)으로서 모든 권위를 알리기 위해 심사의 단일화를 이행하고 국기원이 그 실권을 장악하기에 이르렀다. 여기에 우리는 심사규정을 잘 지킴으로써 원만한 심사가 이루어지도록 최선을 다해야 한다.

먼저 심사에 대한 태권도인의 마음 자세가 중요하다. 지도층부터 소임(所任)을 다하는 태도와 신성한 스승의 역할을 확립해야 한다. 스승과 제자, 선배와 후배, 상급자와 하급자 모두가 한결같은 마음으로 승품단 심사의 권위를 수호하고 이를 결연한 자세로 엄숙히 집행해야 한다."[40]

그러나 홍종수의 바램과는 달리 1976년 승단심사와 고단자 심사에서 부정 사건이 발생했다. 2차례 연이은 승단심사에서 협회 심사 담당자의 부실 집행이 드러나 김운용 국기원장이 단증 서명을 거부하는 사태로 번졌다. 즉 심사가 시행됐음에도 불구하고 국기원 원장 직권으로 단증 발급이 중지된 것이다. 김 원장은 11월 23일 시행된 고단자 심사도 단증 배부를 즉각 보류토록 조처했다.

이는 심사에 그간 누적된 폐단에 일대 경종(警鐘)이었다. 사실 승단심사의 추천과정에서부터 심사집행에서 벌어지는 규정을 위배하는 사례는 물론 심사 합격에 압력을 행사했던 불합리한 사례를 포함한 총체적인 문제가 큰 말썽을 빚은 것이다.[41]

1986년 국기원 기술심의회 임원들과 자리한 홍종수 부원장 (앞줄 원 안)

결국, 협회 담당 심사위원장이 책임을 지고 사표를 내는 선에서 마무리됐다. 하지만 홍종수 부원장은 태권도 발전을 가로막는 이 사안을 심각히 판단했다. 부정심사의 책임은 협회 심사 집행자인 위원장에게만

---

40. 홍종수(1974.02.10.). 「우당일지」.
41. 홍종수(1976.11.25.). 「우당일지」.

국기원에서 열린 한 기념식에서 홍종수 부원장(중앙)과 김운용 원장(오른쪽)

있는 것이 아니라 부정 청탁에 연루된 9개관 일부 관장과 지도자 등 모든 당사자에게 있다고 생각했다. 무덕관 관장 출신인 홍종수는 그러한 내막을 잘 알고 있기에 심사 부정이 재발하지 않도록 촉구했다.

"이 문제는 우리가 다 함께 숙연히 반성해서 앞으로 재발하지 않도록 대책을 강구해야 한다. 오직 태권도를 위해 구김 없는 양심으로 사리사욕과 이해관계를 얽매임 없이 관 파벌 의식을 청산해야 하겠다. 이러한 반사회적인 근원을 일소(一掃)하여 자발적인 정화 운동이 전개돼야 한다."42

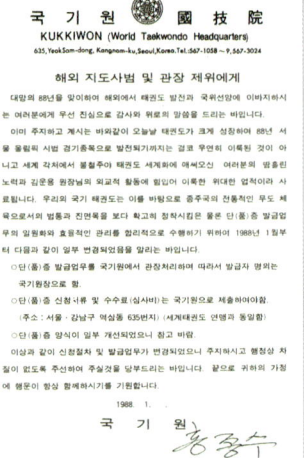

1988년 홍종수 부원장 명의로 해외사범에게 발송한 심사 관련 공문

홍종수는 이 사건에 대한 김운용

---

42. 홍종수(1976.11.30.). 「우당일지」.

원장의 강경 대응을 적극 옹호했다.

"나로서는 부정심사 관련자가 징계받은 것은 개인적으로는 안타깝기도 하다. 그러나 김 원장은 너무나도 시의적절한 조치를 취했다. 국기 태권도의 엄정한 법통을 재정립해 세계적인 차원의 그 사명과 책임을 다하려는 목적의식에 따른 적절한 조처라 생각한다. 이는 태권도의 장래를 위해 공정성을 확립함으로써 사회와 나라의 여망(輿望)에 순종(順從)하려는 노력이었다."[43]

지도자 교육을 중시

태권도의 발전은 태권도 지도자에 달려 있다고 해도 과언이 아니다. 국기원, KTA, WT, 태권도진흥재단 등 태권도 기관을 대표하는 행정 지도자뿐만 아니라 일선에서 태권도를 지도하는 사범들은 막중한 역할은 수행한다. 특히 남녀노소 수련생들을 지도하는 일선 시범들은 수련생의 건강과 체력 발달은 물론 인성 계발에도 지대한 영향을 미친다.[44]

홍종수 원로 사진

1969년부터 대한태권도협회 전무이사를 맡은 홍종수는 개인적으로 가장 중요시한 것은 교육이었다. 그에게는 여러 계보로 나뉘어 태권도 수련을 해온 유단자들, 특히 사범급 지도자들에 대한 교육이 가장 시급한 당면 과제였다. 특히 이전부터 행해진 각 관의 정신과 기술의 교육과정이 일관성 있게 통일된 이론 및 실기의 교육이 절대적으로 필요했다. 이에 대해 홍종수는 자신의 일기에 다음과 같이 적었다.

"태권도는 1950년 한국전쟁 후 혼잡한 사회적 배경과 군사 문화의 영향으로 일반 국민에게 호신과 아울러 신체 단련이란 이중적인 체육적 수련 또한 필수적으로 요구됐다. 특히, 군에서는 맨손 호국 무술로서

---

43. 홍종수(1976.11.25.). 「우당일지」.
44. 국기원(2023). 『국기 태권도의 위상과 비전』. 43~44.

최상의 군 교육 과목으로서 장병들의 정신 및 신체와 백병전에 대비한 훈련에 적극적으로 활용함에 따라 유단자의 양적인 증가가 눈에 뜨일 만큼 '피라미드' 식으로 불어 나갔다. 협회는 태권도의 역사, 정신, 지도 등 이론 지식과 실기 면에서 기본 및 품새를 새롭게 명칭과 의의를 부여해서 통일된 기술 이론을 교육했다."

국기원 교본 편찬을 주도

1987년 국기원 건립 제15주년을 맞아 국기원은 『국기 태권도 교본』을 발간했다. 이 교본은 1988년 서울올림픽을 한 해 앞둔 시기에 국기원 명의로는 처음 착수했던 편찬 사업이었다. 당시 국기원 부원장이었던 홍종수는 교본의 지도위원을 맡아 편찬업무를 총괄했다.

1987년 국기원 명의로 발간된 『국기 태권도 교본』. 홍종수 부원장이 교본 편찬을 총괄했다.

교본 발간에 대해 홍종수는 다음과 같은 확고한 편찬 방침을 세웠다.

"교본(敎本)은 지도서이다. 학술서적이 아니다. 과다한 체육 이론 게재보다는 적절한 수준에서 반영되는 것이 필요하다. 책의 생명은 진리에 입각한 정론(正論)의 주된 골격으로써 엮어져야 한다. 따라서 허식(虛飾)으로 된 미사여구보다는 당당하고도 정성이 넘쳐흐르는 편자(編者)들의 지적인 양심이 아낌없이 발양돼야 한다."[45]

홍종수는 1986년 초부터 '교본 편찬위원'들을 소집했다. 그는 5인 소위원회를 구성하고 편찬의 기본방향을 지시했다. 첫 모임으로서는 매우 광범위한 토론이 전개되어 그런대로 성과가 있었다.[46] 홍종수는 교본의

---

45. 홍종수(1986.01.). 「우당일지」.
46. 홍종수(1986.01.21.). 「우당일지」.

영역별 집필자를 선임하고 집필 내용을 일일이 검독해서 1987년 마침내 첫 교본을 펴냈다. 그리고 홍종수는 교본에 다음과 같은 머리말을 썼다.

"태권도는 우리 한민족의 얼과 혼이 담긴 국기이며, 자랑스러운 문화유산으로 세계 체육사에 빛나는 금자탑이라 하겠습니다. 태권도는 세계인의 무도 스포츠이며, 건강체육으로서 확고한 가치관으로 정립됐습니다. 이에 따라 우리 태권도계는

국기원 교본 편찬을 총괄한
홍종수 부원장과 김순배 위원장

종주국으로서 막중한 지도와 책임을 지니게 되었으며, 존엄하고 신성한 법통을 지켜야 하겠습니다. 이 교본은 각 분야에 대한 전문지식과 오랜 실무적인 지도체험을 토대로 엮어낸 지도서이며 실기이론의 연구와 분석을 거듭하여 그 정의(定義)를 가다듬고 기술 면에서 실제화된 새로운 분야를 다음 사항에 역점을 두어 정리했습니다.

1. 정신 교양 분야에 중점을 두어 태권도 사관의 합리성을 다지고
2. 기술상의 용어를 학술적으로 고증하여 보완하였으며
3. 기본 및 품새의 기법과 기술에 따르는 동작을 입체적으로 분해하여 용이한 지도와 수련에 중점을 두었고
4. 경기 및 겨루기 실기와 이론을 과학적으로 분석하고 체계 있게 정리되어 선수들의 경기력 향상에 역점을 두었으며
5. 예의 규범을 비롯한 제 규정을 수록해 태권도인의 소양과 실무역량을 제고 했습니다.

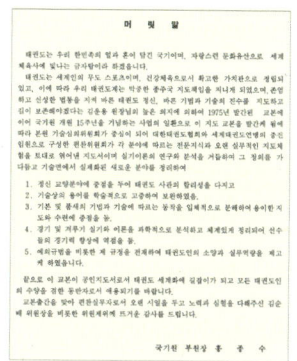
홍종수 국기원 부원장이 교본에
게재한 머리말

끝으로 이 교본이 공인 지도서로서 태권도 세계화에 길잡이가 되고 모든 태권도인의 수양을 겸한 동반자로서 애용되기를 바랍니다. 교본 출간을 맞아 편찬실무자로서 오랜 시일을 두고 노력과 심혈을 다해주신 김순배 위원장을 비롯한 위원 제위께 뜨거운 감사를 드립니다."[47]

3. 세계태권도연맹 실행위원

1973년 홍종수는 그해 5월 세계태권도 연맹(이하 연맹)이 창설되면서 실행위원으로 선임됐다. 이로써 태권도 경기의 세계화 업무와 발전에도 일익을 담당하게 됐다.[48]

1988년 세계태권도연맹이 주관한 제16회 국제심판강습회. 오른쪽부터 3번째가 홍종수 실행위원

세계태권도연맹의 출범

1973년 5월 28일 세계태권도연맹(World Taekwondo Federation)이 국기원에서 창설됐다. 1973년 5월 25일부터 27일까지 3일간 열린 제1회 세계태권도선수권대회에 참가한 19개국 35명의 대표가 세계태권도연맹 창설에 참여했다. 대한태권도협회의 김운용 회장이 세계태권도연맹의 초대 총재로 추대됐다.[49]

---

47. 국기원(1987). 『국기 태권도교본』. 삼훈출판사. 8.
48. 동아일보(1973.07.05.). 세계태권도聯 발족. 부총재 셋. 집행부 선임.
49. 조선일보(1973.05.29.).

1973년 5월 28일 태권도 국제화의 시발점이 된 세계태권도연맹 창설.
홍종수(오른쪽 뒷줄 원 안)는 연맹의 실행위원으로 선임됐다.

 태권도가 한국의 대표적 무예이며 한국이 태권도의 발상지로 등장해 새 발판을 이룩했다. 지난 3일간 국제적인 태권도 경기가 세계 각지의 선수들을 불러들인 가운데 사상 최초로 서울 국기원에서 열렸다. 오랫동안 세계 각지에 널리 퍼진 태권도의 위상을 재확인하고 확고한 종주국의 면모를 과시하는 것이 이번 대회의 개최 목적이었다.
 또한, 해외 각 지역에 파견되어 있는 사범들에게 세계연맹 결성의 필요성과 세계태권도선수권대회 개최의 의의 등을 통보했다. 9개관 관장단이 나서 적극 협조를 요청한 결과 예상외로 17개국 160여 명의 선수단이 대거 출전해 한국태권도의 저력을 과시했다.[50]
 세계태권도연맹의 사무국은 한국의 국기원에 설치됐고 정관과 집행부가 정해지면서 경기규칙, 국제심판 양성 등 업무가 착수됐다.[51]

---

50. 동아일보(1973.05.23.). 종주국서 떨칠 정통의 비기(祕技). 1회 세계태권도대회 개최 의의.
51. 조선일보(1973.02.13.). 세계태권연맹 창설 움직임. 5월 개최될 서울대회 계기로.

한 세계태권도연맹 행사에 세 거두(巨頭)가 함께 자리했다.
앞줄 오른쪽부터 연맹 사무총장인 이종우 원로, 실행위원 엄운규 원로, 홍종수 원로이다.

세계태권도연맹의 임원으로서 활동상

1973년 7월, 홍종수는 세계태권도연맹이 창립되면서 실행위원으로 위촉됐다. 세계태권도연맹의 집행부는 유력한 국내외 인사와 함께 해외사범에게 영향력을 가진 9개관 관장단이 기용됐다. 지도관의 이종우 관장은 사무총장이 되어 전반적 실무를 담당했다. 무덕관 수장인 홍종수는 청도관의 엄운규 관장, 창무관의 이남석 관장과 함께 실행위원으로 선임됐다.[52]

홍종수가 실행위원이 될 수 있었던 것은 태권도 국제경기의 확산과 발전에도 큰 역할을 할 수 있기 때문이었다. 그는 국내뿐만 아니라 해외에서도 관세가 가장 방대한 무덕관의 총 관장이었다. 즉 그로서는 세계 각국에 퍼져 있는 무덕관 출신 사범들과 소통하고 국제적 경기로서 태권도의 성장 발달에 기여할 수 있었다.

실행위원들은 1973년 한국에서 처음으로 열리는 세계태권도선수권 대회가 열리기 전부터 각국 사범들에게 선수단 참가를 추진했다. 홍종수 또한 이전부터 무덕관 출신 해외사범들에게 연락을 취해

---

52. 대한태권도협회(1973). 태권도(계간지). 제9호. 11.

세계태권도선수권대회 참가를 독려했다.

1991년 국제군인체육대회에 참석한 이종우와 홍종수 원로

그 결과 예상보다 많은 해외사범이 참가해 성공적인 대회 개최와 세계태권도연맹의 출범에 크게 이바지했다.

최초의 세계태권도선수권 대회에 참가한 무덕관 출신 사범은 미국의 전인문(리처드 전), 황세진(잭 황), 김일회, 멕시코의 문대원 사범 등이었다. 많은 무덕관 출신 사범의 대회 참여는 무덕관의 존재가 해외에서도 위세를 떨치는 실상을 잘 보여준다.

연이어 태권도의 국제적 업무와 경기가 한국에서 개최됐다. 1974년 5월 세계 44개국 회원국을 대상으로 제1회 국제태권도심판강습회가 열렸다.[53] 그해 10월에는 제1회 아시아선수권대회에 10개국의 82명의 선수가 참가했다. 이 대회를 계기로 아시아태권도연맹이 결성됐다.[54]

---

53. 조선일보(1974.02.08.). 국제태권도심판 강습회 개최. 44개국 초청 5월 15일부터 국기원서.
54. 경향신문(1974.10.18.). 아시아태권도선수권대회 개막. 10국 92명 참가.

1989년 한 태권도 대회를 참관 중인 홍종수 KTA 부회장(왼쪽). 중고태권도연맹 이유생 회장(가운데)과 이기택 민주당 총재(오른쪽)이 함께 자리했다.

이듬해 1975년 8월 서울에서 개최된 제2회 세계태권도선수권대회는 대회 규모가 확대됐다. 30개국 252여 명의 선수단이 대거 참가했다. 아울러 18개국에서 102명의 참관단과 17명의 주요 인사, 21명의 유공(有功) 사범이 내한하여 대성황을 이루었다.[55] 당시 국제경기연맹총연합회(GAISF) 사무총장이 직접 대회를 참관해 태권도 경기의 위상을 실감했다. 그 결과 태권도는 국제경기연맹 정식종목으로 채택됨으로써 올림픽 진출의 발판을 구축했다.[56]

이처럼 홍종수는 세계태권도연맹 실행위원을 맡아 국제 스포츠 경기로서 태권도의 위상 확립에 크게 기여했다. 이후에도 국제경기와 행사 참가차 외국을 방문하며 해외사범들과 소통하는 활동을 지속했다.

그는 해외사범인 후배와 제자들을 만나 세계태권도연맹의 업무와 활동에 협조하도록 요청했다.

---

55. 동아일보(1975.08.28.). 「세계태권도」 개막. 30국 252명 참가.
56. 조선일보(1975.08.29.). 태권도, 국제경기연맹 가입 확실. 스테이트 사무총장 기자회견서 밝혀.

4. 대한올림픽위원회 위원

1998년 1월 15일 홍종수는 대한올림픽 위원회(KOC) 위원으로 위촉됐다. 바로 그가 영면에 들었던 해였다. 김운용 대한체육회장 겸 대한올림픽위원회 위원장이 홍종수를 KOC 위원으로 영입했다. 홍종수는 태권도의 올림픽 종목화에 기여한 한 원로로서 한국 스포츠계의 명예로운 직책을 맡아서 기뻐했다.[57]

1월 21일 홍종수는 KOC 위원 자격으로 동계올림픽 한국선수단 결단식에 배석했다. 다음 달에도 시내 호텔에서 열린 KOC 위원회 총회에 참석했다. 이전보다 많은 위원이 행사에 나왔다고 한다. 행사 중에 KOC가 대한체육회와 관련된 정부의 관할 부서가 문제시되었다. 즉 KOC와 대한체육회 간의 기관 관련성 설정 사안이었다. 배드민턴협회 정정훈 회장이 질문했고 김운용 회장이 적절히 답변했지만 잡음이 생길 것이라는 이야기였다.[58]

KOC는 1947년 창설됐다. 1968년 대한체육회 특별기구로 개편되면서 민관식 대한체육회 회장이 KOC 위원장을 겸임했다. 그러나 사무처만 통합했고 상임위원회, 위원총회 등 별도의 의사결정기구를 운영했다. 결국, 2009년에 이르러 KOC는 대한체육회로 완전히 통합됐다.

행사장에서 노태우와 김영삼 대통령과 악수하는 홍종수 원로

---

57. 홍종수(1998.01.15.). 「우당일지」.
58. 홍종수(1998.01.21.~02.27.). 「우당일지」.

주요 활동은 올림픽 및 아시안게임 선수단 파견과 올림픽 등 각종 국제종합대회 유치였다.[59]

그해 7월 들어 홍종수는 위병(胃病)이 생겨 병원에 출입하기 시작했다. 그의 몸 상태는 급격히 저하되기 시작했다. 7월 28일에는 병원에 가서 초음파 사진을 찍었다. 그 와중인 오후에 KOC가 주관하는 '올림픽 후원회 결성대회'에서 김운용 회장과 김종필 총재 등과 함께 자리했다.[60] 8월 26일, 홍종수의 복부에 통증이 심해졌고 그는 눈물을 흘리는 부인을 통해 췌장암 말기임을 알게 됐다.[61] 그런 위중한 상황에서도 홍종수는 9월 16일, KOC가 주관하는 '올림픽 10주년 기념식'에 참석했다.[62] 그 후 10월 26일 그는 분연히 세상을 떠났다. 그는 절체절명한 병환 중에도 전혀 내색하지 않고 KOC 위원으로서 소임을 다했다.

1998년 우당은 KOC 위원으로 선임돼 왕성한 활동 중에 그해 10월에 운명했다.

제2절. 태권도의 보급과 부흥에 전력

홍종수는 1960년대 말부터 대한태권도협회 핵심 임원진이 되어 태권도의 활성화에 기여했다. 또한, 김운용 국기원장 겸 세계태권도연맹 총재를 보좌하며 태권도의 올림픽 채택에 일조했다.

1. 태권도, 대망의 올림픽 종목에

---

59. 굿모닝미디어. 네이버지식백과. https://terms.naver.com/entry.naver?docId=644895&cid=43131&categoryId=43131
60. 홍종수(1998.07.28.).「우당일지」.
61. 홍종수(1998.08.26.).「우당일지」.
62. 홍종수(1998.09.16.).「우당일지」.

홍종수의 기쁨과 성취감

1984년 10월 태권도가 아시안게임 정식종목으로 확정됐다. 태권도의 '1986 서울아시안게임 정식종목' 성사는 한국 체육사상에 또 하나의 쾌거였다. 홍종수는 이 같은 경사를 맞아 일기에 소감문을 썼다.

"아시안게임 채택은 김운용 원장의 활동이 절대적인 것은 말할 것도 없는 일이다. 우리 태권도 지도층도 또 하나의 자부심을 얻게 되었다는 사실로 자긍하는 바이다. 일천한 역사를 가지고 엄청난 세계스포츠 사회에 반영한 그 힘은 태권도 40년사 속에 잠겨 있는 피와 땀, 노력, 추진력의 결정으로 보며 이제 세계로 나가는 첫 관문을 통과한 셈이다."[63]

홍종수는 태권도의 올림픽 채택에 누구보다도 기뻐했다. 민족의식이 강했던 그는 가라테나 우슈를 젖히고 대한민국의 태권도가 올림픽에 입성한 것은 단군 이래 최대의 국가적 경사라는 평가를 내일 정도였다.

1994년 태권도의 올림픽 채택을 기념해 서울에서 열린 KBS 컵 국제태권도대회에서 시상 중인 KTA 홍종수 상근부회장

---

63 홍종수(1984.10.04.). 「우당일지」.

1989년 제8회 아시아태권도선수권대회 입상자와 유공자들이 표창을 받았다.
뒷줄 원 안이 KTA 홍종수 상근부회장

영국 '파이낸셜타임스' 기자 출신 칼럼리스트 사이먼 쿠퍼는 자기 책 '축구 전쟁의 역사'에 이렇게 썼다. 그는 축구 칼럼니스트였지만 태권도를 논평했다. '극일(克日·일본을 이김) 정신'이 없었다면 한국 스포츠가 단기간에 이렇게 성장하지는 못했을 것이다.

일본이 하는 건 우리도 다해야 했다. 일본은 1964년 도쿄(東京) 올림픽 때 '맛배기'로 유도를 정식종목에 포함시키는 데 성공했다. 그 후 유도는 1972년 뮌헨 대회 때부터 한 번도 올림픽 정식종목에서 빠지지 않고 있다.

한국도 88서울올림픽 개최권을 따내자 똑같은 길을 걷기로 작정했다. 서울대회 때 태권도를 시범종목으로 포함시키는 데 성공했고, 1994년에는 국제올림픽위원회(IOC) 총회를 통해 올림픽 정식종목으로 만들었다.

특히 ITF와 가라테의 온갖 방해 작업을 극복하고 태권도가 올림픽 정식종목이 됐다. 일본에서 올림픽 정식종목으로 밀던 가라테(空手道)가 밀렸다. 태권도 정식종목 채택이 극일(克日)인 이유다. 가라테는 태권도에 밀려 2021년 개최국인 토쿄올림픽에서 겨우 정식종목으로 지정됐다. '어젠다 2020'에 따라 개최국에서 정식종목 추가할 수 있는 권한을 얻게 된다.[64]

---

64. 동아일보(2020.09.04.). [후일담]태권도 올림픽 정식종목 채택 막전막후. https://

국내 한 태권도대회에서 축사를 전하는 홍종수 원로

올림픽 태권도의 영광과 부작용

애석하게도 홍종수는 2000년에 개최된 역사적인 시드니올림픽 태권도 경기에 참석하지 못했다. 그렇지만 그는 한 신문사와 인터뷰에서 올림픽 채택을 계기로 국기 태권도가 한층 발전할 수 있도록 촉구했다.

"21세기를 준비하는 우리 태권도계의 발전을 위해 한 말씀 드립니다. 우리 태권도계의 오랜 숙원인 올림픽 정식종목 채택이 2000년 시드니올림픽에서 성사됐습니다. 우리의 국기 태권도가 당당한 위용으로 세계의 스포츠 문화로 격상한 것은 종주국인 한국 태권도계의 역사적인 승리이자 전 세계 태권도 7천만 가족의 영광이며, 자랑이 아닐 수 없습니다.

그러나 세계의 태권도를 영도하는 한국태권도 지도자들이 감당해 나가야 할 일들이 너무나도 크고 심대하며 그 책임이

1988 서울올림픽 선수단 자문위원 ID 카드와 임원복을 착용한 홍종수 부원장

www.donga.com/news/article/all/20200904/102790168/1

무겁기 짝이 없습니다. 그것은 앞으로도 태권도가 지속적으로 영구히 올림픽 정식종목으로 유지되어야 하며, 더욱더 깊이 뿌리내려 나아가야 하기 때문입니다. 이러한 중대한 시기에 협회 당직자와 더불어 태권도 지도자 모두가 대동단결하여 태권도의 혁신과 발전에 동참하길 당부드립니다."[65]

홍종수는 태권도의 올림픽 경기가 번성함에 따라 생기는 부작용을 우려했다. 그러한 문제점을 일컬어 그는 '찬란한 영광 속에 빚어진 쓴 술'이라 표현했다. 올림픽을 성취한 태권도계의 숙명적인 과정과 결과는 험한 길이었다. 태권도의 경기 일변도로 치달음으로써 발생한 승리제일주의, 지역이기주의, 개인 독자 주의. 예의의 실종 등이 공동체 의식의 자멸을 초래했다고 심각히 인식했다.

1991년 제3회 국제군인태권도대회 축하연에 참석한 홍종수 KTA 부회장

무경일체 또는 무경합일의 이념 창안

홍종수는 태권도의 스포츠 경기 일변도를 경계했다. 태권도가 스포츠 경기에 주력함에 따라 그 장래는 무경일체(武競一體) 또는

---

65. 홍종수(1996.10.14.). 공명정대한 신문이 되기를 바란다. 국기태권도신문.

무경합일(武競合一)의 기조(基調)를 지향해야 한다고 주창했다.⁶⁶

"2000년대 올림픽을 계기로 태권도의 스포츠적 경향이 두드러지게 되는 바, 무도로서의 전통적인 매력과 그 본질적인 철학관의 정립이 절실히 요구될 것이다. 국제경기로서 세계적인 사회성을 토대로 하는 가치관을 더욱 제고하여 나아가 과학적이며 조직 계통의 합리적인 운영이 그 뒤를 따르는 보완 조치가 있어야 할 것이다.

1970년대 홍종수 부원장

다시 말해 태권도의 전통과 역사성 논리의 원천적인 당위성을 강화해 정신적인 기본 이념을 확고히 다지고 그 논리 기조를 세워야 할 것이다. 현대 태권도가 점유하는 위치에서 볼 때 태권도의 세계적이고 실용 면에서 괄목할만한 성장과 발전을 이루었지만, 정신적 기반을 더욱 확고히 해야 할 상황에 처했다."⁶⁷

이 같은 의식에서 홍종수는 '무경일체' 즉 '무예와 경기의 조화로운 융합'을 제안하며 다음과 같은 글을 남겼다.

"국기 태권도의 전통과 정신 그리고 철학관을 정립해서 무경일체(武競一體)의 이상적인 태권도 세계를 건설하는 데에 나는 참여코자 한다. 나는 이 같은 이념성을 반영하기 위해 태권도계 내에서 1984년부터 다방면으로 노력했다. 그러나 현실 상황은 녹록지 않았다. 스포츠 경기에만 편중된 흐름에서 무예로서 태권도의 가치와 철학은 간단히 정착될 수 있는 것은 아니었기에 많은 한계를 절감하곤 했다."⁶⁸

---

66. 홍종수(1984.07.07.).「우당일지」.
67. 홍종수(1985.08.31.).「우당일지」.
68. 홍종수(1985.09.30.).「우당일지」.

2. 지도자 연수교육의 강의

홍종수는 협회와 국기원이 주관한 태권도 지도자 연수교육에서 큰 역할을 했다. 협회 임원으로서뿐만 아니라 국기원 부원장 직책으로 지도자 연수교육을 오랫동안 총괄했다. 그는 교육 업무를 추진하는 행정 업무와 더불어 '교양', '예의 규범' 등의 과목을 담당한 강사이기도 했다.

1984년 제1기 2급 지도자과정 행사에 참석한 홍종수 원로(맨 왼쪽)

예의 규범 과목의 강의

1971년 대한태권도협회는 태권도 예의 규범을 공식적으로 제정했다. 예의 규범은 그 실천 방안과 함께 협회 기관지 제2호에 게재됐다. 당시 협회 전무이사였던 홍종수는 협회 기관지에 '태권도인의 예의 규범'을 제정할 것을 건의했던 것으로 여겨진다. 왜냐하면, 그는 태권도의 정신적 가치와 실천 방안에 대해 협회 내에서 누구보다도 큰 관심을 가졌기 때문이다.

예의 규범의 내용은 태권도 최초의 공식 교본인 『태권도 교본 : 품세(품새) 편(1972)』의 부록으로도 수록됐다. 아울러 1987년과 2005년에 편찬된 국기원 교본에도 그대로 게재됐다. 1971년 홍종수가 전무이사 재임 시 교본 편찬위원으로 참여했다. 당시 그는 태권도 교본에 수록될 예의 규범의 중요성을 역설했던 것으로 여겨진다.

당시 예의 규범 제안자나 집필자가 누구였는지 명확히 확인되지 않는다. 하지만 홍종수가 예의 규범을 누구이 강조하고 지도자 교육에서 예의 규범 과목을 강의한 행적에서 그의 핵심적 역할을 잘 알 수 있다.

지도자 연수교육에 대한 감회

"1970년대부터 시작된 태권도 지도자 교육이 당시 대한태권도협회에 의해 제도화됐다. 나는 협회 당직자로서 지도자 교육의 중요성을 역설했다. 태권도 사범들에게 공식적인 자격을 부여하면서 인격을 도야하고

1980년대 태권도 지도자 교육 수료식에서 축사하는 홍종수 부원장

태권도의 기술 및 기본의 통일성을 기하며 이론 면에서도 일관된 체계를 갖추어 지도할 목적에서 이를 실시하게 되었다. 무엇보다도 1960년대에 통합 선언 후 각 관 나름대로 행사하고 있는 기본기와 품새 등 통일된 기술의 교육에 시급한 시기에 놓여 있었다.

특히 더욱 긴요하게 요구되는 것은 협회 산하(傘下)에 있는 모든 유단자에게 정신교육과 더불어 예의심의 고양이 무엇보다 중요했다. 무도 체계로서 각 관이 엄연히 존재하고 있는 당시로써 무엇보다 협회 중심으로 조직적인 정신과 예의 교육이 절실히 요구됐다. 그리하여 협회는 1971년 여러 학자를 초빙해 태권도 예의 규범을 제정했다. 당시 전무이사인 나는 지도자 교육에서 처음으로 이 강의를 맡게 됐다.[69]

유단자의 질적인 향상과 소양 교육이 또한 절실해졌다. 대한태권도협회는 비로소 교육을 적극적으로 추진했고 마침내 1972년 제1기 지도자 교육이 시행됐다. 이에 따라 교과 과정이 설정되고, 정신교육 측면에서는 나는 지도자의 자세(특강), 예의 규범 과목을 맡아 강의했다. 예의 규범은 선후배의 관계 및 사제의 도리, 일반적 사회생활에 대한 통일된 규범이었다."[70]

---

69. 홍종수(1992.04.28.). 「우당일지」.a
70. 김영선, 곽정현, 이세환(2014). 『2013 태권도 교육백서』. 세계태권도연수원. 79~83.

1982년 지도자 교육 수료식 후 기념사진. 국기원 부원장이자 강사인 홍종수는 김운용 국기원장과 김순배 원로 등 강사진과 자리했다.

강의 자평

홍종수 원로 사진

"내가 태권도 사범을 상대로 강의를 시작한 것은 태권도인의 예의 규범이 시초였다. 그 시기는 1970년대 초 제1회 지도자 교육이었다. 나의 강의는 지도자 교육 초창기부터 1993년까지만 해도 연 7회씩 계속됐다. 보수교육과 기타 초청 강사로 나간 것을 합친다면 그 회수는 매우 많은 시간일 것이다. 그간 내 강의 수강생 수는 수만 명 이상 되는 엄청난 인원으로 추산된다.

나는 이러한 활동에 우선 자긍심과 보람을 느낌을 알면서도 그에 앞서 항상 부족함과 두려움을 가졌다. 그것은 풍부한 지식이나 학술 면에서 부족한 나 자신의 역량에 대한 반성이었다. 그러나 이 강론의 요지나 그 목적하는 바에 대하여는 나의 정성과 심혈을 다했고 교육이라는 목표나 그 목적에 최선을 다하는 마음으로 열정을 쏟았다.

물론 강의의 주제가 대부분 정신면을 다루는 예의 규범이나 태권도 정신 등이기에 지극히 교조적이고 딱딱한 논조가 보통이다. 또 몸에 밴 사범으로 내가 전형적인 무도인이란 다소 권위적인 내 강의 방식에 수강생들의 호응을

바란다."⁷¹

태권도의 교육적 역할 증대

교육은 '천하지대본(天下之大本)'이란 말이 있다. 인간의 삶에서 교육이 가장 중요하다는 뜻이다. '끊임없는 교육을 통해 사람이 사람답게 다듬어진다.'라듯이 교육의 중요성은 아무리 강조해도 지나치지 않는다.

태권도의 정신적, 신체적, 발달적 기능이 학교가 지향하는 전인교육에 합치되는 효과가 있다. 태권도는 손과 발을 이용한 기술을 연마하면서 신체를 강건하게 하며 인격도야를 하는 운동으로 간주하기 때문이다. 태권도는 방어와 공격의 기술로 구성되어 있어 오로지 위험 상황에서 자기방어만을 위한 맨손 호신술이며, 싸움을 목적으로 하는 것이 아니라 정신수양과 운동을 통해 사회가 요구하는 사람이 되는 것에 초점을 두고 있다.⁷²

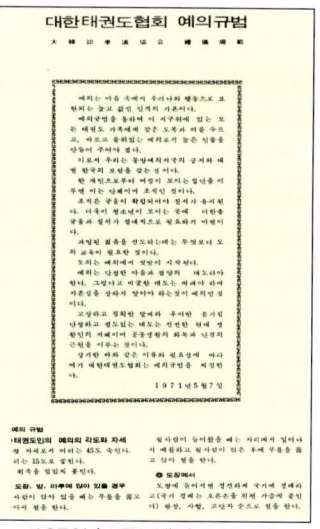

1972년 KTA 태권도 교본에 실린 예의규범 지침

이러한 태권도의 교육적 가치에 대해 홍종수는 진작부터 주목했다. 그리고 다음과 같이 천명했다.

"천편일률(千篇一律)의 교육관에 짜인 방식이나 기술 전수 중심에서 탈피해서 도덕적인 바탕에서 인성교육에 역점을 두어야 한다. 또 지도와 경영 영역의 구분이 도장의 발전을 촉진할 수 있다. 태권도의 본질(정신)에 바탕을 두어 전통을 살리면서 새 옷을 입어야 한다. 우리 스스로 전통을 무시하고 그 결점을 보완하지 못하면 자멸에 이를 수 있음을 명심해야 할 것이다."⁷³

---

71. 홍종수(1992). 「우당일지」.
72. 국기원(2023). 『국기 태권도의 위상과 비전』. 44.
73. 홍종수(1995.12.). 「우당일지」.

국기원에서 주관하는 '인성 지도자 교육' 광경

학교 태권도 교육의 확대 촉구

1994년 태권도가 올림픽 정식종목으로 확정되자 홍종수는 학교 태권도 교육의 확대를 촉구하는 글을 문교부 기관지에 실었다. 당시 그는 협회 상근부회장으로 재직 중이었다. 홍종수는 국기 태권도가 시드니올림픽을 계기로 국내에서 저변확대가 촉진될 수 있도록 문교부에 건의한 것이다.

청소년들에게 이르는 말

홍종수는 청소년 교육에도 관심이 많았다. 우리나라와 태권도의 미래가 청소년에 달려 있기 때문이라는 각별한 그의 인식 때문이었다.

"한 나라의 장래는 청소년들에게 달려 있다. 그것은 그 나라의 흥망성쇠 내지는 민족이 융성이 바로 이들에게서 찾아볼 수 있기 때문이다. 어떠한 어려움이 있어도 그것을 지켜내는 지구력과 인내심과 그것을 돌파해나가는 용감한 정신력이 있는 젊은이인가! 아니면 나약하고 무력한 무사안일에 빠져 현실 도피에 급급한 젊은이인가! 이러한 정황에서 보면 그 나라와 그 민족의 장래가 어떠할까 하는 것을 가히 짐작할 수가 있다. (중략)

1930년대 우리의 어른 지도자는 강한 민족이라는 인상을 청소년들에게 심어주기 위하여 한반도의 지도를 호랑이 모양의 지도로 만들어 보급에 앞장선 일이 있다. 바로 고당(古堂) 조만식(曺晩植) 선생의 일화이다.

우리 정부와 사회지도층은 국가 민족의 백년대계를 위하여 시급히 청소년의 교육 및 정신계도에 있어 깊은 관심과 애정으로서 힘써나가야 할 당면한 중대 과제라 생각한다. 그러기에 어떤 외국의 예를 들면 인고와 단련을 위하고 정신과 육신의 건전함을 보전키 위해서 초등학생들에게 동절기라 할지라도 반바지 차림의 교복을 착용케 하여 인한(忍寒)과 함께 단정한 몸가짐을 생활화시키고 있다. (중략)

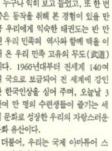

1994년 우당은 한 교육 기관지에 초중고 학교 공교육에 태권도 교과목을 활성화해야 한다는 글을 실었다.

이제 정부는 물론 우리 사회지도층이 청소년들에게 무언가 확고한 신념과 힘을 키워줄 때가 도래한 것 같다. 그들에게 확고한 가정관을 통하여 사회관을 심어주고 나아가 국가관을 정립게 하는 교육이 효율적으로 이루어져야 할 일이다."

1976년 홍종수는 길거리에 마주친 불량 고교생 5명을 선도했다. 또 길 가다 만난 아주머니와 딸을 돌보기도 했다. 그의 일기에는 "사춘기에 접어든 불량소년들을 선도하는 용기(勇氣)와 애정을 베풀어 오늘도 나 스스로 기뻐하는 하루가 됐다. 또 늦은 밤 부녀(婦女)를 길거리에서 보호하는 사회적 책임을 다해 매우 보람 있었다."란 소감을 일기에 적었다.[74]

---

74. 홍종수(1976.02.22.). 「우당일지」.

선임 기자가 본 홍종수

전 서울신문사 고두현 대기자는 홍종수 원로와 각별한 교분을 나눴다. 사회 물정과 인간사에 대해 일가견이 있는 그는 저명한 여러 한국 무예인들의 활동상과 숨겨진 스토리를 취재했다. 고두현은 대한태권도협회 기관지 발간 건으로 홍종수 원로와 자주 만나면서 그의 인간성에 감명을 받아 회고하는 글을 썼다.

미국 시찰 때 보도된 신문기사

"홍종수 원로와는 오래전부터 안면이 있었으나 그분의 인품을 깊이 알게 된 것은 90년대 들어 서울신문 체육부에서 다시 태권도를 맡게 되면서부터였다. 당시 협회 상임부회장을 맡고 있던 홍종수 원로는 협회 사무국에 가끔 들르는 내게 무도 정신에 관한 이런 이야기 저런 얘기를 들려주셨고 특히 언행일치(言行一致, 말과 행동이 똑같음)의 중요함을 강조하셨다.

거의 40년 가까운 세월, 격투기 취재에 몸담았던 나는 실전 가라테의 총수인 최영의 관장과 그의 친구인 대한유도회 신도환 전 회장. 대한유도대학(용인대학의 전신)의 창설자인 이제황 선생, 그리고 태권도의 홍종수 원로를 만나 뵐 때마다 많은 가르침을 받았다.

2년 전 「계간 태권도」를 달마다 내놓는 「월간 태권도」로 탈바꿈하면서 책 꾸미는 일을 돕게 된 내가 홍종수 원로의 글을 연재로 청탁 드리게 된 것은 평소 그분의 말씀이 태권도인들의 정신수양에 도움이 된다고 판단했기 때문이다.

때론 글의 표현이 고풍(古風, 예스러운 모습)스럽긴 해도 홍 원로는 글재주가 뛰어나신 분이었다. 알맞은 한자 숙어(熟語, 둘 이상의 낱말이 합쳐져 하나의 낱말과 같은 구실을 하는 말)의 사용과 풍부한 어휘(어떤 범위에서 쓰인 낱말 말의 전체)의 구사(驅使, 마음대로 다루어 씀)는 문필(文筆, 글을 짓거나 쓰는 일)의 길에 나섰어도 성공하지 않았는가 싶을 정도였다.

　홍 원로님이 「월간 태권도」에 연재 중인 「태권도 산책」을 언젠가 단행본으로 내시죠. 그러면 태권도인뿐만 아니라 일반인들에게도 우리 민족의 넋을 알리고 우리의 영웅들이 어떻게 살았는지를 밝히는 좋은 교재가 될 겁니다. 그렇게 되면야 좋지. 이런 대화를 나누었던 것이 엊그제 같은데 홍종수 원로는 유명(幽明, 저승과 이승)을 달리하고 말았다.

1979년 한국여성태권도연맹 창립식에 참여한 홍종수 국기원 부원장(중앙)

　유족 중에서 고인이 친아들과 다름없이 아꼈던 강신철 관장(한국태권도 고수회 회장)이 고인의 유고(遺稿, 세상을 떠난 사람이 남긴 원고)를 모아 책을 낼 계획이라니 홍종수 원로를 기리는 사람들에게는 그분의 인품을 글을 통해 접할 수 있게 될 것 같다.

　논어에 이런 말이 있다. 「도(道)를 꾀하고 식(食)을 꾀하지 마라」. 훌륭한 사람은 도를 닦는 일에 노력하지만 먹는 일에 대해서는 쓸데없이 염려하지 않는다는 뜻이다. 고인의 생애가 그랬다. 돈벌이보다는 사람이 응당 지켜야 할 도리나 본분[大義名分]에 마음을 쓴 무도인으로서 생애를 일관한 고인의 명복을 삼가 빈다."

3. 태권도 인문학적 열정

태권도 행정 영역을 제외한 홍종수의 관심과 활동은 태권도를 소재로 한 인문학적 열정으로 불러도 무방할 것이다. 태권도 인문학은 태권도 역사, 정신철학, 문화, 문학에 대한 학문적 분야이다.

1997년 KTA 태권도 정신 및 역사 세미나에서 축사하는 홍종수 원로

원래 인문학이란 인간의 사상 및 문화를 대상으로 하는 학문영역이다. 자연을 다루는 자연과학에 대립되는 영역으로서 인문학은 인간의 가치 탐구와 표현활동을 대상으로 한다. 역사, 철학, 문학, 언어학, 법률, 고고학, 예술사, 비평, 예술의 이론과 실천, 그리고 인간을 내용으로 하는 광범위한 학문이 이에 포함된다.[75]

홍종수의 주된 관심은 태권도의 정체성과 가치성을 확립하는 인문학적 영역이었다. 그는 태권도의 본질, 역사, 정신철학, 문화 전반에 이르기까지 광범위하고 심도 있게 파고들었다. 그뿐만 아니라 태권도의 현실과 수련 현장에서 그러한 인문학적 가치가 구현되도록 애썼다. 아울러 자기 스스로 참다운 지도자로서 역할모델이 되기 위해 일상생활에서 최선을 다했다. 그러한 노력은 자신의 일기에 고스란히 녹아들어 있고 주변 사람들로부터 괄목할만한 신뢰감을 받을 수 있었다.

무예의 정신과 이념

홍종수는 평소 무도란 말을 자주 거론했다. 그는 늘 태권도의 정신수양적 가치를 중시했기 때문이다. 그는 무도와 무예에 대해 다음과

---

75. 하우동설(1995). 『교육학 용어 사전』. 서울대학교 교육연구소.

같이 해석했다. "무도(武道) 또는 무예(武藝)는 세계적인 문화이다. 두 단어는 공통점이 있다. 권축창봉검철(拳蹴槍棒劍鐵) 등 이를 막론하고 형(形)과 태(態)가 다를 따름이다. 법(法)과 식(式)의 차이점이 있을 뿐, 나라마다 특징 또한 인정하는 것이 중요하다."[76] 따라서 필자는 이 글에서는 한국적 정체성을 깃든 '무예'란 단어로 표기하기로 한다.

무예의 정신과 이념 등 인문학에 대한 홍종수의 사유는 청년 시절부터 시작됐다. 아마 그의 20대 중반 시기 대구에서 무예 지도자 생활을 시작했을 때부터 그러한 관심이 본격화됐을 것으로 짐작된다. 그러한 사례가 1961년 무덕관의 기관지에 실린 그의 기고문에서 확인된다. 여기서 기록된 무덕관의 무예 명으로는 당수도와 수박도가 혼용된다. 수박도는 당수도를 대체하는 새로운 명칭이었다. 홍종수는 그의 나이 31세에 '창도 정신과 이념'이란 제목으로 다음과 같은 논지를 폈다.

"... 본래 무예의 이념이란 사회적 생활을 영위하는 인간에게는 누구나 다 지녀야 하며 또 가져야 할 인생의 참된 목적이자 생활의 도표일 것입니다. 더욱이 우리 무도인으로서 가장 소중한 요소이며 그 의미하는 바가 방대함은 제언할 여지가 없습니다. (중략)

우리는 조국의 광복과 더불어 민족의 행복과 국가 사회의 안녕과 국민의 건전한 체력 배양의 일익을 담당하는 민족 무도를 지향합니다. 아울러 국민의 수양도로서 우리 민족의 고유한 미풍양속을 기반으로 한 화랑도 이념에 입각해 수련하여 정의(正義)의 미덕을 체득시켜 문무겸전의 도(道)로 발전시킨다는 수박도 이념을 갖습니다. 따라서 수련자는 올바른 품성을 길러 생활면에 반영시키고 궁행(躬行, 몸소 행동)하는 것이 우리 무덕관의 창도

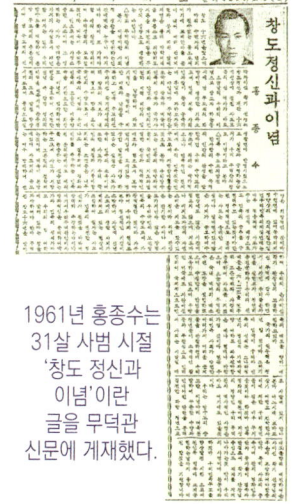

1961년 홍종수는 31살 사범 시절 '창도 정신과 이념'이란 글을 무덕관 신문에 게재했다.

---

76. 홍종수(1996.04.21.).「우당일지」.

이념이라고 봅니다. (중략)

 이 같은 이념은 오늘날 우리의 행동 지침으로 삼고자 하는 동시에 범(凡)무도계의 희망에 찬 생생한 기록으로써 전체 체육 사회인과 함께 공유해야 하겠습니다. (중략) 그러면 국민의 열렬한 관심과 애호를 증진시킬 수 있고 민족의 윤리관에서도 예의를 존중하는 참다운 무도로서 우리 국민의 보건 및 민족 수양도로 각광을 받을 것입니다. (중략)

 최근 우리 사회의 정신적인 기강이 많이 해이한 상황에 처해 있으므로 우리는 자립적 신념으로써 생활을 가다듬고 사도(斯道)가 민족의 건전한 정신체가 될 것을 강력히 주장합니다. 무릇 한 국가의 원동력은 젊은이에 달려 있습니다. 일국의 흥망과 민족의 성쇠는 그 나라 청년의 정신적 기백과 역량 여하에 좌우됩니다. (중략)

 특히 사도의 중추이며 관의 기둥인 유단자 동지들이 결속과 단결로써 당수도의 숭고한 이념 아래 더욱 분발해야 하겠습니다. 문무겸비한 화랑 청년인 우리는 꾸준한 수양과 인내를 바탕으로 수련하면서 우리 사회가 당면한 어려운 문제들을 해소하도록 매진해야 합니다. 우리는 민족의 무도를 향상 발전시킴으로써 전 인류의 행복에 크게 공헌하는 날까지 용맹하게 매진할 것을 기원합니다."[77]

 홍종수는 이 같은 장문(長文)의 글을 통해 청년 무예 지도자들이 무예 정신과 이념을 숙고하고 국가 사회를 발전시키는 역량과 사명감을 갖도록 촉구했다. 즉 우리가 수련하고 지도하는 무예가 국가 민족의 발전은 물론 전 인류의 행복을 위해서도 기여할 수 있다는 창대한 주장을 폈다.

 그의 글에서는 정신, 수양, 인간완성, 이념, 민족, 국민, 사회, 정의(正義), 인내, 기백, 사명, 본분 등 철학 개념어들이 빈번히 나타났다. 이는 그가 지도자로서는 원숙하기에는 이른 나이였지만 무예의 정신적, 사회적, 민족적 가치를 중시하고 강조하려는 의도를 여실히 보여준다.

 태권도는 명칭과 정신문화의 유래가 무도 사상의 영향을 받았다. 그렇지만 근래에는 태권도의 국기적 위상이 강조되면서 한국 문화적

---
77. 홍종수(1961.02.01.). 창도(創道) 정신과 이념. 「무예시보」. 제6호. 2.

정체성에 방점을 두는 '무예' 용어가 확산되고 있다. 태권도의 정신적 가치는 굳이 '무도'란 말을 꺼내지 않아도 태권도 정신이나 인성교육을 통해 얼마든지 강조될 수 있기 때문이다.[78] 한류 문화가 세계적 위세를 떨치는 최근에 태권도의 한국문화적 전통성을 더욱 강화할 필요성을 생각해 본다.

1987년 국기원 홍종수 부원장(가운데 회색 양복)은 제1회 세계 태권도 학술세미나를 주관했다.

태권도 역사 정립에 관한 관심

1996년 10월 대한태권도협회는 올림픽회관에서 연구개발특별위원회 발족식을 했다. 위원장은 홍종수와 황춘성 협회 임원이 함께 맡았다. 이 위원회는 태권도의 ▲올림픽 영구 종목화 ▲생활 체육화 ▲태권도 종주국으로서의 위상 정립을 위한 소프트웨어 개발 등을 목적으로 했다. 위원회 산하에 경기규칙, 품새, 수련프로그램, 역사 및 정신 4개 개발팀이 편성됐다.[79]

---

78. 김영선.여인성(2018). 「태권도 유개념으로서 무예와 무도」. 국기원 태권도연구. 9(1). 23~56.
79. 연합뉴스(1997.10.30.). 태권도協 연구개발위원회 발대식. https://sports.news.naver.com/news.nhn?oid=001&aid=0004080425

1996년 10월 KTA는 연구개발특별위원회 발족식을 했다. 홍종수는 위원장으로 위촉됐다. 그는 태권도의 가치와 정체성이 정신과 철학을 통해 확립되길 희망했다.

홍종수는 이 연구 과제를 총괄하는 위원장으로 위촉됐다. 특히 역사정신 영역은 그의 주된 관심사이기도 했다. 그는 연구를 맡은 학자들이 태권도의 역사와 정신에 대해 민족사와 결부시킨 자신의 지론도 반영되길 희망했다. 실제로 연구 결과에 홍종수의 의도가 반영됐다. 홍익인간 등 전통사상이 태권도 정신철학의 일부로 포함된 것이다.

1996년 발대식 이후 홍종수의 관심은 전통철학과 민족사에 대한 학계의 이론에 쏠렸다. 자랑할만한 민족사와 정신을 태권도에 접목하려는 노력이었다. 태권도는 국기(國技)이자 세계만방에 위세를 떨치는 한류문화의 원조였기 때문이었다. 그러한 그의 심정과 행적은 다음 일기 기록을 통해 잘 알 수 있다.

"요즈음과 같이 얼빠진 세상도 없다. 얼이란 혼(魂)을 말한다. 나라가 사회가 온통 야단법석인데 무엇 하나가 제대로 되어 있는 것이 없을성싶다. 지도자, 학생, 직장인, 아이, 어른 가릴 것 없이 큰 각성이 필요한 때다. 이기주의의 대문이다. 이로써 국가관도 사회관도 인생관도 없이 얼빠진 개인의 이익에만 매달려 있는 것이다."[80]

---

80. 홍종수(1996.10.02.).「우당일지」.

"뿌리를 모를 때 이것이 바로 사생아다. 역사를 모르면 마치 아비 없는 자식이 아닌가."[81]

"박성수 교수와 서양 고대사 특히 일본과의 관계에 대해 대담하다. 태권도 정신철학 관계도 단군 사학에 대한 의견도 교환하며 대작하다."[82]

"태권도 사 고대 한단(恒檀) 민족사에 접목기로 마음을 정했다. 내가 최선의 노력을 다하기 위해서 학자들과 만나기로 했다."

"주관중 교수와 만나 점심을 하며 한민족의 정신사에 대해 논담(論談)했다. 고대 한국 관계에서 태권도 사관을 접목기 위해 좋은 이야기를 교환했다. 태권도연구개발 담당 학자 안용규 교수를 접견했다, 이승국 교수도 함께 만나 태권도 역사 문제에 대한 나의 소론을 밝혔다."

"단군 관계 서적을 찾아서 읽었다. 태권도 정신의 원류를 찾아보기 위함이다."[83] "민족정신을 냉소적으로 빈정대는 자가 있다. 그런 사람들이 생각하는 시대의 대(大) 오착(誤錯)을 바로잡기 위해서라도 하나의 구심점이 필요할 따름이다."[84]

태권도 사관 정립 세미나

홍종수는 1997년 9월 대한태권도협회가 주관한 '태권도 인문학' 세미나에 초청됐다. 세미나의 표제는 '태권도 사관 정립을 위한 방향설정과 태권도 정신 도출'이었다. 당시 태권도계는 여러 원로분이 많았음에도 불구하고 그가 초청 원로로 위촉된 것은 그럴만한 이유가 있을 것이다. 한마디로 홍 원로의 '태권도 인문학적 관심과 소양'을 인정받았기 때문일 것이다. 사실 그는 그전 해에 '협회 연구개발 특별위원회' 위원장 직책을 맡기도 했다. 하지만 당시 그는 협회나 국기원의 임원직을 내려놓고 집에서 저작 활동으로 소일하던 시기였다.

---

81. 홍종수(1997.07.01.).「우당일지」.
82. 홍종수(1997.04.07.).「우당일지」.
83. 홍종수(1997.04.08.~10.).「우당일지」.
84. 홍종수(1997.04.15.).「우당일지」.

1997년 9월 27일 세미나에 초청된 우당은 축사에서 학자들이 '태권도의 양 날개인 정신과 역사'를 올바르게 세워줄 것을 당부했다.

5시간 넘게 세미나를 경청한 홍종수 원로

　홍종수는 세미나를 축하하는 격려사에서 참여한 학자들에게 '태권도의 양 날개인 정신과 역사'를 올바르게 세워줄 것을 당부했다. 역시 그분다운 의미심장한 표현이었다. 그 글귀를 해석하자면 태권도는 정신과 역사의 양 날개를 제대로 갖추어야만 완전할 수 있다. 즉 몸통인 기술체계가 정신과 역사 날개를 달고 하늘로 훨훨 날 수 있다는 의미이다. 달리 생각하면 태권도의 인문학적 성찰과 성과 없이는 태권도가 하늘을 날다가 추락할 수 있다는 뜻도 된다.

　이 비유는 우리 태권도인들이 유념해야 문구가 아닐까 한다. 태권도인들이 정신과 기술을 수련하면서 그 가치와 정체성을 탐구하는 인문학적 역량을 기르도록 홍종수는 늘 언행으로 강조했다.

　세미나는 다음과 같이 진행됐다. 태권도 약사 영역에서 저명한 양진방 교수의 발제에 대해 여러 질문이 쏟아졌다. 양 교수는 태권도 명칭이 등장하기 전인 1950년대 이전의 태권도 사는 한국 무예사로 다뤄야 한다는 논지를 폈다. 태권도의 기술과 명칭 변경의 측면에서 양 교수가 규정한 '50년대 기준설'에 대해 다소 반론이 일기도 했다.

김철 교수의「태권도의 정신적 가치」라는 주제에 대해 태권도의 정신 철학적 영역과 실기적 영역 중에서 어느 것이 더 태권도에 있어서 본질적인가에 관해 많은 논의가 있었다. 이어 나영일 교수의「수박과 권법에 대하여」라는 주제 토론에서는 매우 많은 고서를 인용한 교수의 노력에 대한 찬사가 질문보다 많았다. 끝으로 안용규 교수의「태권도 사관 정립을 위한 제언」에 대해 대다수 참석자가 공감해 커다란 논쟁은 벌어지지 않았다.[85]

1997년 태권도 인문학 세미나에 적극적으로 참여했던 홍종수 원로 (중앙)

이처럼 태권도계에서 거행되는 인문학 세미나에는 홍종수 원로가 첫 순위 초청 인사로 거론된다. 그럴 정도로 인문학에 대한 그의 지대한 관심과 지론은 널리 알려져 있다.

태권도 정신과 역사에 관한 학술적 연구는 지금부터 51년 전인 1972년부터 착수됐다. 그해 11월 30일 국기원이 완공됐고 바로 다음 날 대한태권도협회 명의로『태권도 교본(품세편)』이 발간됐다. 태권도 정신과 역사는 이때부터 공식 교본에 수록되기 시작했다. 이어 2차 교본이 1987년 국기원 건립 15주년을 맞아 간행됐다. 2005년 수정 증보판을 거쳐 2021년 3차 교본이 출판됐다.[86]

---

85. 대한태권도협회(1997.11.).「태권도(월간)」. 제108호. 64~65.
86. 국기원(2022).『국기원 50년사』. 410~418.

이러한 교본 편찬 과정에서 협회와 국기원은 여러 차례 세미나와 용역 연구를 지속했다. 태권도의 정신과 역사가 보다 합당하고 치밀한 논리를 갖출 수 있도록 '학술적 정립(正立)' 목표가 설정되기도 했다. 많은 학자의 노력으로 연구가 거듭된 결과 2021년 3차 교본에서는 정신과 역사 서술 내용이 충실한 수준에 이르렀다고 평가됐다.[87]

무도인은 기능과 학문을 겸비해야!

홍종수 선생이 생전에 문무겸비를 자주 거론했다. 그의 1975년 일기에는 '문무겸념 위인격도(文武兼念 爲人格度)' 즉 문무를 함께 생각하여 인격의 도를 높인다고 썼다. 문(文)은 인간 생활의 덕성과 지식을 높이고 무(武)는 강건한 정신과 신체를 받쳐주는 것이다.[88]

그는 한 신문 기자에게 무도인은 청렴하고 문무(文武)를 겸비한 능력을 갖춰야 인격완성에 이를 수 있다고 설명했다. 그 내용을 살펴보자.

한 신문에 게재한 문무겸전에 대한 우당의 견해

"많은 태권도 원로 가운데 홍종수 씨(68)만큼 우직한 분은 드물다. 손아랫사람들과 악수를 할 때 상대방의 손을 꽉 쥐는 것은 그의 건강함을 상징적으로 보여주는 본보기다. 어느덧 고희(古稀)를 바라보는 나이지만 그는 아직도 도복을 입고 수련을 할 정도로 건강한 체력을 자랑하고 있다.

현재 종로구 구이동에서 부인과 단출하게 살고 있는 홍종수 씨는 「무도인이 부(富)를 축적하면 정도(正道)를 걸었다고 말할 수 없기 때문에 항상 청렴하게 살아야 한다.」라고 말했다. 태권도 원로들 사이에 홍종수는

---

87. 김재만(2022.02.03.). 국기원 태권도 교본 발행. 태권도 일신도장 블로그. https://blog.naver.com/jaemas/222637718531
88. 홍종수(1975.10.16.). 「우당일지」.

역사 및 유학 서적을 다독(多讀)한 사람으로 손꼽혔다. 그가 가장 존경하는 위인은 단재 신채호, 따라서 그는 민족사학에 심취했다.

그는 "진정한 무도인은 기능과 학문을 두루 겸비해야 한다."라면서 "나이를 먹어도 수련을 계속하는 풍토가 조성돼야 할 것"이라고 강조했다."[89]

고구려 유적지 탐방

태권도 역사에 대한 홍종수의 관심은 한민족의 근원인 고구려사와도 자연히 이어졌다. 문화사적인 관점에서 우리 민족의 정체성이 곧 태권도의 역사적 정체성과도 밀접하게 관련되기 때문이었다. 그는 중국에 산재한 고구려 유적지를 두루 탐방했고 민족의 영산(靈山) 백두산을 세 번이나 올랐다.[90]

그가 영면하기 2년 전에 고구려 문화유적을 탐방하고 백두산 등산도 했다. 그가 직접 눈으로 보고 느낀 고구려 유적지를 함께 거닐어 보자.

홍종수는 1996년 중순, 세계일보의 사적지 탐방 행사의 일환으로 중국 동북 3성 지역에 산재한 고구려 문화유적을 9일간 탐방했다. 이번 중국 3성(城)의 사적 탐방은 고구려 때 우리 땅이자 중국세력의 위협을 방위하는 전진기지였던 심양(深陽)에서 시작해서 단동과 압록강으로 이어졌다.

단동(丹東)은 중국 최대의 변경도시로 압록강 철교, 중공군 6.25 참전비, 그리고 배를 타고 압록강을 유람하며 가장 근접한 곳에서 그는 북한의 모습을 보았다. 이어 환인으로

홍종수가 방문한 고구려의 옛 수도 국내성은 현재 압록강 북쪽중국령 집안(지안)에 위치한다. 수박희 벽화(위 사진)가 무용총에 남아 있지만, 현재 지워져서 식별하기 어렵다.

89. 서성원(1997.09.08.). 무도인은 기능과 학문을 겸비해야. 대권도신문.
90. 홍종수(1996.08.15.). 홍종수 중앙종회 고문, 중국 동북3성 사적탐방 마쳐. 종무보고 제25호. 남양홍씨 대종정 중앙종회 회지.

서울 국립중앙박물관에 실물 크기로 제작된 '디지털 광개토대왕비'와 탁본.

옮겨 고구려의 수도이자 발상지인 졸본성(卒本城)을 둘러보았다. 졸본은 기원후 3년에 국내성으로 옮기기 전까지 고구려 민족의 국가형성을 위한 투쟁지였다.

 다음으로 집안(集安)에는 기원후 3년부터 장수왕이 평양으로 천도한 427년까지 고구려의 수도였던 국내성이 있었다. 고구려가 웅혼한 민족기상을 펼쳤던 곳이자 한민족 문화의 보고(寶庫)인 국내성에는 호태왕비(광개토왕비), 장군총. 오호분, 오호묘, 삼실총, 환도산성 등 유적지가 산재했다.

 동방의 금자탑으로 불리는 장군총과 1만 2천여 기의 고구려 고분들이 산재한 집안은 가장 강성했던 시기의 도읍지로서 고구려인들의 진취적 기상과 함께한 민족 문화의 성지이다.

 다음은 통고우(通化)에서 밤 기차를 타고 만주를 호령하던 고구려의 기상을 떠올리며 일제에 의해 고난의 역사를 몸으로 안았던 홍범도, 김좌진, 지청천 장군을 생각하며 홍종수는 삼도백하(三道白河)에 도착했다. 그곳에서 그는 민족의 영산인 백두산(해발 2744m)에 올라 민족과 자신을 되새기며 내려와 장백폭포와 용정교, 해란강을 굽어보면서 선구자의 노래를 합창했다.

 이어 홍종수는 훈춘의 황금의 3각 지대, 연길, 두만강 등지를 둘러보고 베이징으로 돌아와 만리장성, 이화원, 자금성 등도 관람했다. 그는 이번 사적 탐방을 마치면서 '만리장성에 오르다'란 시(詩) 한 수를 남겼다.

- 요동 땅 넘어 팔달령 -

만리장성 세 번째 오른다.
천하에 사나이 된 기분이지만
오름을 더할수록 씁쓸한 마음은
무슨 일인가?
옛 조선 진한(秦漢)시대 피어린 싸움터
주인이 바뀐바 몇 번이든가
삼 천년 역사가 거듭된 무상(無常)인데
성 아래에 죽어간 영혼.
그 누가 무엇으로
위무(慰撫, 위로하고 어루만짐)할 건가 [91]

고구려 유적지 탐방기를
게재한 기사

4. 태권도 정신철학에 심취

불광건민체육관 관원들에게
훈시하는 홍종수 관장

태권도 원로 중에서 홍종수의 민족지향성과 국가관은 남달랐다. 한국 사상에 대한 그의 줄기찬 관심은 개인적이라기보다는 국기 태권도의 정체성과 결부된 사유(思惟)와 성찰(省察)의 과정이었다. 더욱이 태권도가 경기 스포츠를 지향함에 따라 정신수양의 무예(무도)로서 가치관과 이론 확립이 시급한 과제임을 인식했다.

태권도인의 도덕적 가치관

홍종수는 일찍이 물질이나 금전보다는 도덕적 가치관을 중시했다. 그의 성찰은 자신의 일기에 수많은 글귀와 구절로 표현돼 있다. 그

---

91. 홍종수(1996.06.29.). 요동 땅 넘어 팔달령. 종무보고 제25호. 남양홍씨 대종정 중앙종회 회지.

내용은 고전(古典) 문구에 대해 단순한 감상문이라기보다는 자아정체성과 실천적 자기 다짐을 위한 노력이었다. 그중 의미심장한 문장을 발췌해 살펴보기로 한다.

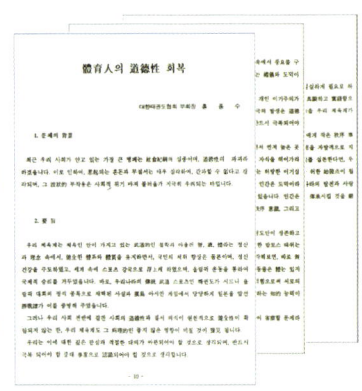

한 대학교 세미나에서 '체육인의 도덕성 회복'이란 제목으로 홍종수가 발제했다.

"우리나라 주변 정세나 민족과 국가적인 상황을 미루어 볼 때 우리가 안일한 생각이나 사고방식으로는 숱한 난관을 헤쳐나가기가 쉽지 않을 것이다.

무엇보다 국제적인 차원에서도 그러하거니와 민족의 앞날을 예견할 때 매우 중차대한 시점에 놓여 있음을 보통사람이라도 직감할 수 있을 것이다. 과대한 경제적, 물질적 차원에서 오는 인간성의 부재, 인간의 가치관 붕괴, 자기 자신을 잃지 못하는 정신성의 부재가 가장 큰 문제일 것이다. 고도한 문명의 발달은 인간 자체를 궁지에 몰아가고 있다.

물질만능주의의 소산으로서 인간은 스스로 자율적 도덕성을 상실해가고 있다. 생명의 존엄, 사랑과 진리가 모두 사라져만 가고 있다 해도 과언이 아닐 것이다. 이러한 허상적 현실에 우리는 시급히 대처해야 만이 우리 주변 사회는 물론 전(全) 인류가 공동생존이란 명제를 지킬 수 있다.

무릇 인간은 먼저 자아(自我)에 충실하자. 우리 인간에게 가장 큰 원죄라면 자아의 부재라 할 것이다. 일상생활을 통해서 자신의 분수를 알지 못하고 지키지 못해 비롯된 비극이나 불행을 일으키는 사례를

담소 중인 홍종수 원로(왼편)와 한규인 홍보실장(중앙)

우리는 흔히 찾아볼 수 있다.

태권도계도 예외가 아니다. '무덕(武德)'이 아닌 '무덕(無德)', 이념이나 목적을 무시한 자기만의 일파나 조직을 의식한 폭도적 행패들의 광란(狂亂), 결과적으로 일대 변혁을 부르는 암시이다. 나는 용의 해를 맞아 이러한 조짐을 예견하여 슬기와 현명한 사고와 정직하게 처신을 해야 할 것이다."[92]

지도자의 공명정대한 대도(大道)

1996년 홍종수는 KTA 상근부회장 재직시절 한 잡지사에 글을 실었다. 제목은 '공명정대한 대도(大道)를 가자'였다. 이 글에서 그는 공직자는 "선과 악을 아는 인간이 되자, 권력에 속하지 말고 의리에 강하고 미덕(美德)으로 사회에 공헌하자. 조직에서 위대한 지도자는 훌륭한 인재를 구하는 데 힘써야 한다." 등을 역설했다. 물론 이 같은 이상향은 자신에게도 해당하는 것으로 보인다. 그 내용을 요약해 싣기로 한다.

KTA 상근부회장 시절 홍종수는 사회단체 지도자들은 대도(大道)의 마음가짐으로 행동하도록 글로 써서 한 기관지에 게재했다.

---

92. 홍종수(1976.01.01.).「우당일지」

◇ 선(善)과 악(惡)을 아는 인간이 되자

(생략) 인간 행위자 자신의 욕망을 자제하고 마음을 비우는 수양을 쌓아야 한다.

◇ 인간은 행복하게 살기를 바란다.

(생략) 순자(荀子)는 말하기를 "군자(君子)는 행동에 있어서 구차하게 어려운 것을 귀하게 여기지 않으며 말함에 있어서 구차하게 세밀한 것을 귀하게 여기지 아니하며 이름에 있어서 구차하게 세상에 전하는 것을 귀하게 여기지 않는다. 다만 사리에 합당한 것을 귀하게 여기는 것이다. 그러므로 공명정대한 대도를 걸으며 기이한 행동으로 사람을 현혹하거나 요행을 바라지도 않는다고 했다.

◇ 권력에 속하지 말고 의리에 강하고 미덕으로 사회에 공헌하자

(생략) 혼탁한 사회단체 속에서 가장 요구되는 것은 참신하고 올바르고 위대한 지도자가 꼭 필요하다. 위대한 지도자는 첫째 군자의 도리를 알아야 하고 둘째 모든 사물에 공명정대하고 셋째 권력에 아부하거나 금력(金力)에 비굴하지 않고 의지하지 않으며 대의(大義)를 수호할 줄 알아야 한다.

◇ 위대한 지도자는 훌륭한 인재를 구하는 데 힘써야 한다

(생략) 옛날부터 간신배가 득세하는 사례를 많이 볼 수 있다. 비단 국가뿐만 아니라 이를 구별하기란 참으로 어려운 일이다. 그래서 옛 성인들의 고서(古書)에 이런 말이 있다. "충성된 말이 귀로 듣기에는 거슬리나 행동에는 이롭고, 독한 약이 마시기는 쓰나 병에 이롭다."라고 하였다. 대개의 경우를 보면 어느 단체, 사회, 조직의 지도자들이 간신배들에 의해 대사(大事)를 망치고 자신이 애써 쌓아놓은 공적이나 명예마저도 날리는 사례를 흔히 볼 수 있다. 이러한 행위 등에 대해 개탄하면서 명랑한 조직사회가 되길 바라는 마음 간절하다."

공명정대한 언론의 역할을 주문

홍종수의 사고방식과 실천적 노력은 남달랐다.
그는 한 신문사에 태권도계가 공명정대한 역할을 해줄 것을 요청했다. 그 내용은 다음과 같다.

"21세기를 준비하는 우리 태권도계의 발전을 위하여 창간된 태권도신문에 기고하게 됨을 기쁘게 생각합니다. 우리 태권도계의 오랜 숙원인 올림픽 정식종목 채택으로 시드니 올림픽에서는 우리의 국기 태권도가 당당한 위용으로 세계의 스포츠 문화로 등장하게 됨은 종주국인 한국 태권도계의 역사적인

공명정대한 언론의 역할과 기능을
주창한 홍종수 원로

승리이자 전 세계 태권도 7천만 가족의 영광이며, 자랑이 아닐 수 없습니다. 그러나 세계의 태권도를 영도하는 한국 태권도 지도자들이 감당해 나가야 할 일들이 너무나도 크고 심대하며 그 책임이 무겁기 짝이 없습니다. 그것은 앞으로도 태권도가 지속해서 영구히 올림픽 정식종목으로 유지되어야 하며, 더욱더 깊이 뿌리내려 나아가야 하기 때문입니다. 이러한 중대한 시기에 다행스럽게도 태권도 신문이란 언론의 공기가 반드시 거대한 힘이 되어 줄 것을 확신합니다. 엄정하며 공명정대하고, 정연한 논리로 태권도계의 활기찬 풍토 조성에 큰 역할을 할 수 있기를 바랍니다."

한국 혼으로서 홍익인간 사상

홍종수는 태권도의 종주국이 대한민국이므로 태권도의 정신철학은 한국 전통사상에서 비롯돼야 한다고 판단했다. 그러면서 한국전통 사상은 즉 한국 혼(魂)이고 그 대표적인 것으로 단군의 '홍익인간'이 태권도 정신의 근본이라는 결론에 도달했다.[93]

그는 1980년대부터 지도자 연수교육을 비롯한 강의에서 태권도 정신으로 한국 혼을 결부시켰다. '태권도 정신, 위본(爲本) 한국 혼(魂)' 즉 태권도 정신으로 우리가 근본적으로 이루고자 하는 것은 한국 혼이라는 것이다.

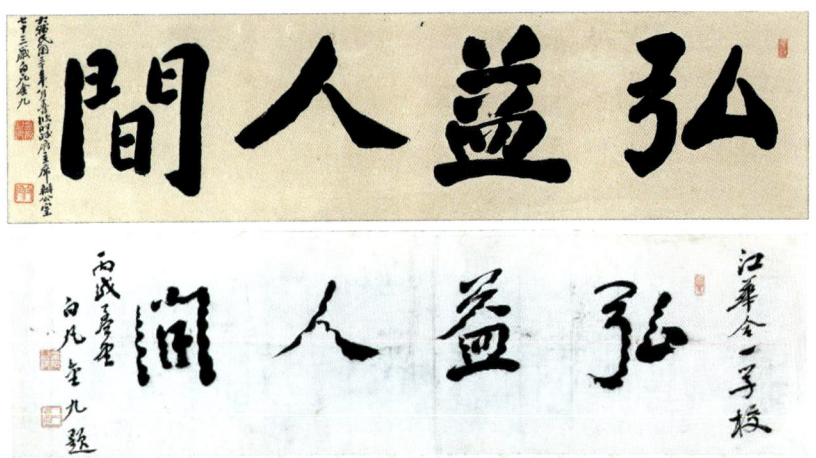

우당의 홍익사상은 자신이 흠모한 백범 김구 선생의 영향도 받았을 것이다. 백범은 그 암울했던 시대에 우리 민족이 홍익인간 사상을 바탕으로 세계적 문화 강국으로 꽃 피우자고 주창했다. 위 사진은 백범 김구 선생이 즐겨 쓴 홍익인간 붓글씨 2종. 아래 휘호는 '총알체' 즉 가슴에 박힌 총탄 때문에 그의 손이 떨리면서 쓴 글씨로 잘 알려져 있다.

1980년대 태권도가 국제경기로 본격적인 궤도에 진입함에 따라 승단 관계 및 무예로서의 기술 발전이 강조되는 상황이었다. 홍종수는 국기원에서 시범 경연대회 개최로 태권도의 무도적 발전도 도모돼야 한다고 주장했다. 무도 스포츠로서 태권도 정신은 바로 한국 혼의

---

93. 홍종수(1986.09.24.), 「우당일지」.

기조가 되어야 한다고 그는 역설했다.[94]

그가 말한 '한국 혼(魂)'이란 다름 아닌 '홍익인간'으로 귀결된다. 홍종수는 단군 사상과 배달민족의 원초적인 민주사상이기도 한 홍익인간의 정신을 열정적으로 탐구했다. 앞으로 청소년 세대들이 민족정신을 고취해서 자신과

최근 국기원이 펴낸 『태권도 교본(2021)』에 홍익 이념이 태권도 정신으로 채택되었다. 홍종수 원로의 사상적 영향력을 반영된 성과이기도 하다.

국가 사회에 도움이 돼야 한다. 홍익인간이란 서로 돕고 서로 아끼고 사랑하고 신뢰하는 세상을 만드는 일로 그는 생각했다.[95] 이와 관련해서 홍종수는 자라나는 청소년들에게 다음과 같이 설교했다.

"먼저 우리의 전통을 여러 각도에서 청소년들에게 바르게 인식을 시켜가야 할 일이다. 효(孝)의 정신으로 바른 가정관을 키우고 예절로서 조상 받들고 질서 있는 사회관으로 유도, 바른 옷차림, 바른 말씨, 바른 행동을 생활화시키는 것이다.

아울러 국조(國祖) 단군(檀君)의 개국 이념인 경천애인(敬天愛人)의 민주적 이상과 홍익인간(弘益人間)의 숭고한 상호주의(相互主義) 정신을 깊이 인식게 하여 국가관을 새겨주어야 할 일이다."

1988년 9월 17일부터 10월 2일까지 지구촌 스포츠 축제인 서울올림픽이 열렸다. 서울올림픽이 끝난 바로 다음 날이 개천절이었다. 태권도가 서울올림픽 시범종목으로 성공적으로 마친 직후 맞이한 개천절 행사였다. 홍종수는 서울올림픽과 태권도 시범종목을 성공리에 치른 감격을 누리면서 한민족의 영광을 찬양했다.[96]

---

94. 홍종수(1986.12.11.). 「우당일지」.
95. 홍종수(1992). 「우당일지」.
96. 홍종수(1988.10.31.). 「우당일지」.

홍익인간 이념은 교육적 가치를 지닐 뿐만 아니라 사회 여러 영역에서 다양하게 활용된다. 우리는 '세상을 이롭게 한다.'란 홍익사상을 태권도 정신의 한 축으로 적극적으로 수용해야 하겠다.[97]

우당이 애호한 정신 덕목

홍종수는 삶에서 직면하는 시련에 대해 스스로 극기, 용기, 인내를 발휘하여 극복하겠다는 다짐을 자주 했다. 그의 일기에는 태권도 활동과 관련해 스스로 마음가짐을 굳세게 추스르는 문구가 많이 나온다. 그 핵심은 극기, 용기, 인내와 같은 단어다.

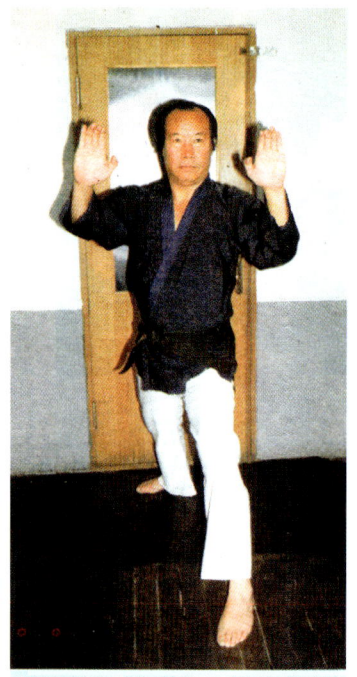

"무인은 먼저 자신을 수양해 극기할 줄 알아야 한다.(武人先修乃克)"고 말하는 洪 9단이 태권도를 시범해 보이면서 관원들을 가르치고 있다.

"내 앞에 펼쳐진 험로(險路)를 정진(精進)과 인고(忍苦)로 극복하련다." "새해 초부터 마음이 심란하다. 금년은 몸과 마음을 함께 잘 다스려야 하겠다. 인내로 극기로 나아가야 할 일이다.".

"성실한 생활로 대도(大道)를 향해 매진하자. 앞으로 맞이할 다양한 사업을 용기와 인내로 일관성 있게 대처하자.[98] "용기와 인내로 난관을 극복하자. 나는

홍종수는 '극기'를 자기계발의 원동력으로 삼았다. 극기는 태권도인의 긍정적인 목표를 이루게 하는 의지력으로서 태권도 정신으로 흔히 거론된다.

태권도계 신선한 바람과 활력을 주입하는 데 힘써 나가자."[99]

"1970년대에는 나의 이미지 깎는 자가 있었지. 하긴 지금도 마찬가지만 그래도 나는 개의치 않으려 무척이나 노심초사했다. '자중자애(自重自愛)'와

---

97. 김영선(2023). 태권도 정신으로서 '세상을 이롭게 한다.'란 홍익인간 이념. 수용론과 비판론을 중심으로. 국기원 태권도연구. 14(1). 1-11.
98. 홍종수(1979.01.01.). 「우당일지」.
99. 홍종수(1994.01.03.). 「우당일지」.

'인내'라는 단어. 나는 이 단어를 늘 숙고한다. 내 인생에 가장 중요한 말이기에 언제나 기억하고 소중하게 생각할 것이다.[100]

(1) 극기 (나를 이김)

태권도 수련은 '자기 부정의 과정' 또는 '자기 성장의 과정'이라고 한다. 자기 부정의 과정과 자기 성장의 과정은 겉보기에 서로 대립하는 개념이다. 자기를 성장시키는 일은 자기를 부정하는 일이 아니라 긍정하는 일에서 시작하기 때문이다. 그렇다면 어떻게 서로 대립하는 두 과정이 태권도 수련 활동에서 동시에 진행될 수 있을까? 태권도 정신 극기는 이 물음에 대한 답변의 실마리를 제공해 준다.

극기는 넘어서다 '이기다'라는 의미의 극(克)과 자기 자신 '라는 외미의 기(己)가 결합된 단어이다 극기가 가능하기 위해서는 넘어서고 이겨야 할 대상으로서 자기와 그 일을 행하는 주체로서 자기가 동시에 존재해야만 한다 여기서 이기고 넘어서기 이전의 내가 특정한 경계 또는 한계에 갇혀 있는 나라면, 그것을 넘어서는 나는 그 경계나 한계를 벗어난 존재이다.

부단한 극기 과정으로서 수련자의 삶을 상징하는 태권도복

'나를 이김'이란 의미의 '극기'는 '홍익'과 함께 '태권도 정신'으로 국기원 『태권도 교본(2021)』에 명시되었다.

"나는 태권도계의 바른 궤도 진입을 모색한다. 국제적인 관계나 국내 활동에 외로운 입장에 있는 협회 운영에서 특히 그렇다. 인내와 용기로서 직면한 모든 문제에 대응할 것이다." "나로선 행할 수 없는 법적, 도덕적 부정행위를 거부하는 것, 그것이 바로 용기이다. 나는 화이부동(和而不同), 즉 남들과 사이좋게 지내긴 하되 무턱대고 동조하지 않는다."

또 우당은 '예의'를 중시했다. 예의는 태권도인이 행해야 할 주요한 덕목으로 판단했기 때문이다. 예의를 일컬어 태권도 정신의 핵심이라고 규정하는 사례도 적지 않다. 국기원 지도자 연수교육에서는 오래전부터 태권도 정신과 더불어 '예의 규범'이란 과목이 책정돼 있다. 홍종수는 오랜 기간 태권도 정신과 예의 규범을 강의했다. "예의 규범을 강의하다. 태권도, 그 정신은 영원한 우리의 철학이다. 태권도의 정신철학은 우리 민족혼이다."[101]

또 바르게 살기 위해 올바른 행동의 기준인 '정의(正義)'에 대해서도 홍종수는 누누이 언급했다. 그의 관점으로는 태권도장은 정의를 가다듬는 장소였다. 또한, 일상생활 중에 갖가지 그릇된 행태들을 목도하고 겪음으로써 정의의 부재(不在)를 실감했기 때문이었다.

"태권도장은 인간의 수도장(修道場)이다. 나의 도장은 진정한 의미에서 인간의 길을 구(求)하는 교실이며 실제적인 수련을 통해 참된 무(武)를

---

100. 홍종수(1986.12.). 「우당일지」.
101. 홍종수(1985.11.08.). 「우당일지」.

체득(體得)하고 정의(正義)를 추구한다."102

"정의를 위장하고 대의(大義)를 왜곡하는 교활한 언사(言事)를 경계해야 한다. 개인의 명리(名利, 명예와 이익)를 감추고 자기주장이 정당하고 마치 대의명분인 양 조작하는 기만이 통하지 않은 사회, 즉 정의 대도(大道)가 정립돼야 한다.103

"사회 정의가 바로 서 있는 정치, 돈, 명예, 권력의 분리가 마땅하다. 모든 분야에서 제 자리, 제격에 맞춰 자기 분수를 지켜야 하는 풍토가 정립돼야 한다."104

이렇듯 홍종수는 자기 반성적 사고방식과 함께 올바른 행위에 대한 소신을 지키려고 애썼다. 그리고 태권도 활동 중에 맞게 되는 긍정적이든 부정적이든 다양한 상황을 도의적으로 판단하고 심사숙고했다. 그의 태권도 인생 역정은 태권도의 정신적 가치와 정체성을 찾고자 하는 노력의 일환이었다.

사회봉사에 관한 관심과 실천

홍종수는 활발한 사회 활동을 전개하면서 봉사의 중요성을 느끼고 생활에서 실천했다. 1960년대 건민체육관을 개관했을 때부터 차영민 회장과 함께 건민복지회를 창설해 사회봉사를 시작했다.105 그의 봉사 활동은 주로 금전적이고 물질적인 경향이었지만 없는 살림에 남을 돕는다는 것은 결코 쉬운 일이 아니었다.

경제적 어려움에 시달리는 자신의 형편에서 적은 액수라도 남을 돕는 것을 지속적으로 실천할 사람은 주변에 그리 많지 않을 것이다. 하지만 홍종수는 오랫동안 복지회장을 맡아 여러 방법으로 봉사를 실행했다. 봉사에 관한 관심과 노력은 그의 일기나 기고문에서 많이 찾아볼 수 있다.

---

102. 홍종수(1975.06.28.).「우당일지」.
103. 홍종수(1981.02.18.).「우당일지」.
104. 홍종수(1993.06.01.).「우당일지」.
105. 한국일보(1977.11.20.) 태권도장을 찾아서 – 건민체육관.

또 1992년 KTA 상근부회장 시절 홍종수는 사회봉사 단체인 '청소년·노인 복지 연구회' 고문을 맡았다. 고문이란 사업 전개나 단체 행사에서 물심양면으로 역할을 해야 하는 직책이다. 그의 여러 활동에 비추어 복지 연구회에 금전적 기부를 포함한 온정을 베풀었을 것으로 짐작할 수 있다.

1992년 홍종수는 한 사회복지 기관지에 봉사의 취지를 설명하고 동참을 호소하는 글을 실었다.

홍종수는 그 복지 연구회가 간행한 책자에 '사랑의 향기를 온누리에'라는 제목으로 글을 실었다. 게재문 내용이 논리적이고 교훈적이어서 요약해서 싣기로 한다.

" (생략) 인간의 삶에는 두 가지 양식이 있다고 합니다. 하나는 생명을 가진 존재로서 서로를 존중하며 더불어 살아가는 생활 속에서 기쁨을 느끼는 존재의 삶의 양식입니다. 다른 하나는 자신이 무엇이든지 소유함으로써 만족을 취하려는 소유의 삶의 양식이 그것입니다.

인간은 누구나 소유하고자 하는 강한 욕망을 본능적으로 가지고 있습니다. 재산을 소유하여 부를 과시하고, 높은 지위를 소유하며 명예를 드높이려 하고, 좋은 것을 소유하여 행복을 찾으려고 합니다. 물론, 인간이라면 성인으로부터 빈자(貧者)에 이르기까지 생존을 위하여 물건을 소유하고 사용하는 것은 당연한 일이고 또 꼭 필요한 것입니다.

그러나 만약 소유욕이 정도를 넘게 되어 탐욕스러운 이기주의로 변질하여 버린다면, 그리하여 사회의 한 구성원으로서 함께하는 삶의 의무를 망각한다면, 우리 사회는 인간의 존엄성이 무시되고 오직 자기의 이익만을 위하여 이전투구를 하는 약육강식의 장소가 되고 말 것입니다. (중략)

요즈음 우리 사회는 비약적인 경제발전으로 인하여 국민의 대다수가 풍요로운 삶 속에서 생활하고 있지만, 우리가 잠시 눈을 돌린다면 아직도 그늘진 곳에 소외된 많은 불우한 이웃들을 볼 수 있습니다. 사회의 무관심과 빈곤 속에서, 버려진 불우한 청소년들. 노인들 그리고 심신 장애로 인해 생활을 위협받는 장애인 등의 소외계층이 바로 그들입니다.

그들의 삶은 번영의 저편에 외롭게 펼쳐져 있습니다. 우리에게 필요한 것은 불우한 이웃에 대한 따뜻한 관심과 그들과 함께하고자 하는 사랑의 정신입니다. 주위에 있는 이웃으로부터 작은 사랑을 실천하여 사회에 사랑과 믿음의 물결을 흐르게 하며, 나아가 민족과 인류의 사랑 운동으로 발전시켜야 하겠습니다. 인류 역사의 미래에 대한 낙관적 기대는 사랑으로 더불어 사는 사람들의 희생적 행동이 인류 사회의 각 곳에서 조용히 전개될 때 가능하다고 생각됩니다. 인류 역사에는 수많은 선각자가 그들의 삶의 자취를 남겼습니다. 살신성인하는 자세로 가치 있는 인생을 창조하기 위해 인류에 대한 사랑을 실천했습니다. 그들은 사람답게 살아가는 사회를 건설하기 위해 끝없이 봉사했으며, 어려운 환경에서도 절망하지 않고 꿋꿋하게 신념을 지키며 삶을 살아나갔습니다. 우리의 미래에 대한 희망이 아직도 밝게 빛나는 것은 그러한 사람들이 존재하고 있기 때문이라고 여겨집니다.

이제 '청소년·노인복지연구회'의 조용한 사랑의 실천 운동과 그 결실로 맺어지는 '사랑의 향기' 창간호로 인하여 우리 사회에 불우 청소년을 위한 장학운동과 소외된 노인과 장애인을 위한 복지문제가 많은 사람의 관심 속에서 사랑 운동으로 전개되기를 크게 기대해 보고자 합니다. 그리하여 우리 모두 더불어 사는 삶 속에서 사랑의 향기가 가득 피어나는 행복한 사회가 이룩되기를 바랍니다. 스스로 실천하는 사랑 운동에 아름다운 뜻을 같이하는 분들께 끝없는 격려와 찬사를 보냅니다."[106]

이 글을 통해 봉사에 대한 홍종수의 관심과 온정(溫情)의 정도를 잘 알 수 있다. 봉사는 최근에 태권도 정신의 하위 실천 덕목으로 설정됐다.

---

106. 홍종수(1992). '사랑의 향기를 온누리에'. 사랑의 향기 창간호. 청소년·노인 복지 연구회.

'널리 세상을 이롭게 한다.'란 홍익인간 사상을 실천하기 위해서는 당연히 봉사로 그 실천성이 발휘돼야 하기 때문일 것이다.[107] 태권도를 통해 재능과 금전 아니면 어떤 노고이든 남을 돕는다는 것은 사회구성원 사이의 화합과 협력을 위해 권장할만한 바람직한 덕목이다. 봉사 덕목은 2020년 정부가 주관하는 '태권도 대사범 지정' 사업에서도 주된 평가 지표로 설정됐다.[108]

태권도 정신과 덕목 수립에 일조

홍익인간 사상을 비롯해 극기, 용기, 인내, 예의, 정의(正義), 봉사와 같은 덕목이 홍종수의 일기에 자주 표현돼 있다. 이와 관련해 국기원은 다음과 같은 태권도 정신체계를 확립했다.

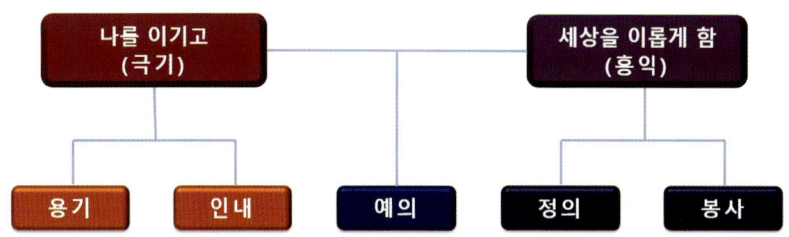

2021년 국기원 교본에 등재된 태권도 정신과 5대 덕목. 홍종수 원로가 추구했던 민족정신과 태권도인의 주요 덕목이 대부분 반영됐다.

이러한 정신과 덕목은 근래에 국기원에서 수립한 태권도 정신체계의 핵심 항목으로 선정됐다. 1972년 국기원이 세워지고 태권도 교본이 편찬되면서 태권도의 정신철학이 공론화되기 시작했다. 이에 따라 협회와 국기원은 태권도 정신의 표준안을 확립하기 위해 십여 차례 세미나와 연구 과제를 실행했다.

그 결과 2021년 국기원 『태권도 교본』에 다음과 같은 태권도 정신체계가 확립됐다. 태권도 정신체계는 정신에 대한 단편적 인식에서

---
107. 국기원(2021). 태권도의 정신. 『제1권. 태권도의 이해』. 태권도 교본(전 5권). 96~102.
108. pmg지식엔진연구소(2020.12.04.). 사상식사전. 박문각. https://terms.naver.com/entry.naver?docId=6178133&cid=43667&categoryId=43667

벗어나 복합 구조로 구성됐다. 왜냐하면 '정신' 단어가 이념, 의지력, 도덕성의 다의적 용어이기 때문이다.

즉 태권도의 이념이 되는 대의명분을 비롯한 난관을 극복하고 인생 목표를 달성하는 의지력 요인과 바람직한 사회적 덕목이 합쳐져 정신 개념을 이루고 있다.[109]

태권도 5대 덕목과 생활신조 문장

따라서 정신체계는 정신 개념의 특성에 따라 추상성을 갖는 정신과 하위 개념인 실천 덕목과 신조로 구분됐다. 태권도 정신은 '나를 이긴다(극기).'와 '세상을 이롭게 함(홍익)'으로 확정됐다. 정신에 관련한 하위 덕목으로 용기, 인내, 예의, 정의, 봉사 5대 덕목이 배정됐다. 5개 덕목이 태권도인의 자기 다짐을 위한 생활신조로 다음과 같이 표현됐다.[110]

태권도 정신과 홍종수의 사상의 관련성을 고찰한 논문. 요약문이 부록에 실려 있다.

이와 같은 여러 태권도 정신과 덕목과 관련해 그는 자신의 인생 철학으로 삼았다. 한편으론 태권도의 정신철학 이론으로 체계화하려고 노력했다.

'홍익인간'과 '경천애인(敬天愛人)'은 홍종수가 숭상하는 국조 단군과 직결된 한국 고유의 사상이다. 국기 태권도는 한국을 모국(母國)으로 하는 세계적 무예 스포츠이다. 따라서 한국 사상의 고유성을 가지면서도 세계적 보편성을 갖는 태권도의 이념이나 정신철학이 반영되는 것이 바람직하다.

---

109. 김영선, 송형석, 최중구(2015). 「태권도 정신체계에 관한 연구」. 국기원. 54~63.
110. 국기원(2021). 태권도의 정신, 『제1권. 태권도의 이해』. 태권도 교본. 96~102.

홍익인간은 이념성과 대의명분이 깃든 추상적인 개념이지만 개인과 사회의 실천 덕목을 두루 포괄하는 장점도 있다. 즉 예의, 정의(正義), 봉사 등 인성교육의 소재가 될 수 있는 다양한 덕목으로 파생된다. 태권도 정신과 결부된 홍종수의 철학과 사상, 그리고 그의 실천적 생애는 한 논문으로 발표되기도 했다.[111]

제3절. 남다른 애국의식과 사회 활동

홍종수는 지도자급 태권도 인사로서 그리고 국민의 한 사람으로서 애국애족(愛國愛族) 정신을 고취하고 실천했다. 오늘날 한국과 태권도가 이룩한 세계적 위상은 위대한 선인(先人)들의 고결한 헌신과 희생으로 일구어낸 결실이었다. 그는 해마다 국가기념일이 되면 그날의 의미를 되새기고 몸소 사적지를 찾아 경의(敬意)를 표하기도 했다. 그의 사회 활동 중 많은 부분이 민족 정체성을 갖춘 융성한 사회가 되도록 몸소 실천하는 일이었다.

1. 애국애족 정신의 실천

민족주의 가치관의 실행

그의 일기에는 '나라 사랑, 민족 사랑[愛國愛族]'을 자신의 생활 중에 실천하려는 마음이 역력히 나타난다. 그가 몸소 방문해 참배한 민족 사적지(史蹟地)는 수없이 많다. 여기서는 대표적인 사례만 서술하기로 한다.

홍종수는 백범 묘소와 안중근, 윤봉길, 이봉창 삼의사(義士) 가묘(假墓)가 있는 효창공원을 틈나는 대로 방문했다.

---

111. 김영선(2024). 태권도 정신의 실증적 근거로서 우당 홍종수의 태권도 사상과 실천적 생애. 국기원 태권도연구. 15(1). 11-22.

"오늘은 광복기념일이다. 애국 투사들에게 감사하고 선열의 충절(忠節)을 새겨 나도 마음을 다져 나의 본분에 충실히 임하자. 나는 태권도를 통해 국민 계도와 국위를 선양하며 아울러 사회적 공헌도 해야 한다."[112]

홍종수는 매년 광복절이 되면 마음을 다져 선열의 뜻을 새겼다. 백범 김구의 애국 사상이 그에게 더없이 흠모(欽慕)하게 했다.[113] 홍종수는 1987년 광복절 날에 부인과 함께 천안 독립기념관을 찾았다. 웅장한 건축물에 비해서 인상적인 구조물이나 감격할만한 표상체(表象體)가 별로 없어서 다소 서운함이 들었다고 한다. 다만 분명한 것은 그가 애모하고 숭배하는 애국자들의 행적을 접할 수 있었다는 것이 자기의 염원이라서 고맙게 생각했다.[114]

또 해마다 3.1절에 되면 홍종수는 어김없이 종로3가 탑골공원을 찾았다. 때로는 가족이나 지인들과 함께 방문했다.[115] 1976년 삼일절은 가족과 함께 특별한 시간을 갖기도 했다.

홍종수가 자주 찾은 종로 탑골공원에 있는 의암 손병희 동상과 3·1 독립선언서 낭독 부조

"오늘은 민족사에 빛나는 전통과 결속력을 동서 만방에 과시한 우리 한민족의 역사적인 날이다. 우리는 이날을 기념해 우리를 재발견하고 민족중흥을 성취해야 한다. 우리들의 소망은 3·1 정신을 바탕으로 현실에서 보다 영광스럽고 알찬 대발전의 초석이 될 것을 다짐하는 마음이 간절하다. 나는 아침 일찍 내 자녀들이 태극기를 반듯이 다려놓은 것을 보고 매우 기뻤다. 오늘 나는 아내와 함께 탑골공원을 순례했고 오랜만에 부부 단둘이서 기념사진도 찍었다."[116]

---

112. 홍종수(1974.08.15.). 「우당일지」.
113. 홍종수(1989.08.15.). 「우당일지」.
114. 홍종수(1987.08.16.). 「우당일지」.
115. 홍종수(1980.03.01.). 「우당일지」.
116. 홍종수(1976.03.01.). 「우당일지」.

아울러 그는 틈나는 대로 국내 역사 유적지나 위인들의 발자취를 몸소 답사하는 일이 많았다.

1995년 대전 소년체전 태권도 경기장 방문길에 그는 금산에 있는 칠백의총(七百義塚)을 참배했다. 임진왜란 때 의병장 조헌 등 700명의 구국 영웅과 의사들의 업적을 기리는 것이 후손의 도리라고 그는 생각했다. 그는

홍종수는 충남 금산 칠백의총을 방문해 나라 위해 희생한 조상들의 충절을 기렸다.

청소년들이 애국심과 도의심을 불러일으키도록 하는 것이 기성 인들의 할 일이라 여겼다.117

홍종수는 자투리 시간을 활용해 집에서 가까운 효창공원을 자주 산책했다. 그곳에 가면 김구 선생을 비롯해 이동녕, 윤봉길, 이봉창 등 민족 의사들의 숨결을 느낄 수 있기 때문이었다. 1997년 삼일절에는 탑골공원 의암 손병희, 남산 안중근 의사, 김구 선생, 명장 김유신 동상 등을 두루 참배하고 추모했다. 무엇보다 현재 우리가 우선 생각할 일은 민족적 자각이며 화합이며 통일이며 단결이 세계사 속에 살아남은 철학이라고 그는 생각했다.118 홍종수가 작고하기 수개월 전 백범 김구 선생 49주기 행사에 참석했다. 효창동 백범 묘지에서 열린 추모제에서 그는 여러 저명인사와 함께 백범의 민족정신을 기렸다.119

효창공원에는 백범 김구 선생의 묘소와 함께 백범기념관이 조성되어 있다.

117. 홍종수(1995.05.26.). 「우당일지」.
118. 홍종수(1997.03.01.). 「우당일지」.
119. 홍종수(1998.06.26.). 「우당일지」.

2. 현정회와 단군국조숭모회

홍종수는 태권도 정신철학의 근원이 민족사상에서 발원돼야 한다고 인식했다. 그의 태권도 정신철학과 민족애에 대한 열정은 국조(國祖) 단군을 섬기는 애국애족 사상으로 발전했다.

사단법인 현정회

현정회(顯正會)는 국조 단군과 사직 및 선열을 숭봉하여 국민정신 순화 및 계발을 목적으로 1969년 설립된 대한민국 문화체육관광부 소관의 사단법인이다. 사무실은 서울특별시 종로구 사직동 산 1-50에 있다.[120]

1968년 이희승, 김상기, 윤태림. 이항녕, 이병도, 이선근, 신석호 등의 국학자들이 주축이 되어 창립됐고 이념과 종교를 초월한 민족단합의 국민운동단체의 성격을 띠고 있다.

현정회라는 명칭은 파사현정(破邪顯正)의 정법(正法)을 편다는 뜻에서 유래했다. 일제강점기에 헐어버린 사직단이 광복 후에도 방치되어 있음을 발견하고, 매년 어천절(御天節, 3월 15일)과 개천절(開天節, 10월 3일)의 제례 행사를 사직제와 함께 거행해 사직단의 의미를 되살리고 있다.

현정회 개천절 사직대제전을 보도한 신문기사. 맨 왼쪽이 홍종수

1985년에는 현재의 비좁은 단군전을 헐어내고 새로운 단군전의 설립을

---

120. 위키백과(2022.02.03.). 현정회. 2020년 9월 30일 발췌. https://ko.wikipedia.org/wiki/%ED%98%84%EC%A0%95%ED%9A%8C

정부 주도로 추진하던 중 일부 기독교 측의 반대로 많은 논란이 있었다. 그 뒤 1987년부터는 민간차원에서 단군전의 신축을 추진, 1990년 3월에 완공했다. 간행물로는 계간으로 『현정(顯正)』을 발간하고 있다.[121]

홍종수가 손수 도안하고 제작해서 기증한 현정회 기(旗)

홍종수의 단군 애호 사상은 현정회와 자연스럽게 이어졌다. 그는 오래전 1982년 개천절을 맞아 단군성조를 범국민적으로 존숭하는 정부 차원의 행정적인 강화책이 필요하고 느꼈다. 민족적 대성사(大盛事)를 격상해야 마땅하다는 게 그의 지론이었다.[122]

홍종수는 현정회를 통해 국조 숭모 운동을 전개하면서 현정회지의 편찬에도 참여했다. 그리고 본인이 직접 현정회기(顯正會旗)를 도안하고 제작해서 증정했다.[123]

1997년 현정회 역사탐방차 사직공원에서 모인 현정회 회원. 홍 원로는 맨 뒷줄 가운데 앉아 있다.

---

121. 한국학중앙연구원. 한국민족문화대백과사전. 현정회. 2023년 10월 10일 발췌. https://encykorea.aks.ac.kr/Article/E0063414
122. 홍종수(1982.10.03.).「우당일지」.
123. 홍종수(1997.12.).「우당일지」.

단군국조숭모회

홍종수는 태권도의 정신철학은 우리 민족정신에서 발원돼야 한다는 지론을 폈다. 그의 각별한 민족의식은 국조(國祖) 단군을 섬기는 '단군국조숭모회'란 단체를 태동시켰다. 그는 국조 단군을 태권도와 결부시켜 이렇게 썼다. "단조(檀祖)의 개국 이념은 홍익인간과 경천애인(敬天愛人)이다. 태권도의 조직은 도의(道義)를 숭상하는 집단이다. 또 국가와 민족을 위하는 집단이다. 우리는 국조, 개국의 정신을 계승해야 한다."[124]

1993년 개천절 제전에 참석한 홍종수의 모습 (가운데 원)

1993년 9월 23일 홍종수는 태권도계 여러 후배와 제자들과 함께 단군을 국조로 섬기는 숭모회(崇慕會)를 창립했다. 회장은 홍종수 본인이 맡았고 총무는 강신철 고수회 회장이 선임됐다. 홍종수는 창립 취지문을 직접 기안했고 숭모회 규약 등을 검토했다. 발기인 모임도 가졌다.[125]

홍종수가 단군국조숭모회를 창립한 것은 그해 3월 현정회가 주관한 형천절(衡天節) 행사가 계기가 됐다. 제전 행사 중 일부 몰지각한 기자와 사람들이 영당(影堂)에 마구 출입했지만, 누구도 제지하지 못했다.

홍종수는 현정회 당직자에게 그런 일이 재발하지 않도록 건의했다. 현정회 행사의 위엄을 세우고 무분별한 영당 출입을 제한하도록 대책이

---

124. 홍종수(1990). 「우당일지 - 잡기」.
125. 홍종수(1996.09.23.~28.). 「우당일지」.

필요했다. 그는 그러한 소임을 맡을 청년회를 조직하기로 결심했다.[126] 이를 계기로 '단군국조숭모회'가 발족됐다.

1996년 10월 3일 정부에서 주관한 개천절 행사에 참석했다. 현정회 제전에도 참여하고 숭모회 회의를 주재했다. 회원 총 9명이 참석하여 앞으로의 발전 방향도 상의했다. 숭모회는 "홍익인간의 정신이 한민족 신바람의 원천이다."란 김상환(金尙煥)의 강의도 경청했고 모두 공감했다.[127]

심당길 가문이 큐슈 가고시마 옥산궁 안쪽 단군 바위를 모신 전각

홍종수는 별세하기 3개월 전에 '심수관 도예전'을 관람했다. 심수관은 400여 년 전 임진왜란 중에 일본에 끌려간 조선의 도공(陶工) 심당길의 14대손이었다. 일본에 정착한 심당길은 여러 난관을 무릅쓰고 거주지 인근에 옥산전을 짓고 한민족의 시조(始祖) 단군을 모셨다. 홍종수는 그들의 투철한 민족사상에 감동했고 무한한 경의를 표했다.[128]. 1999년 심수관가는 15대로 이어졌다.[129]

2017년 전통 한옥 스타일의 관저에서 열린 주미 한국대사관 개천절 기념식

---

126. 홍종수(1993.03.14.). 「우당일지」.
127. 홍종수(1996.10.03.). 「우당일지」.
128. 홍종수(1998.07.08.). 「우당일지」.
129. 두터비(2016.06.01.). 다마야마 신사, 심수관요. 2016 기고시마. 네이버블로그. https://blog.naver.com/toads/220725372571

3. 건민복지회

홍종수는 건민체육관, 건민조기회에 연이어 건민복지회에 가입해 이웃돕기 활동에도 참여했다. 그는 오랜 기간 복지회 회장 직책을 맡아 사회봉사에도 일익을 담당했다.

건민복지회 창설과 운영

1967년 건민체육관이 개관됐고 이전부터 활동하던 불광건민조기회에 태권도 수련반이 개설됐다. 조기회가 점차 인적 구성원과 응집력이 확대되자 회원들이 의기투합하여 친목과 사회봉사단체인 건민복지회도 출범시켰다. 건민복지회 창설은 건민조기회 회장인 차영민 원장과 홍종수 관장이 주도했고 총 20명 전후의 회원으로 구성됐다.

건민복지회 임원들이 건민체육관에서 함께 자리했다.
앞줄 중앙이 복지회 홍종수 명예회장이고 그의 오른쪽이 모자의원 원장인 차영민 회장이다.

수년 후 차영민이 건민복지회 회장직을 물러났고 홍종수는 제2대 회장직을 맡아 회원 결속을 위해 힘썼다. 홍종수의 탁월한 리더십과 단체 운영 능력이 복지회를 주도하게 된 것이다. 그는 채응병, 황은섭, 이영기, 이상기, 박양흠, 정진, 여(呂) 사장 등 여러 회원과 어울려 복지회 친교와 유쾌한 시간을 가지기도 했다.[130]

홍종수는 오랫동안 건민복지회 회장을 맡아 사회봉사에도 관심과 노력을 기울였다. 그렇지만 재정적 형편이 어려웠던 그의 생활은 늘 금전적인 부담으로 고심했던 나날이 많았다. 따라서 홍종수가 재력이 넉넉한 회원에게 회장직을 넘기려고 했지만, 그마저도 여의치 않았다. 회원 대다수가 홍종수가 회장직을 유지하도록 희망했기 때문이다.[131]

건민복지회의 이웃돕기 봉사 활동이 신문에 보도됐다 (경향신문, 1971.12.27.).

하지만 홍종수에게는 복지회 진로는 회원 개개인의 친목은 물론 사회적 위치에서 무엇이든 이바지하는 보람된 사업을 전개하자는 취지가 중요했다. 보다 진취적인 차원에서 지역사회 발전과 총화 결속을 다지는 방향에서 복지회의 사업계획이 수립됐다. 회원들이 모여서 먹고 대화를 즐기자는 사교 중심적 방식이 소비 향락적 적폐(積弊)로 지적되기도 했다.[132]

건민복지회의 사회봉사 역할을 강조

홍종수는 모름지기 복지회란 인격 대 인격의 집약(集約)이며 불우한 이웃을 돕고 보다 인간적인 상호관계를 추구하는 바에 그 목적이 있다고 판단했다.[133]

이러한 목적에 따라 회장 홍종수는 복지회가 지역 내 극빈자를 대상으로 불우이웃돕기 사업을 추진할 것을 제의했고 회원들은 만장일치로 동의했다. 비로소 복지회는 제구실을 다하는 체질적 개선이 단행됐다. 그는 복지회 모임의 성격을 보다 사회적인 가치 기준으로 현실참여를

---

130. 홍종수(1976.05.28.).「우당일지」.
131. 홍종수(1982.02.15.).「우당일지」.
132. 홍종수(1976.06.16.).「우당일지」.
133. 홍종수(1979.04.30.).「우당일지」.

누누이 강조했다. 일부 회원은 이 사안에 대해 지극히 소극적인 반응도 있었다. 그러나 홍종수의 소신과 독려로 인해 복지회의 운영 방침이 점차 개선되는 바람직한 현상을 맞았다.[134]

홍종수는 복지 활동에 대해 다음과 같이 남다른 생각을 품었다. "재정적 여유가 풍부해서 남을 돕는 것은 구차한 사치일 수 있다. 하지만 어려운 형편이지만 타인을 배려하는 것은 참된 의의를 가진 성의 있는 돈이자 진정으로 남을 도운 정화(淨貨)인 것이다."[135]

홍종수는 건민복지회 제2대 회장 취임 이후로 십 수년간 줄기차게 회장직을 수행했다. 오랜 기간 공을 들여 회원들의 친목은 물론 지역사회 봉사를 도모했다. 건민복지회는 불우한 이웃을 돕고 우호적인 인간관계를 더욱 돈독히 하고 더불어 사는 아름다운 풍토로 이끌기 위해 정성을 쏟았다.[136]

건민복지회 제1대 회장을 역임했던 차영민 원장은 복지회를 이끌었던 홍종수에게 큰 영향을 주었다. 차 원장의 아들 차인태(MBC 나눔 고문) 전 아나운서는 부친의 사회봉사 유지를 받들어 '함께 나누는 세상(재단법인)' 운영위원으로 활동 중이다.[137]

2019년 유명 아나운서클럽 회장으로 취임한 차인태 씨. 그는 부친인 차영민 원장의 사회 봉사 유지를 받들어 실천에 옮기고 있다.

---
134. 홍종수(1976.12.15.).「우당일지」.
135. 홍종수(1979.01.15.).「우당일지」.
136. 홍종수(1982.02.15.).「우당일지」.
137. 재단법인 함께 나누는 세상 홈페이지. http://www.sharingtogether.or.kr/xe/init

4. 왕성한 주례 활동

홍종수는 1992년에 이르기까지 제자나 지인들의 요청으로 700회 가량 주례를 맡았다. 이후 6년 가까운 기간을 합쳐서 그가 생전에 1,000회 이상 주례를 맡았다고 하니 가히 놀라울 따름이다. 그만큼 그는 웬만한 주례 일이라면 거절하지 않고 흔쾌히 응했다.

본래 결혼식이란 신랑이나 신부들에 있어 가족과 지인들의 축복을 받으며 형식을 갖추어 거행되는 통과의례이다. 주례는 결혼식에서 예식을 관장하여 진행하는 사람이나, 그 일 자체를 말한다. 주례는 주례사를 통해 부부가 서로 배려하여 행복한 가정을 꾸려 가도록 설교하고 다짐을 받는다. 통상 사회적 지위나 덕망을 갖춘 인사가 집례하는데 태권도계 원로인 홍종수가 생애 처음으로 주례를 맡은 것은 36세 때부터였다고 한다.

주례 활동의 각별한 취지

홍종수는 1992년에 이르기까지 수많은 결혼식에서 700여 쌍의 새 가정을 꾸미는 신랑·신부를 위해서 주례를 맡았다. 아마도 그가 생전에 맡았던 주례 횟수는 타의 추종을 불허할 정도이다. 주로 대상이 되는 사람들은 대부분 그와 관계가 깊은 태권도 사범이 약 80%이고 나머지는 그의 친구와 지인들의 자녀들이었다. 그는 자신의 빈번한 주례 활동에 대한 심정을 다음과 같이 밝혔다.

"지인들의 주례 요청은 너무나 간절했고 또한 내게 태권도 지도를 받은 바 있을뿐더러 젊은

생전에 홍종수는 무려 1,000회에 달하는 주례를 집례했다. 그에게 주례 활동은 태권도계 원로로서 권위 유지와 대인관계 증진에도 도움이 됐다고 한다.

사람으로서 일생일대에 있어 가장 중대한 첫 출발이 되는 혼례식이 아닌가. 이것을 만약에 거절이나 사양한다면 이 젊은 한 쌍의 신혼부부의 인생 시발점에서부터 착오가 된다면 안 되겠다는 생각이 들었다.

한 사람이라도 인생의 숙명적 정서를 해쳐서도 안 될 일이라는 생각에서 참으로 첫날부터 순탄한 길로 인도한다는 뜻도 작용했다. 그래서 선선히 수락했으나 막상 많은 사람 앞에서 중대한 의식을 주재한다 생각하니 여간 신경이 쓰이는 것이 아니었다.

예전만 해도 식순이 매우 복잡해서 절차 또한 까다로웠다. 예를 들어 기념품과 예물 교환부터 시작해서 그 예물이 지닌 의의와 백년가약의 상징물로서 뜻하는 바도 설명해야 했다. 주례는 식순에 따라 기본적인 절차부터 이런저런 설명을 했고 또한, 하객들에게도 흥미로운 덕담도 곁들였다. 부부의 학력이나 직장 등 개인 정보는 물론 결혼이 성사된 과정도 언급했다. 또한, 결혼 후 서로 존중하고 배려해야 할 사안에 대해서도 다짐을 받았다.

일단 주례에 임하면 지나치게 긴장된 분위기를 완화하면서도 하객들의 관심을 끌만 한 내용을 흥미롭게 풀어 가는 것이 핵심이었다. 주례 내용을 잘 구성하고 상당한 화술을 구사해야만 참 잘한다는 주례 평을 들을 수 있었다."[138]

반만년 민족사와 운명을 함께 해온 우리의 자랑스러운 문화유산인 태권도가 2000년, 시드니올림픽 정식종목으로 채택되어 세계 체육사에 빛나는 한면을 장식하였습니다 이 모두가 수많은 태권도인의 땀과 노력의 결실이라 생각되어, 존엄하고 신성한 법통을 지켜 바른정신 바른 기법과 기술을 보존하고 발전시켜 나감에 소홀히 하지 말아야 하겠습니다
이차에 한국태권도고수회에서 기본 동작과 품새, 겨루기, 격파부분을 수많은 사진과 함께 골고루 다룬 교본을 편찬한 일은 참으로 반가운 일이 아닐 수 없습니다
본서의 내용을 살펴보면서 태권도 정신이 서려있다는 느낌을 받았습니다
앞으로도 한차원 더 높은 기술을 연구 개발하기를 바라면서 어려운 여건 속에서도 교본을 완성한 고수회 회원 여러분들의 노고에 심심한 위로와 사의를 표합니다

전. 국기원 부원장
전. 태권도협회 상근 부회장
홍 종 수

고수회가 출판한 『태권도』 교본에 게재된 홍종수 고문의 축사 (1997. 상아출판사)

---
138. 홍종수(1992). 「우당일지」.

5. 광복 50돌 기념 '제야의 종' 타종

1995년 1월 1일, 광복 50주년을 맞아 홍종수는 일생일대의 영광을 누릴 수 있었다. 서울 종로 보신각에서 열린 '제야의 종' 행사에서 그는 타종 인사의 일원으로 참가했다. 대한민국의 수도 서울에서 열린 대대적인 사회적 행사에서 홍종수는 태권도가 올림픽 종목에 채택됨으로써 한국을 빛낸 인사로 위촉된 것이었다.

1995년 1월 1일 0시. 광복 50주년을 맞아 홍종수 원로는
서울 종로 보신각에서 타종 위원으로 위촉돼 직접 종을 치는 영광을 누렸다.

홍종수는 새해 보신각 타종인(打鐘人)의 한 사람으로 지명된 것에 무척 기뻐했다. "나는 태권도인이자 서울 시민으로서 다시 없는 영광이다. 이는 어떤 허울 좋은 훈장보다도 백배나 좋은 일이다."[139]

이 행사가 열리기 전인 몇 달 전 1994년 9월 4일, 태권도는 파리 103차 IOC 총회에서 올림픽 정식종목으로 확정되는 전 국민적인 경사를 맞았다. 국기 태권도가 올림픽 종목이 된 것을 기념해 서울시가

---
139. 홍종수(1994.12.23.). 「우당일지」.

주관한 타종식 행사에 홍종수가 초청됐다. 서울시는 타종식에 참여할 독립유공자와 과학자를 비롯해 한국을 빛낸 인사 50명을 선정해 발표했다.

광복 50주년을 널리 알리는 뜻에서 50명으로 구성된 타종 시민으로는 독립유공자 등 광복 관련 인사 20명, 과학자와 수출 역군, 문화예술 분야 등 세계화·미래화 세대 20명, 광복 이후 한국을 빛낸 사람 10명이 선정됐다. 이들은 시립합창단의 가곡합창에 이어 4명이 한 조가 돼 33번의 종을 치게 됐다.[140]

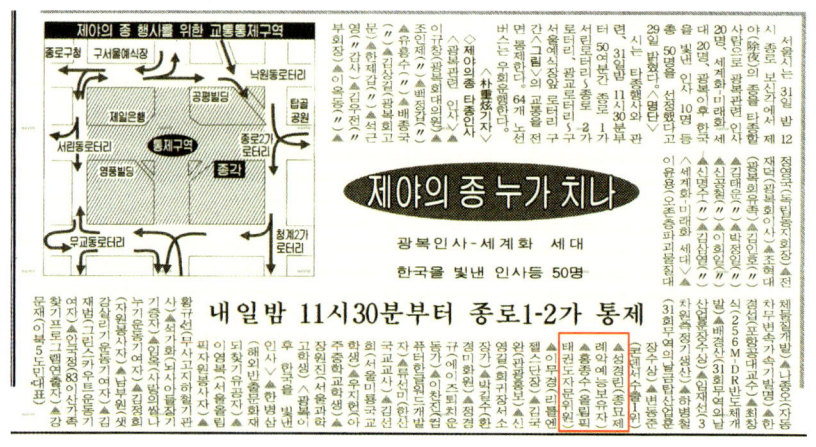

타종 위원으로서 홍종수의 직함이 '올림픽 태권도 자문위원, 홍종수'로 명기돼 있다.
그와 지인인 종묘제례악 기능보유자인 성경린 명인도 나란히 표기됐다
(조선일보, 1994.12.30.).

광복 반세기를 맞은 뜻깊은 날에 '제야의 종' 타종 위원이 된 홍종수는 다음과 같은 심경을 밝혔다.

"제야(除夜)의 종을 치다. 개인으로는 큰 영광이며 태권도계 아니 체육계에서 유독 나 혼자인 것이어서 송구하면서도 자부심을 갖는

---

140. 경향신문(1994.12.30.). '제야의 종' 50인이 친다. 광복50주년 기려 각계서 선정.

순간이었다. 한 가지 기연(奇緣)인 것은 성경린(成慶麟)씨와 함께 타종하게 되어서 자못 감회가 깊다. 세상이 시작되는 종소리, 희망을 여는 종소리로 이 민족의 통일과 영광이 반드시 이루어지길 소망하면서 나는 이 종을 친다."[141]

보신각, 민족의 숙원

누상(樓上)에 올라 제야(除夜)에 종을 친다.
을해년을 여는 종소리
우렁차게 우렁차게 겨레의 희망의 소리로
또 한 마디의 역사가 시작되는가
이 순간의 메아리가 칠 천만 한 목소리 되어
겨레의 숙원 민족통일로 강하게 메아리 쳐라

1995년 새해 벽두 愚堂 홍종수

1995년 새해, 보신각 타종식 직후에 지은 시

보신각에서 열린 광복 50주년 '제야의 종' 행사에서 홍종수 원로(중앙)가 힘차게 타종하고 있다(흑백 원본을 칼러 사진에 합성)

---

141. 홍종수(1995.01.01.). 「우당일지」.

종(鐘)

댕 ~,
나직이 울리는 소리
세상을 아름답게 울리는 종
첫 새벽 잘 살아가라는 소리

오롯이 힘을 키워
만종(晚鐘)
안생(安生) 하라는 소리
후회 없이 생을 아름답게
미지의 세계로 이끄는 소리
깨달음의 소리
경계하는 소리[142]

1995년 12월 23일
광복 50주년을 맞아.

우당 홍종수

보신각 제야의 종

---
142. 홍종수(1994. 12. 23.). 「우당일지」.

제7장
커다란 발자취를 남기고

우당어록

스승의 길[師道]

먼저 나를 알고 난 다음에 내가 행하면 대도(大道)가 정해진다. 도에는 앞과 뒤만이 있다. 오직 자연의 법칙만이 존재한다. 도(道)란 몸과 마음을 추스르고 의연히 걸어가는 것 태권도계 고단자도 하급자도, 국기원 원장도 협회 회장도 모두가 한결같은 자연인이자 수련자일 뿐이다.

스승의 길은 결코 용이한 일은 아니다. 고난을 마다치 않고 부도덕과의 단절이 선행돼야 하기에 그러하다. 오늘 살다 내일 죽는다고 하더라도 인간으로서 최선을 다하는 것. 스승과 제자가 함께 태권도를 수련하며 참되게 걸어가는 것이 모든 태권도인의 희망이다.

작은 공명(功名)을 다투는 것. 무인의 길이 아니다. 그럭저럭 말고 참된 스승이 되시라. 그저 다른 사람을 선도하는 길잡이로 겸허한 몸짓으로 역사 앞에 서라. 제자들 앞에 의연히 서라

문무(文武)를 함께 수행해 인격을 높인다. 문(文)은 덕성(德性)을 높이고 무(武)는 강건한 정신과 신체를 형성한다. 참된 스승이라면 길이 전할 맑은 기풍[百歲淸風]으로 만년이 지나도 없어지지 않는[萬歲不滅] 태권도 정신을 전 세계 널리 빛내도록 …

1975년 및 1990년 우당(愚堂) 홍종수

제7장
커다란 발자취를 남기고

제1절. 홍종수 원로가 떠나자

국내 유력한 한 일간지는 '태권도계 원로 홍종수 씨 별세'란 부고를 다음과 같이 보도했다.

"태권도 원로인 홍종수(洪鍾秀) 씨가 1998년 10월 24일 오전 7시 30분 한양대 병원에서 숙환으로 별세했다. 향년 68세.

18세 때 태권도에 입문한 홍 원로는 50년간 한국 태권도의 발전을 위해 공헌해 왔고 지난 1973년부터 8년 동안 그리고 1982년부터 7년 동안 2차례 국기원 부원장을 지냈으며 태권도의 세계화 기틀을 마련하는 데 이바지했다. 특히 2000년 시드니올림픽 정식종목으로 태권도가 채택되는데 뛰어난 외교적 수완을 발휘했다.

유족으로는 부인과 2남 2녀. 빈소는 강남구 일원동 삼성서울병원 영안실 11호로 영결식은 오는 10월 28일 오전 10시 국기원에서 국내 최초로 대한태권도협회 장(葬)으로 치러진다."[1]

1980년대 말, 국기원 부원장실에서 도복 차림의 홍종수 원로

---

1. 동아일보(1998.10.24.). 태권도계 원로 홍종수 씨 별세. https://www.donga.com/news/article/all/19981024/7389123/1

1. 태권도의 큰 별이 지다

전(前) 대한태권도협회 상근부회장과 전 국기원 부원장을 역임했던 홍종수 원로가 지난 1998년 10월 24일 오전 7시 30분 한양대학교 병원에서 숙환으로 별세했다.

홍 원로는 진정한 무도인으로 추앙받던 큰 별이었다. 그가 별세한 지 4일이 지난 10월 28일, 고인의 영결식이 대한태권도협회 장(葬)으로 국기원에서 열렸다. 고인에게는 10단이 추서됐다.

이날 영결식에는 최세창 전 KTA 회장을 비롯하여 국기원과 태권도협회 관계자들과 원로, 제자 등 5백여 명이 참석하여 고인의 숭고한 넋을 기렸다.[2]

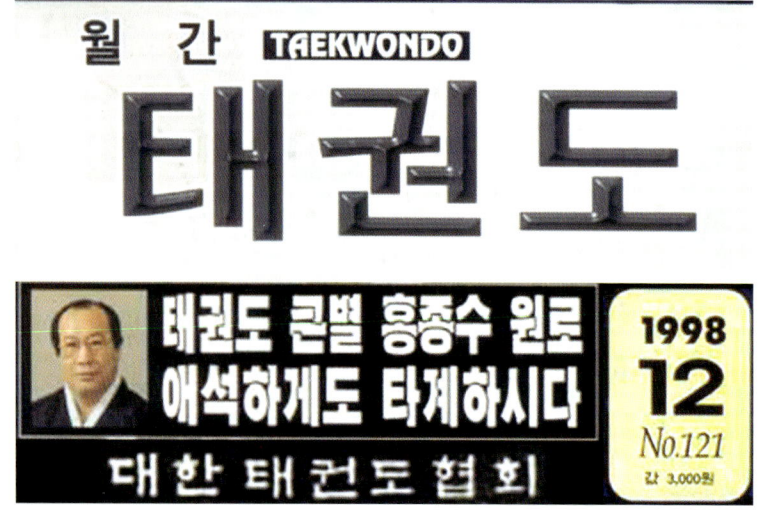

대한태권도협회 월간 기관지
1998년 12월호에 제재된 홍종수 원로의 부고와 장례식에 관한 기사

---

2. 대한태권도협회(1998.12). 월간 태권도 121호.

진정한 무도인 홍종수 원로 별세

깨끗한 무도인의 전형적인 인물

김 운 용(1931~2017)
대한태권도협회장 · 대한체육회장 · KOC위원장
· IOC집행위원 · 세계태권도연맹총재

태권도계 아니, 우리 체육계는 참으로 아까운 인물을 잃었다. 지난 71년 내가 대한태권도협회장을 맡고 난 뒤 많은 태권도인들을 알게 됐으나 홍종수 관장은 참으로 때묻지 않은 깨끗한 무도인이었다.

매사에 떳떳하고 보기 드물게 꾸준히 무도정신을 추구했고 일상생활 속에서도 무도정신을 구현시켰던 무도인의 귀감이라고 여겨진다.

그래서 나는 고(故) 홍종수 관장의 3남매 결혼식 때 주례도 맡았었고 KOC(대한올림픽위원회) 위원으로 위촉했던 것도 그의 고매한 인격을 높이 평가했기 때문이다.

태권도계가 어려움을 당했을 때 의지할 수 있는 큰 재목을 잃게 된 것은 참으로 안타까운 일이다.

큰 길, 바른 길 넘어 존경 한몸에 받아

최 세 창 (1934~)
전 대한태권도협회장,
전 국방부장관

최세창 전 대한태권도협회장은 故 홍종수 원로를 진정한 무도인이었다고 회고했다.

홍종수 원로가 대한태권도협회 부회장으로 재직할 당시 회장으로 6년간 함께 일했던 최회장은 "홍종수 원로는 무인답게 대도를 걷는 큰 사람이었다."고 회고하며 "요즘같이 어려운 세상에 세상의 길잡이 역할을 해 주실 홍종수 원로 같은 분이 꼭 필요한데 일찍 운명하셔서 매우 안타깝다"며 애석해했다. 또 "후배 태권도인들이 홍종수 원로의 뜻을 받들어 무도인으로 거듭 태어나야 할 것"이라고 강조했다.

특히 오늘날 태권도가 한국문화의 상징이 되었고 올림픽 무대에 정식종목으로 채택된 것은 한평생 태권도 발전을 위해 공헌해온 홍종수 원로의 역할이 지대했다며 홍종수 원로를 태권도를 빛낸 훌륭한 인물이라고 평가했다.

또한 "홍종수 원로가 많은 제자들에게 권위를 앞세운 것이 아니라 정직과 정의, 겸손, 화합 등 무인의 자세를 몸소 실천해 보임으로써 존경을 받았다."고 회고하면서 국내에서나 해외에서 많은 제자들이 홍종수 원로를 따르는 것을 옆에서 지켜보면서 감동을 받았다고 말했다.

김운용 대한태권도협회 회장과 최세창 전임 회장이 홍종수 원로의 별세를 애석해하며 추모글을 협회 기관지에 게재했다.

2. 국기원 영결식

고인의 영결식은 1998년 10월 28일 대한태권도협회 장(葬)으로 국기원에서 치러졌다.

이날 영결식에는 엄운규, 김인석, 이용우, 이교윤, 이영섭, 김순배 등 태권도 원로들과 최세창 전 대한태권도협회 회장, 전수신 협회 상임부회장 이홍주 협회 전 상임부회장 등 협회 전, 현 임직원과 시도협회 임원을 비롯해 지인과 제자 등 5백여 명이 참석한 가운데 엄숙한 분위기 속에서 거행됐다.

태권도계 최초로 대한태권도협회 장(葬)으로 치러진 이 날 영결식은 노우종 대한태권도협회 전무이사의 사회로 진행돼 국민의례와 고인에 대한 묵념으로 시작됐다.

홍종수 원로 장례준비위원회의 명단 (협회 기관지에 게재)

황춘성 집행위원장은 개식사를 통해 "오늘 우리 태권도계의 큰 별이 하나 지고 말았다."라며 애도의 뜻을 표한 뒤 "고인의 유지를 더욱 충실히 실천함으로써 고인에 대한 예우를 다하자."라고 말했다.

이어 사단법인 현정회 이항녕 이사장은 조사(弔辭)에서 "강인한 체력으로 그만한 병은 능히 이기시고 곧

국기원에서 거행된 고인의 장례식 (협회 기관지에 게재)

건강을 회복하실 것으로 믿었는데 이렇게 빨리 귀천하실 줄 몰랐다."라며 "나라가 안팎으로 매우 어려워 선생님 같은 애국자가 절실히 필요한 이때 이렇게 훌쩍 가시니 참으로 애통하다."라고 애석해했다.

유가족 분향 배례와 태권도인 헌화 및 분향, 유족 대표인사를 마친 후 국기원에서는 고인에게 10단을 추서했다. 엄운규 국기원 부원장은 10단 증서를 부인 한상진 씨에게 수여하며 고인의 태권도에 대한 공로를 높이 치하했다.

이날 영결식이 끝난 후 참석한 태권도인들은 장지로 떠나는 고인의 운구를 국기원 아래 큰길까지 배웅하며 고인의 넋을 기렸다.[3]

---

3. 대한태권도협회(1998.12). 월간 태권도 121호.

1998년 10월 28일, 홍종수 원로 영결식이 수많은 태권도인이 모인 가운데 대한태권도협회 장(葬)으로 국기원에서 거행됐다.

3. 지인들의 추모 열기

늘 경모하옵던 홍 선생님 영전에 삼가 아뢰나이다. 그간 편치 않으신 것을 알고 있었습니다마는 이렇게 갑작스럽게 유명을 달리하게 될 줄은 몰랐습니다. 얼마 전에 댁으로 문병 갔을 때도 선생님은 매우 활달하게 말씀하신 것을 지금도 기억합니다.

선생님께서는 평생을 민족정신을 진작하시는데 힘쓰셨습니다. 일찍부터 우리의 국기인 태권도를 익히시어 그것을

이항녕 (1915~2008)
전 홍익대 총장
사단법인 현정회 이사장

국민에게 널리 보급시킴으로써 민족혼을 전승시키는 동시에 국민체력강화에 이바지하신 공로는 매우 크다고 아니할 수 없습니다. 더욱이 만년에 이르러서는 민족의 체력을 강화시키기 위해서는 민족의 정신력도 강화시켜야 된다고 생각하시고 민족정신의 구심점이라 할 수 있는 단군성조를 높이 받들고 그 보급을 널리 보급시키는데 진력하셨습니다.

현정회 이사로 계시면서 물심양면으로 적극적으로 공헌하시고 특히 현정회 기(旗)를 손수 창안 제작하시어 현정회의 권위를 높여 주셨습니다.

이제 나라가 안팎으로 매우 어려워 선생님 같은 애국자가 절실히 필요한 이때 선생님께서 이렇게 훌쩍 가시니 참으로 애통스럽습니다. 남아있는 저희가 선생님의 높은 뜻을 이어받아 더욱 나라를 사랑하고 민족정신을 선양하려 하오니 재천하시는 선생님께서는 부디 저희를 굽어살펴주시옵기를 간절히 비나이다. 저세상에서도 내내 평안하시기를 엎드려 빌면서 삼가 조사(弔辭)에 대신합니다.

홍종수 관장을 기리며

벗이여, 세상을 뜨시다니 이 어인 일입니까! 우리네 동배들이 선망하던 당신의 강건한 심신이 어찌 이리 허망하게 이승을 버린단 말입니까! 일찍이 약관에 태권도 일생의 뜻을 세우고 반세기의 보급 활동이 큰 결실을 맺으려는 오늘에 하필이면 당신은 이승의 인연을 놓으셨습니까?

김 인 석 (1926~2015)
전 대한태권도협회 이사
전 협회 기술심의회 의장

벗이여, 이제 며칠 후면 방콕아시안게임에서 우리의 자랑스러운 태권도 청년들이 조국에 영광을 헌상하게 됩니다. 2000년 시드니올림픽에서도 우리가 염원하던 태권도 기치가 오르게 됩니다.

해방 후 다섯이던 도장이 이제 국내에만 7천을 헤아리게 되었고, 세계 157개국에 태권도 회원이 5천만 명에 이릅니다.

무(無)에서 유(有)를 창조한 신화를 태권도는 이루었습니다.

벗이여! 우리의 태권도는 당신의 심혈을 자양분 삼아 거목으로 성장했습니다.

홍종수 관장! 기억나십니까? 6·25 동란의 피난길에서도 남루한 광목 도복을 걸치고 피땀 어린 검은 띠로 허기진 허리를 조여 매고 이 땅의 청년들에게 용기와 희망을 호령했습니다. 전후의 폐허 속에서도 당신은 무도의 싹을 절대 포기하지 않았습니다. 대한태권도협회의 창립기에도 대(大)를 위해 소(小)를 희생하는 아픔을 참아냈습니다.

협회의 전무이사, 부회장직과 국기원의 부원장직을 역임하면서도 무도인의 자세와 인화의 덕을 견지함으로써 태권도계의 어른으로서 귀감을 세워왔습니다. 당신은 부화뇌동보다는 은인자중을 실천하셨고 끊임없이 역사를 탐구하고 위인의 행적을 탐독하여 제자와 후배 수련자들에게 유익한 저술을 남겨왔습니다.

벗이여!! 이제 태권도가 겉은 번드르르하나 속은 빈 강정 같다는 세간의 매운 평가가 두렵습니다. 어느 때보다도 우리 지도자들의 각성과 분발이 필요합니다. 당신이 강조했던 유연한 무도 정신과 역사적 안목이 절실히 필요한 때이기도 합니다.

당신의 느린 듯 변치 않는 소걸음(牛步)이 벌써 그립습니다. 세파에 몸을 맡기되 세속에 오염되지 아니한 달관한 자의 풍도를 내 오랜 동무, 당신 외에 또 뉘에게서 찾는단 말입니까?

벗이여! 이제 이승의 못다 한 꿈 접으시고 저승의 새로운 풍도를 세우시기 기원합니다. 엊그제 북한산 자락 막 물들기로 한 단풍 그늘에서 탁배기한사발, 빈대떡 한 접시에 흥겨운 벗의 고담준론이 아직도 귀에 쟁쟁합니다. 영면하소서. 저승에서도 당신의 벗 되렵니다.

평생의 동무 김인석이가

1995년 제30회 대통령기 전국 단체대항 태권도대회 개회식.
왼쪽 2번째 김인석 원로, 4번째 홍종수 원로 5번째 최세창 회장.

실제로 존재했던 무인의 화석(化石)

나는 신문사에서 체육 담당 부장을 거쳐 1995년 국장급 기자로 정년으로 퇴임할 때까지 35년 동안의 스포츠 기자 생활에서 격투기 종목을 맡았었다. 그래서 맨손으로 동전을 구부리고 황소 뿔을 꺾었던 실전 가라테의 총수인 재일동포 최영의 관장을 비롯한 무도의 대가들을 만날 수 있었다.

고두현(1935~)
대한태권도협회 홍보실장
전 서울신문 국장급 기자

태권도에서는 원래 이종우 관장을 먼저 알게 됐으나 자주 만나 여러 가지로 가르침을 주신 분은 홍종수 관장이다. 내가 그에게 전형적인 무인(武人)의 모습을 발견하게 된 것은 세 가지 이유 때문이다.

1994년 태권도 한마당 대회장에서 홍종수 원로와 담소 중인 고두현 대기자

첫째, 개인적 이익보다는 언제나 명분을 찾았다는 점이다. 1996년이었던가 대한태권도협회 회장 자리가 비었을 때 현직 부회장이라는 유리한 입장에 있었으면서도 "회장은 태권도 발전에 이바지할 수 있는 건실한 기업그룹에서 나오는 것이 바람직하다."라고 물러서는 식견과 도량을 보여주셨다.

둘째, 가르침과 행동에 어긋나지 않고 언행일치(言行一致)의 지도자로서 많은 제자와 태권도인들로부터 존경을 받아왔다는 점이다.

셋째, 삶이 이제 얼마 남지 않았던 때에 한양대 병원에 위문갔던 나는 견디기 어렵다는 고통을 내색하지 않고 단정한 데다 태연자약한 홍종수 관장의 모습에 깊은 감명을 받았다. "나도 다음에 이 세상을 하직할 때는 그분처럼 아름답게 떠나고 싶다."라는 생각이 들었다.

홍종수 관장은 지금은 거의 찾아보기 힘든 무인(武人)의 화석(化石) 같은 분이며 내 평생 가장 잊을 수 없는 인물 가운데 한 분이라 때때로 뵙고 싶은 마음이 든다.

고두현 대기자가 홍종수 원로를 기리기 위해 대한태권도협회 기관지에 고인의 성품과 행적에 관한 글을 실었다.

제2절. '영원한 태권도인'으로 남다

1998년 68세의 인생을 마무리한 우당 홍종수는 결코 짧은 생애가 아니었다. 그가 무예계에 발을 들여놓았던 젊은 시절부터 작고할 때까지 누구보다도 활기차고 알찬 나날을 보냈기 때문이다. 특히 그의 생애는 태권도를 민족 사상과 문화가 깃든 명실상부한 국기 무예로 장착시키기 위한 도정(道程)이었다. 또한, 태권도의 내실화와 세계화에도 혁혁하게 이바지함으로써 태권도 역사에 굵은 발자취를 남겼다.

1. 가죽을 남긴 호랑이

생전에 우당은 틈나는 대로 고전(古典)을 읽고 자기 계발적 사유와 글쓰기를 했다. 그의 저작물은 장장 25년에 걸쳐 쓴 '우당일지'와 우리나라 위인전에 이르기까지 많은 글을 남겼다. 이는 태권도의 가치와 정체성 확립을 위해서도 적지 않게 기여했다. 2014년 우당은 태권도진흥재단에 의해 '태권도를 빛낸 사람'으로 헌액됐다. 또 국립태권도박물관이 운영하는 라키비움에도 등재됐다.

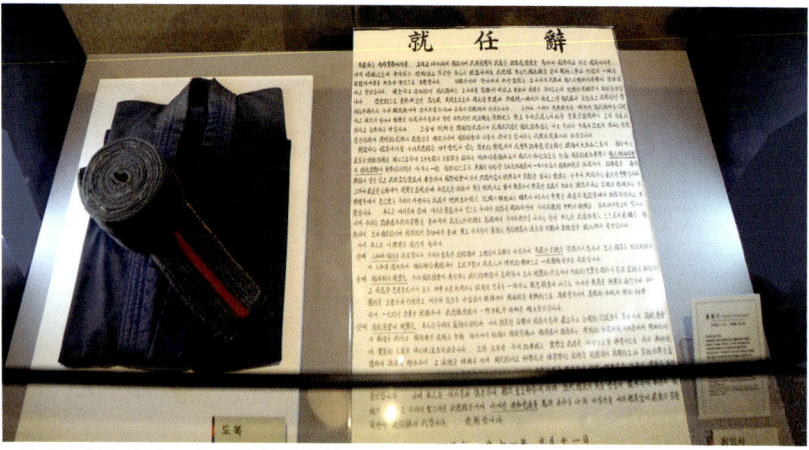

홍종수 원로가 지도자 시절 입었던 옛 도복과 무덕관 취임사가 태권도박물관에 전시됐다.

태권도를 빛낸 사람들에 헌액

태권도진흥재단은 2014년 9월 4일 개원하는 태권도원 박물관 '태권도를 빛낸 사람들 (The Greats in Taekwondo History)'에 헌액될 1차 대상자 10명을 발표했다. 이번에 선정된 헌액 대상자는 교육 및 지도자 부문의 노병직, 엄운규, 이교윤, 이남석, 이용우, 이종우, 홍정표, 홍종수 8인과 특별 헌액 부문의 김운용(국기원 초대원장, 세계태권도연맹 초대 총재), 채명신(대한태권도협회 초대회장) 2인이다.

추천된 헌액 후보자를 대상으로 지난 7월, 태권도 단체, 학계, 언론계 인사 등으로 후보자심사위원회를 2회에 걸쳐 개최했고, 지난 8월 헌액자선정위원회를 개최해 후보자심사위원회가 추천한 인사를 대상으로 심사한 결과, 총 10인의 헌액 대상자가 선정됐다.[4]

2014년 홍종수 원로는 태권도원 박물관에 '태권도를 빛낸 사람들 (The Greats in Taekwondo History)'에 1차 대상자 10명에 선정됐다.

---

4. 무카스(2014.09.03.). 초대 '태권도 빛낸 사람들' 10人 선정… 누구? https://mookas.com/news/13943

태권도진흥재단 김성태 이사장이 고인의 미망인 한상진 여사와
강신철 양아들에게 홍 원로의 헌액 지정서를 증정했다.

무주 태권도원 명인관(名人館)에 설치된 우당 홍종수 원로의 부조와 추념 상징물

태권도 라키비움

우당은 국립 태권도박물관이 구축한 '태권도 라키비움'에 등재됐다. 사이트에는 그의 공적과 함께 인생 스토리가 해설된 동영상도 실려 있다. 아울러 홍 원로와 관련한 자료도 게시돼 누구나 살펴볼 수 있다.[5]

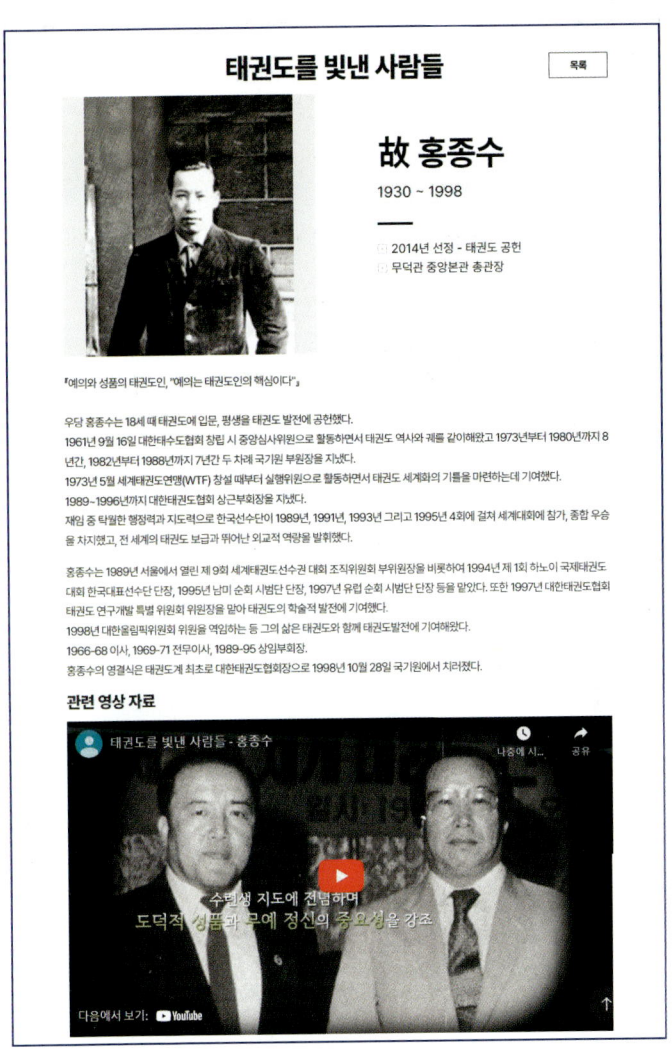

국립태권도박물관이 제작한 홍종수 원로 생애와 업적에 관한 동영상이 라키비움에 게시돼 있다.

---

5. 국립태권도박물관. 고(故) 홍종수. 태권도를 빛낸 사람들. 태권도가 걸어온 길. 태권도 라키비움. https://larchiveum.tpf.or.kr/ko/M000000344/rsch/prsn/view?prsnNo=677&pageUnit=&pageIndex=&searchCnd=&searchWrd=

관련 아카이브 자료

홍종수 기념 우표

홍종수의 무덕관 상임고문 추대장

愚堂 洪鍾秀 詩集 武鄕의 숲에서(무당 홍종수 시집 무향...

서명수의 무덕관 공로패

무덕관 모범도장 대흥도장 사범 김용래 기념패

태권도 계간지(1972) 제4호

사단법인 대한체육회태권도협회무덕관 초단 관원증 샘플

사단법인 대한체육회태권도협회무덕관 단증 샘플

대한체육회태권도협회무덕관 9단 단증 샘플

국립태권도박물관 라키비움에 게시된 우당 관련 자료

협회 기관지의 연속 기획물 「태권도 산책」

우당은 1997년 초부터 타계하는 날까지 대한태권도협회 기관지에 매달 2년 가까이 「태권도 산책」을 기고했다. 그는 젊은 태권도인들이 민족의식을 새기고 한국 위인들의 행적을 본받아 문무겸비한 삶을 추구하길 소망했다. 이 주제는 내용상 엄밀히 표현하자면 '한국사 위인열전'이었다. 그 기고 횟수가 무려 22회였다.

집필 내용은 1997년 3월호 첫 회에 계백장군을 필두로 22회 연개소문에 이르는 연재물이었다. 그가 택한 위인을 살펴보면 무인(武人)과 더불어 충효 사상을 실천한 선비가 주류를 이루었다. 계백, 김유신, 을지문덕, 최영, 권율, 이순신, 장보고, 연개소문 등 장군들의 일대기와 공적을 2쪽 분량으로 정리했다. 또 이황, 정몽주, 최익현, 조식 등 올곧은 선비들의 인품과 업적도 조명했다. 안중근, 김구, 유관순 등 독립투사와 신사임당 등 충효 사상을 몸소 실천한 위인과 광개토대왕, 왕인 선생까지 망라했다.

그의 마지막 유고(遺稿) 연개소문 장군. 고인이 떠난 뒤에 협회 기관지에 실렸다.

우당은 기고문에서 무인(武人)들이 웅혼한 기상과 용맹성뿐만 아니라
지(知)와 덕(德)을 갖춘 장수로 활약했음을 강조했다.

우당이 흠모한 김구 선생과 안중근 의사 등 독립투사들의 희생과 헌신으로 인해 우리나라는
광복을 맞을 수 있었다고 그는 생각했다. 그리고 우당은 오늘날 우리나라와 태권도가 세계적
위상을 누리는 원인도 위인들의 투쟁과 희생 덕분이라며 태권도인들의 분발을 촉구했다.

25년간의 생생한 기록, 「우당일지」

우당은 장장 25년간 일기를 썼다. 가히 태권도의 역사적 유물로도 손색이 없을 정도다. 태권도계에서 오랫동안 일기를 쓴다는 사례는 보기 드물다. 더욱이 현대 태권도의 태동과 발달 과정에서 주축 인사로서 그는 전 생애에 걸쳐 자신이 경험한 중대사의 전말(顚末)을 고스란히 일기에 담아냈다.

그러한 내용은 태권도 사료(史料)로서도 큰 가치를 갖는다. 올림픽 채택까지 전후 과정뿐만 아니라 '무경일체(武競一體)'를 통해 태권도의 이념이 모색되기도 했다. 그리고 태권도 역사적 정체성과 정신철학에 대한 그의 통찰력과 견해가 적혀 있다.

그리고 가족과 더불어 생활 중에 겪은 자신의 적나라한 인생 역정이 가감 없이 글로 표현됐다. 일기는 8할이 한문으로 표기돼 그의 한학(漢學) 실력도 알 수 있다.

장장 25년간 우당이 쓴 일기는 전집처럼 실로 방대한 분량이다.

3. 유고 시집 『무향(武香)의 숲에서』

대한태권도협회의 소개 글

대한태권도협회 기관지는 홍종수 원로의 유고 시집의 발행 소식을 다음과 같이 실었다. "1998년 10월 숙환으로 별세한 홍종수 원로는 평소 문무를 겸비한 태권도인으로 많은 이들로부터 추앙받았는데 이번에 1주기를 맞아 틈틈이 써온 시를 유가족이 묶어 한 권의 시집으로 펴냈다. 일제 강점기부터 21세기 목전에 이르기까지 고인의 생생한 체험과 생각을 형상화한 시 한 수 한 수마다 민족사랑 나라 사랑, 태권도 사랑, 가족사랑을 엿볼 수 있다.

1999년 11월, 대한태권도협회 기관지에는 홍종수 원로가 직접 쓴 시를 모아 출간된 『무향의 숲에서』 시집이 소개됐다.

홍종수 원로의 유고 시집 『무향(武鄕)의 숲에서』는 고인이 오랫동안 봉직한 국기원 바로 앞 '과학기술회관 대연회장'에서 빛을 보았다. 이날 추모 출판기념회에는 40여 년간 태권도계에서 고인의 절친한 친구로 지낸 김인석 원로를 비롯해 강원식 태권도신문사 사장, 이금홍 세계태권도연맹 사무총장, 노우종 대한태권도협회 전무이사, 김경지 경희대 태권도학과 교수, 박명환 국회의원 등 태권도 관계자 70여 명이 참석해 고인(故人)의 태권도 정신을 기렸다. 이날 출판기념회는 고인의 의제인 강효종 한양대학 생활관장, 제자이자 양아들인 강신철 한국태권도고수회장 등이 유족들과 함께 준비했다.[6]

1999년 12월 16일, 고(故) 홍종수 원로 1주기를 기념해 의제(義弟)와 제자들이 성대한 시집(詩集) 출판기념식을 열었다.

---

6. 태권도신문(1999.12.20.). 고(故) 홍종수 원로 유고시집 출판기념회.

인물탐구 – 태권도인 홍종수 선생

시(詩)와 사람을 사랑한 무도인의 마지막 그림자
글쓴이. 김상경(시인, 로딘연구소장)

나는 걸레랍니다.
나를 불러
숙명과 비극이라 하지만
내가 있어
인간들의 삶을 깨끗하게 한다오
내 몸이 찢기고
살이 녹아나지만
온갖 오물로
쓰리고, 아리고, 뜨겁고
내 몸이 만신창이
갈기갈기 찢기는 내 희생이 있어
– 시「걸레」중에서

김상경 시인이 우당의 시평을 게재한
시문학 동인지

   우당(遇堂) 홍종수(洪種秀) 시집「무향(武鄕)의 숲에서」에 수록된 125편의 시 중에서 한편「걸레」를 인용해 보았다. 이 시집의 주인공 홍종수는 누구일까? 이 물음을 풀어가기 위해서는 먼저 필자가 이 시집을 접하게 된 경위부터 밝혀야 할 듯하다.

   나는 2000년 1월 초 우연히 시집 한 권을 받게 되었다. 1998년 10월 28일 국기원에서 처음 태권도협회 장으로 치러지고 고인에게 10단이 추서되는 것을 계기로, 화보를 겸한 시집「무향(武鄕)의 숲에서」를 세상에 펴내게 된 것. 시집을 받아 든 그때의 충격은 참으로 강렬한 것이었다. 시집을 통해 어두운 세상의 빛같이 살다가, 별처럼 멀어져 간 한 무도인(武道人)의 내면세계와 삶의 궤적을 볼 수 있었기 때문이다.

시심(詩心)을 갖고 마음 다스리며 진정한 무도인의 길을 걷고자 했던 홍종수 선생, 메마르고 살벌한 세상에 한 점 시의 등불을 켜고 높은 이상과 고결한 품성으로 묵묵히 무도인의 바른길을 가고자 했던 홍종수 선생, 그를 흠모하는 마음은 그의 정신세계를 탐색해보려는 다짐으로 바뀌었다.

　뒷날 알게 된 일이지만 내가 기거하는 아파트 같은 동에 홍 선생의 미망인이 살고 있고, 내가 해외 생활을 하는 동안 미망인은 내 가족들을 친 혈육처럼 보살펴 주었다. 뒤늦게나마 그분을 찾아뵙고 홍종수 선생에 대한 말씀을 들었다. 그리고 무도인 수제자 중 한 사람을 양자로 삼아 그의 유지를 받들도록 했다는 얘기도 들었다.

　유명을 달리했지만, 인종과 이념, 문화와 국경을 초월해 지구 끝까지 태권도를 세계적 무예로 보급시킨 홍종수 선생, 나는 그분의 숨은 큰 뜻과 시를 향한 뜨거운 사랑을 조명하는 일이야말로 소중한 일이라 생각했다.

(중략)

산해관(山海關)에 몸 날려

장성망대(長城望臺)에 올랐네
찬바람 검은 기운
하늘땅에 가득한데
옛 보상의 노여움인가
울음소리인가
귀청을 치는 소리
꾸짖는 호령(號令) 소리

홍종수 원로의 시집

무인의 기개와 호탕한 성품이 온몸으로 느껴지는 시다. 그러나 겉으로 보기와는 달리 이 시에는 깊은 고뇌와 애환이 서려 있다고 양자(養子) 강신철 관장이 말문을 열었다.

"평소 어른(홍종수 선생)은 동아시아 무도의 뿌리는 한국이었다고 가르치셨습니다. 그래서 만리장성에 올라 민족혼을 부르며 옛 영화(榮華)를 찾아야 한다고 다짐하신 듯합니다. 그러나 이 시에서 '꾸짖는 호령 소리'는 한편으로 이 같은 막중한 사명을 다하지 못하는 자신을 꾸짖는 자괴의 소리처럼도 들립니다. 어른은 늘 큰 사람으로 당당히 살아야 한다고 시 속에 다짐했던 것이 아닐까요" (중략)

태권도계의 원로 홍종수 선생은 그의 행적이 말해주듯이 수많은 직책과 직무를 수행했으며 결코 겉으로 드러나 명예에 연연하지 않고 숨은 일꾼으로 태권도계에 한 알의 밀알이 되기를 자처했다. 1998년 10월 24일 췌장암으로 세상을 떠날 때까지 그는 '때 묻지 않은 무도인', '선비정신을 실천한 진정한 야인(野人)'으로 살았다.

내가

내 정신을 이길 때
타인이 지켜주더라

내가
내 정신을
지키지 못하는데도
누가 나를
지켜주겠느냐?

시집의 내지 갈피에 실린 편저자
강신철과 저자 홍종수

위의 시는 언뜻 보아 무도인의 덕목인 정신수양을 강조한 것처럼 보인다. 물론 자기완성을 위한 정신적 기둥으로 지덕체를 평소 강조했기에 시를 접하면 그의 준엄한 얼굴이 떠오른다. 그러나 이 시에는 또 다른 의미가 숨어있다고 양자 강신철 관장은 이런 얘기를 들려주었다.

"조선총독부 건물이 헐리는 것을 보고 감회를 적으신 것 같습니다. 평소 독도 문제에도 남다른 관심을 보였고 이 같은 문제들을 통해 민족정기를 늘 말씀하셨어요. 어른은 애국애족의 뜨거운 마음을 지닌 진정한 애국자이셨습니다. 태권도 정신의 뿌리를 단군의 기본 이념인 경천애인(敬天愛人) 등 홍익인간 사상에 두셨고, 그것을 실제 태권도 교육에 접목하기 위해 단군 정신에 관한 책자, 자료 등을 10여 년 이상 모으셨습니다. 앞으로 제가 할 일은 그분이 남기신 자료를 정리하고, 그것을 기본으로 태권도와 접목하는 일입니다."

현재 태권도 고수회 회장직과 국조숭모회 회장, 국회의원 태권도 동호인 초대 수석 사범 등의 직책을 맡고 있는 강신철 관장은 홍종수 선생 양아들의 인연을 맺게 된 것이 우연이 아니다.
홍 선생의 정신세계와 무도 정신을 전수하여 대를 잇고 있을 뿐 아니라, 그분의 유지를 받들어 태권도의 세계적 보급과 창의적 발전을 모색하고 있기 때문이다. (중략)
지금도 강신철 관장은 홍 선생을 한없이 흠모하며 숙고하고 있는 듯 보였다. 그러기에 강 관장 자신의 포부나 꿈도 홍 선생의 뜻을 기리는 일과 무관하지 않은 것이 아닐까?[7]

---

7. 김상경(2002). 『시로 여는 세상. 겨울호』. 시동인 편집부.

3. 추모 사진집 『사진으로 보는 태권도 (2002)』

'국기' 태권도의 근현대사를 한눈에 알 수 있는 화보가 발간됐다. 강신철 한국태권도고수회 회장이 '한국 태권도의 대부' 고(故) 우당 홍종수 선생(98년 작고)을 추모해 만든 『사진으로 보는 태권도(2002. 자연과 사람)』가 그것이다.

이 책은 90년대 말까지 대한태권도협회 부회장과 국기원 부원장 등을 지내며 한국 태권도를 이끌었던 고인을 중심으로 한국 태권도의 발전상을 그대로 보여주는 사진을 모아 놓았다. 고인은 한국 태권도 9개관 가운데 하나인 무덕관 총관장을 역임하며 한국 태권도의 오늘을 있게 한 인물이다. 강 회장은 "홍종수 선생을 위주로 했지만, 해방 이후 한국 태권도를 이끈 원로들의 모습을 총망라했으며 해방 이전 사진도 처음 공개돼 역사적 가치가 높을 것"이라고 말했다. 이 책엔 한국 태권도 9개관에 대한 자세한 소개 및 세계태권도연맹과 국기원 등에 대한 간략한 역사서술도 포함돼 있다.[8]

2003년 『사진으로 보는 태권도』 출판기념식에 모인 사람들

---

8. 동아일보(2003.01.17.). 근현대사를 한눈에 화보집 '사진으로…' 나와. https://www.donga.com/news/article/all/20030117/7903089/1

박 명 환(1938~)
추모집 발간위원회 위원장
제14대 및 15대 국회의원

    태권도 발전을 위해 태권도 가족들에게 희망과 용기를 북돋우며 태권도 종주국으로서 확고한 기반을 마련하시고자 한평생 한길을 걸어오신 우리 시대의 큰 스승이신 우당 홍종수 선생의 족적을 담은 화보 발간을 축하합니다.

    이 사진들은 광복 이후, 파란만장하게 전개되어온 태권도 흐름을 10년 단위로 연대별로 정리하였습니다. 또한, 화보는 우당을 중심으로 하되, 초창기 태권도의 중요한 인물로 구성된 사진들로서, 숨 가쁘게 달려온 태권도의 발전과정을 일깨워 줄 것입니다. 이 화보와의 만남으로 독자 여러분은 우당과 연관된 아름다운 추억을 떠올릴 수 있는 상념의 시간이 되리라 기대해 봅니다.

    사진이란 빛과 어둠 사이에서 투영되는 존재의 진실을 함축하고 있습니다. 시간과 공간의 만남을 인연으로, 현상된 한 장의 사진은 그 자체가 예술이요, 생생한 역사입니다. 어떤 과장이나 기교 또는 형식을 전혀 찾아볼 수 없다는 것이 사진의 특성이라 할 수 있습니다.

    올곧고 후덕한 선비정신으로 우리에게 참다운 무도인의 정신이 무엇인가를 삶으로 보여주신 우당 선생을 흠모하고 기리는 태권도 가족들의 더 많은 지도와 격려를 소망하면서 발간사에 갈음하는 바입니다.

고(故) 홍종수 관장님은 참 무도인

벌써 우리의 곁을 떠나신 지 4주기가 되었습니다. 그러나 관장님은 항시 우리에게 가르치심을 주시며, 우리와 같이 계십니다.

평생을 무도인으로서의 길을 걸으시고, 태권도를 걱정하셨지요. 오늘의 태권도가 혼돈을 거듭하며 미래를 지향하지 못하는 것이 더욱 안타까울 뿐입니다. 그러므로 홍종수 관장님에 대한 연민 또한 무한히 크게 생각됩니다. 그러나 이제 고인이 항상 말씀하신 태권도인이 지켜야 할 올바른 정신을 우리가 실천하고자 합니다.

강 효 종 (1939~)
전 한양대 학생생활관장
홍종수 원로 의형제(동생)

무도인으로서 도덕과 윤리성은 우리의 마음을 울려줍니다. 항시 남을 배려하고 사리사욕에 얽매이지 않으며 정도를 행하여야 합니다. 태권도를 이용하여 수십년간 개인의 소유물처럼 운영한다면, 그것은 무도를 욕되게 하는 것이다 봅니다.

그 언젠가 운명이 비틀릴 때, 많은 불쌍한 영혼들이

눈시울 적시며 서러운 걸음을 옮기더니

다시 해 뜨지 않는 그 땅에는

남의 눈으로 자기 울음을 우는 모래 먼지만 남았지

라는 어느 시인의 시구를 다시 외워 보면서,

가신 고(故) 홍종수 관장님을 아쉬워합니다.

기자 취재문 - 1주기 추모글

이 나라 태권도 역사에 큰 획으로 그 명성을 아로새긴 고(故) 홍종수 원로가 세상을 떠난 지 1년이 지났다. 하지만 아직도 많은 사람은 그를 기억하고 그의 업적과 인품을 추앙하고 있다. 약관의 나이에 그는 태권도 일생의 뜻을 세우고 반세기 간의 보급 활동에 전념했다. 광복 후 다섯 곳이던 도장이 최근에는 국내에만 7천을 헤아리게 됐고, 세계 157개국에 태권도 회원이 5천만 명에 이르는 그야말로 無에서 有를 창조한 신화의 중심에 그가 있었다.

한 태권도 전문잡지에 실린 1주기 회고담 1.

1965년에는 대한태권도협회 무덕관 통합을 이끌어냈고, 태권도가 올림픽 정식종목으로 채택되는 초석을 마련했다. 이외에 업적을 나열하자면 아마도 지면이 부족할 정도로 그는 태권도계의 거목이었다. 국기원 부원장, 대한태권도협회 상근부회장, 대한올림픽위원회(KOC) 위원 등을 역임하는 등 경력도 화려했다. 하지만 그가 이러한 외적인 업적과 경력 등으로만 존경과 숭앙을 받는 건 아니다.

곁에 있던 사람들은 그를 이렇게 기억한다. '사리사욕을 떠나 공정함과 의연함을 잃지 않았던 진정한 무인', '오직 행동과 삶 자체로 후진들이 흔들리지 않게 다스렸던 분', '숭고한 양심, 당당한 행동, 강인한 체력, 엄격한 신의, 해박한 지식, 온화한 인정, 일치한 언행.' 한마디로 인품과 지식을 갖춘 존경받을 수밖에 없는 진정한 무인이었다.

별세한 지 벌써 1년이 지났지만 많은 태권도인은 아직도 그가 남긴 발자취에서 가치를 찾으려 한다. 혹자는 지금의 태권도계 상황을 마치 '한 집안에 어른이 있고 없음'의 차이라는 말로 대신하고 있다. 최근 1년간 태권도가 심한 몸살을 앓아왔다는 것을 극명하게 말해주는 부분이다. 의식 있는 태권도인들은 지금의 현실을 개탄하고 자신을 스스로 부끄러워하고 있다. 홍 관장에

한 태권도 전문잡지에 실린 1주기 회고담 2.

대해 죄스러움에 고개를 들 수 없을 정도란다.

하지만 정작 중요한 것은 남은 태권도인들 자신이 할 일이 무엇인지를 자각하고서 그가 남긴 정신을 쫓아 다시금 단합해 국위 선양의 기수로서 태권도 발전에 온 힘을 쏟는 것이다. '처세는 다투지 않으며 화합하는 것'이 제자들에 대한 가르침이다. 짧지만 시사하는 바가 큰 말이다.

문무를 고루 갖추기란 힘들다. 문무를 겸비한 사람은 국가와 사회에서 축을 담당한다. 홍 관장이 그렇다. 무인이면서 훌륭한 문인이었던 그 생전에 남긴 원고를 바탕으로 해서 시집이 발간됐다. 집에는 민족 사랑, 나라 사랑, 태권도 사랑이 담겨있고 일제강점기 시대부터 시작해 새천년 전에 이르기까지를 겪은 그 만의 생생한 체험과 고난의 과정이 있어 보는 이로 하여금 더더욱 감회를 느끼게 할 것이다. 후배 태권도인들에게 민족혼을 일깨우고 정서함양을 돕고자 한 선생의 마지막 선물이라 여겨진다. 태권도와 함께 한 홍 관장의 정신과 사상은 길이 후대에 빛나리라.[9]

---
9. 월드태권도(1999). 태권도계의 큰 별, 고 홍종수 원로 추모 1주기, 그가 남긴 것들…. 44~45.

4. 우당을 기리는 후예

浩然 **강신철**(1957~)
수원 남창태권도장 관장 국기원 대사부
태산북두태권도연맹 총재
홍종수 원로 제자·양아들

우당(愚堂, 홍종수 관장님의 아호) 어르신의 생애를 담은 서적에 글을 올리려 하니 생전의 모습이 앞을 가립니다. 어르신은 삶에 있어서 다투지 않고 배려하고 늘 화합하는 것과 성현들의 삶과 정신세계를 탐구하시며 민족정기의 기반인 국조(國祖) 단군성전인 현정회(顯正會)의 이사를 역임하실 정도로 투철한 국가관으로 그 뜻을 실천하시고자 헌신하셨습니다.

어르신은 공인(公人)으로서 매사에 중용(中庸)을 지키시며 청렴한 생활 속에서 많은 후학에게 모범을 보인 무도인의 사표(師表)이셨습니다.

또한, 옛 선현(先賢)들의 정신세계를 탐구하고 연구하여 실생활에 실천하고 가르치는 것, 한마음으로 청렴하며 물욕(物慾)을 초월하시던 모습을 한결같이 보여주시던 분이셨습니다.

어르신의 생애는 무인(武人)의 외로움을 태권도 발전이란 염원으로 극복 승화시키며 국기원, 대한태권도협회, 세계태권도연맹의 진흥에 정진하셨습니다.

한편으로는 덕, 체, 지를 겸비한 무예인이 되고자 배움의 끈을 놓지 않으시고 각종 교육에 참여하시는 학생이기도 하셨습니다. 후학들에게는 공인으로서 절제된 언행과 늘 배려하는 마음가짐을 가지라고

2024년 설날을 맞아 강신철 남창도장에서 황기, 홍종수, 오세준 큰사범님을 모신 차례가 열렸다.

말씀하시고 이를 스스로 엄히 실천하셨습니다.

평생을 쓰신 어르신의 일기장에 의하면 1986년 저의 결혼식 주례를 포함하여 후학들의 요청에 따라 1,500회 이상의 결혼식을 집례하셨으니 후배들을 위한 지고지순(至高至順)한 사랑의 표현이라 하겠습니다.

어르신 임종 3일 전 한양대 병원에 가족들이 모인 자리에서 강효종(한양대 생활관 관장)을 의제(義弟)로 그리고 저를 의자(義子)로 삼으시고 가족들과 화목이 지내기를 당부하셨습니다.

현재를 살아가고 있는 우리도 언젠가는 이 세상을 떠나는 것이 천리(天理)입니다. 실로 삶과 죽음이 별개의 것이 아님을 새삼 온몸으로 느낍니다.

어르신! 하늘나라에서도 건국이념인 홍익인간(弘益人間), 제세이화(濟世理化)를 태권도 수련을 통해 이룰 수 있도록 보살펴 주시옵소서.

2023년, 귀천(歸天)하신 지 25주년 되는 해에 우당 생애사를 편찬하게 도와주신 이동섭 원장을 비롯한 국기원 임직원님과 집필진에게 어르신의 제자이자 의자(義子)로서 두 손 모아 감사드립니다.

2023년 홍종수 원로의 25주기 추석 성묘가 경기도 시립승화원에서 거행됐다.
이날 행사에 국기원 이동섭 원장, 한규인 원로, 노우종 전 KTA 전무이사, 강신철 대사부 등 50여명의 인사들이 참가했다.

제3절. 에필로그

1. 떠나는 길에

홍종수 원로는 별세 직전 1997년을 마무리하는 행적을 일기에 소상히 적었다. 특히 그가 한 해를 보내며 정리한 자신의 활동상과 만감이 교차하는 심경이 눈길을 끌었다. 그리고 전 스승 황기 관장을 시내의 한 은행에서 만났던 우연한 일도 있었다. 아울러 우직함으로 일관한 자신의 처신을 표현한 시적(詩的) 문구도 있었다. 이 같은 사연과 다짐은 자신이 지나온 한평생을 매듭짓는 종지부이기도 했다.

정축년(丁丑年)을 보내며

"금년은 내가 매우 바쁘게 살아간 한 해이다. 현직에 있던 지난해들보다도 훨씬 분주하게 활동했다. 태권도 관련 일만 해도 연구특별위원회 사업에서는 경기규칙과 역사 정립 분야에 상당한 진전이 있었다. 프로그램과 품새 개발 분야도 그 기본방향을 잘 잡아가도록 전언한 것이 효력이 있어 다행한 일이 아닐 수 없다.

고수회(高手會)의 고단자 모임도 게을리하지 않았다. 자찬(自讚)이 아니라 최선을 다하려고 노력했다. 내가 가진 돈은 별로 없어도 태권도 동호인들의

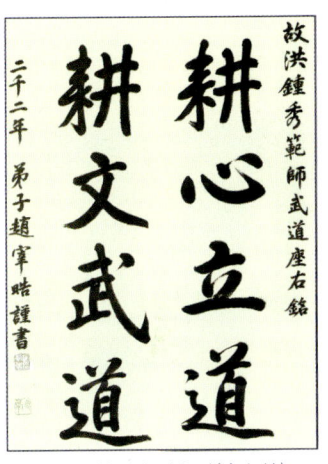

홍종수 원로의 좌우명(座右銘),
마음을 갈고닦아 도를 세우고
지식과 무예를 갈고닦아 도에
이른다(경심입도, 경문무도)

애경사(哀慶事)에 빠짐없이 다녔다. 이는 내게 주어진 직분이기에 성의껏 임했다.

짧은 필력이지만 태권도 기관지에 10여 편을 기고했다. 경원대학교(현 가천대학교)의 세미나에서 기조연설을 비롯하여 각종 모임에서 특강도

했다. 젊은 사람들의 결혼식도 꽤 많은 주례를 맡아주어 나름대로 보람으로 생각한다.

현정회(顯正會)를 통해 국조 숭모 운동을 전개하면서 현정회지의 편찬에 참여하고 현정회기(顯正會旗)를 창안 제작해서 증정했다. 도덕성 회복에 한 가닥 보탬이 될 것을 생각하면서 지냈다.

1988년 서울올림픽 시범종목으로 열린 테권도 경기에서 시상 중인 홍종수 본부임원

노력하는 것은 인생 보람의 하나이고 대인 관계에도 진실성 있게 대하려 노력했으니 '진인사대천명(盡人事待天命; 사람으로 최선을 다하고서 하늘의 처분을 따른다)'이라 하던가."

1987년 스페인 바르셀로나에서 열린 제8회 세계태권도선수권대회에 참관 중인 태권도 임원진. 홍종수는 앞주 왼편에 앉았다.

2. 황기 관장과의 조우

1997년 9월, 우당이 작고하기 1년 전에 우연히 전 스승이었던 황기 관장을 만났다. 어느 날 홍종수는 서울 시내에 있는 한 은행을 방문했다. 해외사범으로부터 국기원 심사비가 입금되어 업무를 처리키 위해서였다. 그런데 그가 잠시 은행을 둘러 보던 중에 앞에 있는 의자에 황기 관장이 앉아 있는 것이 아닌가.

그는 매우 노쇠한 모습이 아주 역력했고 홍종수를 몰라보는 것이 아닌가. 당시 황기 관장은 83세였다. 이제 연로해서 완전히 평범한 노인이 된 모습이어서 홍종수는 마음속으로 찡한 느낌을 받았다.

홍종수는 그에게 다가가서 몸 숙여 인사하며 "황 관장님이시죠?"라고 말했다. 그러자 황기는 "누구지?" 하며 반문하는 것이 아닌가. 그는 "저는 홍종수입니다. 종수입니다."하면서 황기 관장의 손을 잡아 보았다.

1964년경 홍종수 부관장(왼쪽)과 황기 관장(중앙)

2015년 태권도원에 헌액된 황기 선생

황기는 그제서야 "종수, 지금 무얼 해?"라고 말했다. 그의 말은 발음이 뚜렷하지 않았다. 연로한 황기 관장의 모습에 홍종수는 약간 당황했다. 홍종수는 애틋한 감정이 생겨 "한번 찾아뵈어도 되겠습니까?"라고 하니 "아는 사람은 찾아오는데 뭐 …." 그저 덤덤한 대답이었다.

그러자 홍종수는 좀 어색한 분위기를 느꼈다. 그는 별수 없이 황기 관장에서 한번 찾아뵙겠다고 인사치레를 했다. 홍종수는 돌아서서 발길을 재촉하면서도 어딘가 마음이 편치 못했다. 하지만 한편으로 그는 마음속에서 황기 관장에 대한 잔잔한 여운(餘韻)이 일어 다행으로 생각했다.[10]

강신철 관장이 운영하는 수원 남창태권도장에서 황기 관장의 외아들인 수박도회 황현철 회장과 우당의 의제, 강효종 씨가 함께 자리했다.

---

10. 홍종수(1997.09). 「우당일기」.

3. 우당의 다짐

우당(愚堂) 홍종수의 사상과 행적은 우리 태권도인에게 잔잔한 감동을 선사한다. 태권도 선구자이자 개척자였던 홍종수 원로. 그는 뭇사람들의 탐욕과 권모술수가 횡행하던 시절에 스스로 우직한 사람[愚堂]이라 여기며 영면에 들기 한 해 전에 이런 시를 남겼다.

나는 우직(愚直)이로소이다.

책모(策謀)가 날뛰고
술수가 끊임없이
교활한 간자(奸者)
눈꼬리 세워 그 몇 년
험한 산, 거친 바다라

그래도 나를 지켜
나는 우직이로소이다.
인간은 돈을 상대로 해서
살아가는 것은 아니다.
인간의 상대는
항상 인간일 따름이다.[11]

1997년 어느 날
우당 홍종수

1980년대 말,
국기원 부원장 재직 중의 홍종수 원로

---

11. 홍종수(1997). 「우당일지」.

부록 1. 우당 홍종수 선생의 연보

성   명 : 홍종수 (洪鍾秀/HONG, CHONG SOO). 아호 우당(愚堂)
출 생 지 : 서울특별시
생애기간 : 1930년 7월 12일~1998년 10월 24일 (향년 68세)
학   력 : 단국대학교 사학과 수강, 연세대 경영대학원 수료

[활동 경력]
1930년 7월 12일. : 서울특별시 마포구 아현동 344 출생
1944년 : 만주국 산성진 중고등학교 졸업
1947년 : 용산 운수부 당수도 무덕관(황기 관장) 입관
1949년 : 단국대학교 사학과 수강
1950년 : 치안국 철도경찰학교 수료
1952년 : 지리산 무장공비 토벌대 참가
1953년 : 경상북도 경찰국 수사과에 근무
         경상북도 무덕관 본 관장 취임
         육군 제2군 사령부 전임 사범
1958년 : 무덕관 경북 및 대구 협회 산하 지부 도장 운영
1960년 : 경북 경찰국 태권도 사범 촉탁
1961년 : 서울 무덕관 중앙본관 부관장에 취임
         대한태수도협회(회장 채명신) 중앙 심사위원
1965년 : 무덕관 중진 대표로 대한태권도협회(회장 최홍희) 가입
1966년 : 대한태권도협회(이하 KTA, 회장 노병직) 이사
1967년 : KTA(회장 김용채) 섭외이사
         불광동 건민체육관 및 건민조기회 개설
1968년 : 불광건민복지회
1969년 : KTA(회장 김용채) 전무이사
         미국 태권도계 시찰 (1개월)
1971년 : KTA(회장 김운용) 전무이사
         태권도 무덕관 제2대 총관장 취임
1972년 : KTA(회장 김운용) 이사

　　　　　국기원 건립 준비위원
　　　　　KTA 기술심의회 부의장
　　　　　『KTA 태권도 교본』 편찬위원
　　　　　제1기 태권도지도자교육 강사(교양)
　　　　　월남 태권도계 시찰 (15일간)
1973년 : 세계태권도연맹(WTF) 창립 준비위원 및 실행위원
1973년~1980년 : 재단법인 국기원 창설 부원장
1975년 : 태권도 GAISF 가입, 해외지도자 단합 결의
1977년 : 자유중국 주최 국제친선태권도경기 한국선수단 단장
　　　　　일본 무도계 시찰 및 세계공수도대회 참관
1980.1.20. 국기원 공인9단 취득 (단증번호 E9-108)
1982년~1988년 : 재단법인 국기원 상임이사겸 부원장
1982년 : 미국 태권도계 시찰 (1개월)
1983년 : 제5회 세계태권도선수권대회(덴마크) 참석 및
　　　　　유럽 7개국 시찰 (1개월)
1985년 : 제7회 세계태권도선수권대회(서울 잠실)
　　　　　　조직위원회 부위원장
　　　　　제1회 세계태권도학술대회 부대회장
1986년 : 동·서남아시아순방 한국태권도대표시범단 단장
　　　　　한일 국교정상화20주년 기념 문화교류 사절단 단장
1987년 : IOC 초청 및 유럽 순회 태권도대표시범단 단장
　　　　　국기원 부원장으로서 『국기 태권도 교본』 편찬 총괄
1988년 : 서울올림픽 시범종목 태권도 경기본부 자문위원
1989년~1996년 : 대한태권도협회 상근 부회장
1989년 : 방콕 아시아태권도선수권대회 한국 대표팀 단장
　　　　　제9회 세계태권도선수권대회(서울) 조직위원회 부위원장
1990년~1995년 : 대한체육회 대의원
1991년 : 청소년 선도회 고문
　　　　　미국 주니어태권도대회 명예 대회장
1992년 : 중국 파견 한국태권도대표시범단 단장
　　　　　제1회 태권도한마당 조직위원회 부위원장 및 부대회장

1993년 : 중국 북경, 심양, 하얼빈, 상해 순회 태권도시범단 단장
1994년 : KBS컵 국제태권도대회 준비위원회 부위원장
1994년 : 제1회 하노이 국제태권도대회 한국대표선수단 단장
        일본 히로시마아시안게임 태권도대회 초청 VIP
        중국 북경, 천진, 연길, 후춘, 심양 순회 태권도시범단 단장
1995년 : 광복50주년 기념 「제야의 종」 타종식 참가
        이태리 로마국제태권도대회 한국대표선수단 단장
        남미 칠레,브라질,알젠틴 3개국 순회 태권도시범단 단장
        연세대학교 경영대학원 총동창회 이사
        KTA 회장 직무대리
        용인대 무도연구소 세미나 「체육인의 도덕성 회복」 발제
1996년 : KTA 연구개발 특별위원회 위원장
        KTA 태권도성전건립위원회 창립위원
1997년 : 유럽 순회 태권도시범단 단장
        KTA 연구개발세미나 참석 및 논평 (특별위원회 위원장)
        KTA 월간 기관지에 「태권도 산책」 2년간 22회 게재
1998년 : 국기원 이사 및 KTA 대의원
        현정회 이사
        대한올림픽위원회(KOC) 위원
        동계올림픽 한국선수단 결단식 참석
        서울 서부지역 태권도어린이 통일대행진 명예회장
1998년 10월 24일 : 숙환으로 타계
1998년 10월 28일 : 국기원에서 영결식.
        최초 대한태권도협회 장(葬). 국기원 태권도 10단 추서.
2014년 9월 4일 : 태권도원 국립태권도박물관에 '태권도를 빛낸 사람들(명예의 전당) 교육 및 지도자 부문'에 헌액
2020년 : 태권도원 명인관 건립 및 홍 원로님 부조 설치.
        (명인관은 태권전과 함께 태권도 원로를 위한 상징시설)

부록 2. 우당 관련 논문 1

태권도 정신의 실증적 근거로서 우당 홍종수의 태권도 사상과 실천적 생애

김영선(연세대학교, 강사)

요 약

[목적] 태권도계 핵심인사였던 우당 홍종수의 태권도 사상과 실천적 생애를 고찰함으로써 태권도 정신의 실증적 근거를 확립하고 태권도의 정신적 가치를 높이는 것이다.

[방법] 연구 방법은 다큐멘타리 연구와 문헌 고찰이 병행되었다. 최근 국기원이 수립한 태권도 정신과 5대 덕목의 관점에서 우당 홍종수가 작성한 일기, 기고문, 인터뷰 기사 등 자료에 근거하여 관련 주제를 고찰하였다.

[결과] 첫째, 우당은 '무경일체' 이념을 개진했다. 즉 태권도가 경기 스포츠를 지향함에 따라 무예적 특성과 정신적 가치 증진에도 역점을 두자는 취지였다. 둘째, 우당은 홍익인간을 태권도의 정신적 바탕으로 삼고 그 실천 덕목인 사회봉사를 몸소 실행했다. 셋째, 우당의 도덕적 품성과 자기계발적 노력은 태권도의 정신 요인인 도덕성과 극기, 용기, 인내의 의지력과 밀접히 연관되었다. 아울러 예의와 정의(正義) 덕목도 우당의 태권도 인생에서 올바른 행위의 준거(準據)로 중요시되었다. 이 같은 우당의 사상과 행적은 '바람직한 태권도인 상(像)'의 모범 사례로 꼽힐 수 있다.

[결론] 우당의 사상과 실천적 생애는 태권도 정신 이론의 실증적 근거로 규정할 수 있다. 아울러 그것은 태권도의 인성교육에도 활용될 수 있는 원천적 지식이나 실천 사례로서도 큰 의미를 지닌다.

목 차

태권도 정신의 실증적 근거로서
우당 홍종수의 태권도 사상과 실천적 생애

[국문초록]

Ⅰ. 서론

Ⅱ. 무경일체
  1. 무경일체의 의미
  1. 우당이 무경일체를 주창한 이유
  1. 무경일체의 사례로써 경기 과열의 사태

Ⅲ. 홍익인간
  1. 홍익인간 사상에 심취
  2. '태권도 정신'으로서 홍익인간
  3. 홍익인간의 실천, 봉사

Ⅳ. 정신 요인과 덕목
  1. 도덕성
  2. 의지력
  3. 예의
  4. 정의

Ⅴ. 결론 및 제언

  References

[영문초록]

Taekwondo Thought and Practical life of Woodang Chong-Soo Hong As an Empirical Evidence of Taekwondo Spirit

Kim, Young-Sun (Yonsei University, Lecturer)

Abstract

[Purpose] This thesis examines the Taekwondo thought and practical life pursued by Woodang Chong-Soo Hong who pioneered Taekwondo and made a big breakthrough in its development. Through this, the purpose of the study is to establish an empirical basis for the theory of Taekwondo spirit and to increase the mental value of Taekwondo.

[Method] As for the research method, documentary research and literature review were conducted in parallel. Related topics were reviewed based on data such as his diaries, articles written by Chong-Soo Hong and interview articles from the perspective of the spirit and five virtues of Taekwondo recently established by Kukkiwon.

[Results] First, Woodang promoted the ideology of the Moogyeong-Ilche. In other words, it was intended to focus on improving the characteristics of martial arts and mental values as Taekwondo aims for competitive sports. Second, Woodang practiced social service using Hongik-Ingan as the spiritual basis of Taekwondo. Third, Woodang's moral character and self-developmental efforts were closely related to morality and the willpower such as courage and endurance, which are the mental factors of Taekwondo. In addition, the virtues of courtesy and justice were regarded as important as the basis for desirable behavior in Woodang's Taekwondo life. Woodang's thoughts and deeds can be regarded as an exemplary example of a 'desirable Taekwondoist image'.

[Conclusion] Woodang's thoughts and practical life can be defined as an empirical basis for Taekwondo's spiritual theory. In addition, it is of great significance as a fundamental knowledge and practice case that can be used in Taekwondo's character education.

부록 2. 우당 관련 논문 2

태권도 정신으로서 '세상을 이롭게 한다'란 홍익인간 이념
- 수용론과 비판론을 중심으로 -

김영선(연세대학교, 강사)

요 약

[목적] 이 논문의 목적은 태권도 정신으로서 홍익인간에 대해 긍정적 이해와 이론적 기반을 강화함으로써 홍익인간이 보편타당한 태권도 정신으로 정착하도록 일조하는 것이다.

[방법] 연구 방법은 철학적 분석이 채택되었다. 세부적 연구 문제는 다음과 같다. 첫째, 홍익인간 이념은 어떤 내용이며 교육 영역과 사회 분야에서 어떻게 활용되는가. 둘째, 태권도 정신으로서 홍익인간은 언제, 어떠한 과정으로 도입되었는가. 셋째, 태권도 정신으로서 홍익인간에 대한 찬반양론은 어떠한 쟁점을 갖는가이다.

[결과] 첫째, 홍익인간은 '공동체를 생각하고 남을 배려하며 나눔과 봉사를 실천하는 사람'을 양성하는 한국 고유사상이고 그 교육적 효용성과 더불어 정치, 경제, 산업, 문화 등 사회 전반적인 영역까지 확산되고 있다. 둘째, 태권도 정신과 관련해서 홍익인간은 1985년에 최초로 거론되어 대한태권도협회와 국기원 연구과제나 지도자 연수교재에서 부분적으로 다루어졌다가 2021년 국기원 태권도 교본에 태권도 정신으로 등재되었다. 셋째, 태권도가 추구해야 할 이념으로서 홍익인간이 결점보다 장점이 많아 국기원 태권도 정신으로 채택되었다. 홍익인간은 태권도의 본산지인 한국의 고유사상일 뿐만 아니라 태권도의 교육적 가치를 제고하는 동력이 되기 때문이다.

[결론] 홍익인간 이념은 교육적 가치를 지닐 뿐만 아니라 사회 여러 영역에서 다양하게 활용될 수 있다는 점에서, 우리는 이것을 태권도 정신의 한 축으로 적극 수용할 필요가 있다.

목 차

태권도 정신으로서 '세상을 이롭게 한다'란 홍익인간 이념
- 수용론과 비판론을 중심으로 -

[국문초록]
Ⅰ. 서론

Ⅱ. 홍익인간 이념의 개요
    1. 홍익인간의 유래와 의미
    2. 홍익인간의 교육적 전개
    3. 다양한 영역으로 확장되는 홍익인간

Ⅲ. 태권도 정신과 홍익인간
    1. '태권도 정신'으로서 홍익인간의 도입
    2. 홍익인간 수용론
    3. 홍익인간 비판론

Ⅳ. 결론 및 제언
    References
[영문초록]

Hongik-Ingan Ideology of 'Benefiting the World' as a Taekwondo Spirit
- Focusing on the Theory of acceptance and criticism -

Kim, Young-Sun (Yonsei University, Lecturer)

Abstract

[Purpose] The purpose of this paper is to help Hongik-Ingan settle into a universally valid Taekwondo spirit by strengthening a positive understanding and theoretical basis for Hongik-Ingan as a Taekwondo spirit.

[Method] Philosophical analysis was adopted as the research method. The detailed research questions are as follows. First, what is the Hongik-Ingan ideology and how it is used in education and social fields? second, when and how Hongik-Ingan was introduced as a Taekwondo spirit? and third, what issues do the pros and cons of Hongik-Ingan as a Taekwondo spirit have?

[Results] First, Hongik-Ingan is a unique Korean idea that fosters "people who think about the community, care for others, and practice sharing and service," and its educational effectiveness is spreading to the overall areas of society such as politics, economy, industry, and culture. Second, regarding the spirit of Taekwondo, Hongik-Ingan was first mentioned in 1985 and was partially covered in the research project of the Korea Taekwondo Association and Kukkiwon, and was listed as the spirit of Taekwondo in name and reality in the 2021 Kukkiwon Taekwondo textbook. Third, as a Taekwondo spirit, advantages were emphasized rather than defects for Hongik-Ingan, and it was adopted as the Taekwondo spirit of Kukkiwon.

[Conclusion] In that the ideology of Hongik-ingan has educational value and can be used in various areas of society, Taekwondo people need to actively accept this as an axis of the Taekwondo spirit.